“十二五”经济管理类规划教材

U0955596

现代应用文写作

Xiandai Yingyongwen Xiezuo

主　编　周小其
副主编　刘　勇　周媛媛

西南财经大学出版社

图书在版编目(CIP)数据

现代应用文写作/周小其主编．—成都：西南财经大学出版社，
2012.5(2013.1 重印)
ISBN 978-7-5504-0634-6

Ⅰ.①现… Ⅱ.①周… Ⅲ.①汉语—应用文—写作
Ⅳ.①H152.3

中国版本图书馆 CIP 数据核字(2012)第 082655 号

现代应用文写作

主　编：周小其
副主编：刘　勇　周媛媛

责任编辑：王　利
封面设计：杨红鹰
责任印制：封俊川

出版发行	西南财经大学出版社(四川省成都市光华村街 55 号)
网　　址	http://www.bookcj.com
电子邮件	bookcj@foxmail.com
邮政编码	610074
电　　话	028-87353785　87352368
照　　排	四川胜翔数码印务设计有限公司
印　　刷	郫县犀浦印刷厂
成品尺寸	185mm×260mm
印　　张	17.5
字　　数	345 千字
版　　次	2012 年 5 月第 1 版
印　　次	2013 年 1 月第 2 次印刷
印　　数	2001—4000 册
书　　号	ISBN 978-7-5504-0634-6
定　　价	35.00 元

《现代应用文写作》编委会

前 言

在当今知识经济社会，信息化、智能化和网络化已是大势所趋。应用文写作反映当前社会发展的主旋律，与社会发展紧密结合，应用实效日新月异。应出版社之约，依据“十二五”高校教材规划和当前高校高职高专及本科教育创新发展要求以及具体教学内容的要求，我们编著了体现现代应用文写作特色的《现代应用文写作》一书。

《现代应用文写作》以类分部，以部定章，除绪论外，有第一部分行政文体、第二部分财经文体、第三部分信息文体、第四部分现代管理文体、第五部分法律事务文体和第六部分科研文体 6 大部分，计 25 章，涉及现代应用文文种 61 个。由此，本书构成了各部分、各章节既相互独立又密切呼应的现代应用文系列。此中，每个部分作为一类，含有各种作用不同，但属性、归类等同属于一个系统的系列文种。每章采用了统一格式，以利于教学与学习。它阐述有序，见解独到，富于创新，涵盖面广，实用性强。教师可以立足于本书，抓住纲目，把握重点，实现教师易教、学生易学的教学要求；学生可以由此了解体式，把握结构，熟习方法，取得轻松学习、乐于学习的效果。因而，在目前高校所采用的同类基础性教材中，本书个性突出，特色鲜明，新颖有致，别具一格。同时，本书的范文、思考与练习已另行出版《现代应用文写作学习指导》，作为本书的配套教材。指导书范文得体，易读易懂；思考练习，循序渐进，更强调理论联系实际以提高应用技能与增强实用效果。

《现代应用文写作》重视理论的深入浅出和作者与读者的双向交流，可供各类高职高专院校、本科院校选用；同时面向社会，教材、学习、办公、培训作用兼而有之，应用更为广泛，可作为各机关团体工作人员，企事业单位行政、营销、管理等相关工作人员，广大自学者以及多学历学习者的必备读物。

在西南财经大学出版社的大力支持下，《现代应用文写作》一书，由主编周小其全面负责，编委会成员直接参与了相关内容的撰写，使本书得以顺利出版发行。

《现代应用文写作》撰写以分类的 6 大部分为序，具体分工如下：

主编周小其负责撰写前言，绪论，第二部分中的第一章，第三部分中的第一章、第二章、第三章，第六部中的第一章以及《现代应用文写作学习指导》一书；

副主编刘勇负责撰写第四部分中的第一章、第二章、第三章；

副主编周媛媛负责撰写第二部分中的第四章、第五章、第六章；

曾文鹏负责撰写第一部分中的第一章、第二章；

吴向东负责撰写第一部分中的第三章，第六部分中的第二章；

周欣负责撰写第二部分中的第二章、第十章；

余晓伟负责撰写第二部分中的第三章、第七章；

杨诗硕负责撰写第二部分中的第八章、第九章；

许扬负责撰写第五部分中的第一章、第二章；

何绍银负责撰写第五部分中的第三章、第四章。

《现代应用文写作》由周小其提出全书总纲，编制框架，制定编写条目，副主编刘勇、周媛媛协助主编对本书进行了修订和总纂。我们在书末列出了参考文献目录。在此，我们谨向相关参考文献和相关参考资料的原作者表示诚挚的敬意和衷心的感谢。并向支持本书出版的西南财经大学出版社全体同仁以及所有关心、支持本书编写的人士和参编人员表示衷心的感谢！

本书编撰时间紧迫，倘有不妥之处，恳请有关专家和读者提出宝贵意见，以使本书更为完善。

周小其

2012 年 3 月 18 日

MULU

目录

绪 论

现代应用文是国家机关、社会团体、企事业单位等组织和个人用来处理公务与个人事务、沟通与传播信息、进行社交、规范行为、协调各种活动等时所经常使用的具有实用价值和特定格式文书的总称。

现代应用文应用广泛，文种丰富，实用性强，使用频率极高，与议论文、记叙文和说明文类比较，它与现实生活密切关联，系统化、多向性发展的优势极为明显。作为反映现实生活的极为重要的载体和范本，现代应用文在现代知识经济社会发展中的地位及作用举足轻重，具有广阔的应用前景和强劲的发展动力。

一、现代应用文的创新与发展

现代应用文之所以“现代”，就在于它的不断创新。人类社会进入现代信息社会后，知识经济（智力经济）社会开始形成，在知识的生产、分配和使用上的知识经济已经开始。因此，联合国正式提出了“知识经济”的概念，认为“当今世界已从工业经济时代向知识经济时代悄然转变，知识经济将成为21世纪经济发展的主流，21世纪是知识经济发展的时代”。在这样的条件下，现代应用文集经济、政治、文化、教育等诸多要素于一体，国际化、信息化、网络化方面独树一帜，创新表现极为突出。

（一）现代应用文的四大创新成果

1. 步入全新模式

现代应用文实用性、广泛性和体系化优势，已融入新技术、新知识、新观念、新思维突出的现代知识经济社会，全新地接受了“信息 + 网络 + 智能 = 知识经济”的发展模式。它不断扩大体系所表现出的多元应用模式，大量汲取了预测学、社会学、心理学、管理学、现代营销学、经济学等学科的精髓，构成了自身专门的学科和研究领域，在体裁格式、种类、应用、实效等表现上更为丰富多样，与其他学科的互动、联系更加紧密，其系统性、先进性、前瞻性特征尤为突出。

2. 文本特性超前

计算机的使用，改变了传统的写作文本模式。现代应用文集信息、调查、决策、组织、指导、协调、监督等功能于一身，不断吐故纳新，一些固有文种、体裁格式、模式、用语、范式等难以适应现代社会发展的应用要素被逐步摒弃，要素相互替代的速度正在加快，各应用文本超前的情况更加明显。从实用性、兼容性、共用性、创新性等特性看，它已大大超越议论文、记叙文、说明文等文类的发展，并与知识经济社会紧密结合，互动积极，更前卫、更富有生命力。

3. 自身创新明显

在“新经济”、“新媒体”以及“地球村”概念影响下，受信息传播形式、个人信息吸收存量条件等影响，现代应用文同现代信息传播一样，出现了更明显的从“知识沟”到“信息沟”再到“知识经济高绩效”的转移，以“知识经济化”与“经济知识化”双向转化为特征，应用知识与绩效化创新明显。它在新文种不断增加的同时，体系化、细分化现象愈加突出，其功能、特点、类型、结构、用语等也在不断创新，原有的诸多应用要素出现的演化、交替、创新等新情况，也使得其他文类望尘莫及。

4. 综合绩效突出

全球知识化的社会要通过信息网络实现各种数字符号与信息的利用，离不开现代应用文的支持。它所具有的政治、军事、经济、文化、教育、建设多样性应用范围；所具备的多种指导、监督、中介、告知、协调、导向、凭证、交流、管理等功能；所显示的规范、真实、简明、实效等特点；所拥有的行政公文、事务性、经济类、传播类、科技类、信息类、法律法规类等不同文体；所构建的标题、开头、正文（主体)、结尾等较为独特的或特定的结构；所拥有的综合性、专用性、经济性特性，等等，在现代社会、政府、政党、社团、阶层、行业互动交流以及人际交往等方面的作用越来越大，综合绩效独领风骚。

（二）现代应用文的发展趋势

现代应用文的发展趋势十分明显。它所具有的特性对其未来发展的积极创新作用以及所显示出的发展趋势值得我们注意。

1. 文本更新

依据现代写作创新原理，以现代应用文为代表的“现代模式化写作系统”和以文学作品为代表的“审美独创系统”将构成现代写作文本的两大系统。在这两大系统所产生的两大门类中，将除文学作品之外的一切文种归于现代应用文之中，打破了原有的应用文、记叙文、议论文和说明文各自的界定模式，使现代应用文与现代文学作品的区别更大，形成的系统更独立，要素表现更为个性化。现代文本综合化、一体化，形成以现代应用文为代表的“现代模式化写作系统”，更为简洁鲜明，更易于学习和把握。

2. 专业更强

现代应用文的发展必然要以适应社会发展和满足需求为己任，在现代知识经济社会专业划分更为专门化、专业化的精细分工中发挥作用。仅从现代应用文写作经济信息类文书来看，就有经济考察报告、经济预测报告、经济可行性研究报告、经济决策研究报告、经济活动分析报告等不少文种。如果作者不懂经济运行的相关要素、现行的经济发展状态、相应的经济政策等，则不可能进行有效的写作。

3. 普及更优

现代应用文的普及也是现代应用文发展的一个重要内容。人们工作丰富多彩，综合性取向越发突出，“一专多能”转为“多专多能”的趋势已非常明显。现代应用文可以通过普及化方式，利用其门类、应用、学习和实用的优势，提高人们的知识与应用、创新与运作、绩效与评价能力等，实现普及与提高的共同发展。

4. 知识更丰

现代应用文在知识化进程中可以改变现有的政治、经济、教育、文化、生产、观念、思维、行为等诸多不同方式；可以加快社会知识经济网络化、信息化和智能化进程，实现知识的生产、分配与绩效并举；可以凭借文种的丰富积累，创新组织或个人展示才华，成为优秀组织和精英人才；可以通过知识化转型，构建出门类众多、知识立体、取向多维、创意新颖、运作简洁的先进系列文本体系。

5. 创新更快

创新化作为现代应用文一个特殊的动态体系，可以凭借多样化的“创新链”和异彩纷呈的“线性模型”，构建动态及多维应用系统，改变知识从开发到应用，再到新知识、新实践的因果式线性发展路径。它的创新链，操作简便易行，形式多样，兼收并蓄，可以创新更多现代应用文种、更多不同运用模式及原理。

6. 理论更好

随着现代应用文的信息、网络、智能性的充分开发和利用以及各文本资源的创新组合，其理论和实践必然有更大的跃进。它动能强大，会不断创新现有理论并扩大创新领域。它的应用绩效、文本发展、写作理论、应用模式、概念定律等的创新理论，都会带来现代应用文的进一步的变革创新。

7. 实践更强

现代应用文的实践性会提供更大的运作空间，与理论的互动将更为科学实用。实践性的优化，使应用的效率化、规模化、实用化、科学化产生两个基本效率，即现代应用文自身发展效率和对知识经济社会发展的独特贡献效率。

8. 模式更美

现代应用文这种模式文本反映出的最基本特征，就是有相应的写作模式，表现比较稳定，且线性程式交叉互动。它的模式发展方向，犹如多种数学定理或规律一样，具有相应的系列模式和规律，并且在空间上可以分成数量庞大且相应的内容进行“对号入座”。随着电脑的出现与普及，新技术的进一步运用，载体和资源利用的多维改变，现代应用文的模式文本必然会焕然一新。

9. 写作更全

现代应用文的学习与应用，进行数字化传播、复制、利用、反馈、存储、查阅等已轻而易举。写作可利用这一先进平台，建立巨大的信息库，运用软件，借助电脑的人工智能进行写作并实现写作的自动化、科学化。写作可以通过先进的电子数据交换技术，来实现有实质意义的链接和运用，使实用性更具质的飞跃。写作模式或文本相得益彰，写作快捷高效已形成了大趋势。

10. 传播更快

现代应用文实用性极强，对时效性有极高要求。在时间被视为金钱与效率的知识经济社会，快节奏已成为一大特征。在信息高速公路不断完善和扩展的作用下，现代应用文的写作、传递和传播的时效要求，可以通过网站和 E - mail 等新技术所具备的先进的传递手段来加以实现。这样的转换，已经改变了现代应用文的传播形式，其快速传递结果就是网络化与信息化式的进一步高效应用。

11. 实用更广

相关资料表明，一个新技术或新成果被更新或被替代的周期已经缩短到了 18 个月。现代应用文要及时反映相应的应用主旨、内容及运用效果，必然会进一步强调其实用性，会在实用率与绩效率上有更多体现。在不断扩大实用性的情况下，现代应用文的实效潜质正在不断发挥出来，前景极好。

12. 干预更深

干预生活是现代应用文发展的又一新趋势。它的不少文种直接干预生活的特性非常突出。它们具有的法规性、强制性和规范性，是国家、组织和个人行为的一种准则，有非常明确的权威、指挥、督促、监察等特征。现代应用文有不少文种也存在多样性的间接干预，它们可以从不同角度、不同层次、不同对象、不同文体等多方面对社会和人们生活进行直接参与，对相关政策、措施、计划、方案、决定等提出个性看法，有极其重要的参考和依据作用。

13. 参与更多

除现有的文种外，现代应用文对社会不同领域的参与程度也出现了新的动向。它们更多表现在参与知识普及与各种经济活动中，开始强调自身发展的绩效性，尤其是经济潜质的利用，使它的经济价值会进一步凸显出来。

14. 语库更富

现代应用文的语言多元化形态会更充分：通过有机链接，可以扩大语言应用领域，出现更多的“约定俗成”；可以逐步实现语言的国际化、共同化和现代化；可以比较、评价、选择现代应用文发展的语言要素，并对其进行归纳、认同、实践，促使语言的价值提升，丰富语言的应用价值。

15. 表达准确

现代应用文的表达是衡量质量的重要条件之一。如何进行更有意义的表达是提高应用率的一个关键。表达更准确体现在意义表达更准确、集中；语意表达更简明清楚；词汇表达更言简意赅；表达的方式会更丰富多彩。

16. 绩效更高

反映当今知识经济社会的内涵并为经济发展提供服务，是现代应用文的一大宗旨。它必然会用多维度的应用规律等来体现多样化的价值，即反映综合绩效，尤其是经济绩效将会明显提高；信息、网络、智能综合性配套服务来促进、助推、扩大经济的发展将更为清楚完美；自身的多样性价值，尤其是自身的经济价值会更深刻地予以反映。

二、现代应用文概述

（一）现代应用文的作用

现代应用文的基本作用主要体现在八个方面。

1. 指导具体，突出实用

现代应用文的指导都有明确的主旨、措施、规定或意见，并对整个过程及结果都有实效性分析，具体指导非常充分。它作为实用性文体，反映各项工作、各项事务也非常广泛，实用价值非常明显。

2. 注重调查，助推决策

注重调查是现代应用文的必备应用要素和行文的必备手段。它联系实际，调查情况，把握事实，分析研究、解决问题等。它还可以依据调查，汇总情况、研究方法、提出方案、促进实施等，助推决策的优势十分突出。

3. 积极协调，重在沟通

现代应用文的协调性，可以使各方步调一致，关系融洽，切实提高工作实效。在协调中实现沟通，在沟通中增进理解，实现更多互动。

4. 实施组织，优化监督

现代应用文必须通过组织的手段，强调行为的规范和统一，以确保应用的实施效果。它还要以严肃性、权威性和权益性来实施监督，促进落实，及时检查。

5. 强化考核，彰显评价

文有主旨，术有专攻。现代应用文的应用存在必要的考核过程，尤其是对应用实效进行考核已成为一种必要。为了减少今后工作中的失误，它还会建立必然的考核和激励机制，运用评价手段来保证执行的全过程和运作质量。

6. 创新文本，扩大知识

现代应用文会不断以吸纳、借鉴、嫁接等为手段，以创新文种为标志，来扩大多文本的系统优势。同时，它会利用文本易读易解特征来反映不同内涵、原理、功能、特点、类型等多样文本，知识传播的个性与共性独具一格。

7. 传播信息，促进宣传

现代应用文是知识经济社会的信息库和巨大的使用平台。它以传播信息为手段来进行沟通和应用，扩大了信息的价值空间和信息质量；可以宣传法规，体现政策，表扬新人，揭露问题，传授知识等，其传播与宣传作用具有极强的共促性。

8. 提供依据，丰富文档

现代应用文提供执行依据，强调事出有因、行之有据，确保了执行的绩效。应用文本也作为一种凭证，成为文档备份和文献资料，具有极大的参考价值。

（二）现代应用文的特点

现代应用文的特点富有个性，特点非常鲜明。

1. 实用性

现代应用文的实用性主要体现在：真实、高效、快捷地反映应用的规律、方向和强大的应用动力；利于学习传播，可在短时间内解决写作和应用的各种问题。

2. 政策性

现代应用文反映的内容必然要体现党的方针政策，体现执行者的意志，要体现相关的政策及执行的相关内容。它的政策性表现十足，指向非常明确。

3. 真实性

真实性是应用文的一大行文原则，是反映过去、现在和将来的一把标尺。有了真实性原则，才能杜绝弄虚作假、虚报浮夸的现象，工作或事业才可能真正取得实效。

4. 规范性

现代应用文的规范性有文种格式相对固定、行文有相应的要求、实践中的约定俗成等。规范性有利于形成行之有效的应用系统，可极大地提高学习和应用的效果。

5. 时效性

现代应用文对时效的要求很高。它在处理相关问题和日常事务时，特别强调以时效性来提高应用价值，提升文本的应用质量。

6. 创新性

现代应用文的创新性主要表现在原有文本和新文本的不断创新、自身体裁格式、概念、功能、特点、用语等的创新以及应用范围和实用性的不断创新。

7. 专业性

应用文种门类清晰，系统化的运作使其专业性特点非常突出，其专业性已经涉及更多专业，其专业性优势远远超过了其他任何非应用文的文种。

8. 知识性

现代应用文所涉及的知识数量多、质量高，已形成了巨大的内容库。它所表现出的知识性涉及社会学、政治学、经济学、法律学、科技学、信息学、管理学、语言学、应用学等几十个领域、上百个学科，处处体现着综合知识的优势。

9. 经济性

一个相应的文本就可以引发相应的绩效。现代应用文的经济内容在逐步加大，直接或间接的经济性功能潜质优良，绩效成果非常好，已在应用中显示了巨大的运作空间和积极的开发前景。

10. 绩效性

现代应用文的绩效反映已涉及政治、经济、社会、科研、应用等不少领域，绩效无所不有。它的内容丰富，多样化优势突出，且反映现实迅速，效果显著。

11. 针对性

现代应用文由于应用范围大，可以根据不同领域、不同行业、不同系统、不同学科等有针对性地选择相应文种和行文方式等进行具体应用，可以针对不同的行文目的体现不同的应用效果。

12. 广泛性

现代应用文被普遍使用，频率极高，应用面极大，为人们所共识。它已大大超越了现有的非应用文的文种，广泛应用可谓家喻户晓，几乎人人皆会。

（三）现代应用文的一般类型

现代应用文的文种多，体系大，仅目前已列为应用文范畴的文种就多达 200 多个，且分类复杂，标准不一，至今没有权威的分类体系。我们可以依据应用文的体系、功用等进行常用类型的基本划分。

（1）按体系分，有行政机关、团体和企事业单位用来处理公务的应用文，以及个人用来处理私事的应用文等。

（2）按功能分，有党政机关应用文、人大组织应用文、社团组织应用文、现代事务应用文、现代管理应用文、现代财经应用文等。

（3）按密级分，有绝密文本、机密文本、秘密文本和普通文本等。

（4）按分支分，有现代经济应用文、现代军事应用文、现代科技应用文、现代信息传播应用文、现代艺术应用文、现代教育应用文等。

（5）按特征分，有现代经济预测应用文、现代发展决策应用文、现代网络应用文、现代工程应用文、现代建设应用文等。

（6）按主次分，有主体应用文本、附件应用文本和承办应用文本等。

（7）按范围分，有现代公务应用文、现代事务应用文、专业性应用文、综合性应用文等。

（8）按应用分，有专用文本和通用文本和其他文本等。

（9）按细类分，有现代外贸应用文、现代法律应用文、现代企业应用文、现代实用应用文、现代经济活动应用文、现代商务应用文等。

(10) 按处理要求分，有特急、紧急和常规应用文等。

(11) 按行文方向分，有上行文、平行文和下行文等。

三、现代应用文写作举要

现代应用文写作在确定主旨、选材、表达、结构、用语等方面有独特的表现方式，规范、实用的要求非常突出，同其他文体有比较明显的区别。

(一) 现代应用文的主旨与结构

1. 现代应用文的主旨

现代应用文的主旨，即行文的目的和主张。主旨的表达方式及要求决定了文体的性质。现代应用文的主旨直陈其事，直推目的或主张，与议论文依靠论点、论据、论证，以理表现主旨不同；与记叙文以记叙为主，重在人和事的形象表现主旨不同；也与说明文介绍事物，说明事理，在于认识新知的主旨不同。

现代应用文确立主旨需要的五个原则：一是主旨要正确，即目的和主张符合实际，主张明确，具体可感；表达意思要准确和集中，观点、目的和主张要单一；严谨，提出的方法、措施等应切实可行。二是主旨应符合相应的法律法规要求。三是主旨必须客观、真实地反映实际。四是主旨容易拟定并利于行文，利于提供读者认识和把握以提高应用水平。五是主旨要坚持创新，善于从新角度、新层面来反映主旨，使之更富于生命力。

2. 现代应用文的结构

(1) 现代应用文结构的思考点

不同的写作要求就有不同的结构。为阐述清楚明了，现代应用文可以运用不同的条目式、分列式、序号式等结构加以自由体现，形式比较宽泛，选择空间较大。如何利用结构搞好写作主要有以下三个思考点：

①利用结构的约定俗成。这种约定俗成的结构，既适应社会需要，又符合现代应用文本身发展的内在规律，得到社会广泛承认、运用和推广。它可以不拘于现有结构格式，以最能反映内容、主旨或行文要求的结构为准来孕育出新结构，具有相当大的创新空间。

②利用结构的规范与固定。规范、固定，也是现代应用文结构的一大特征。由于结构被法定化和约定俗成化，结构因而相对稳定，格式固定，标准清楚，规范可依，利于作者有的放矢地进行写作、阅读和处理。如具体的各种公文结构、各种论文结构、现行的各种经济报告结构、法律法规文书结构等。

③结构的创新运用。现代应用文中有部分文种结构比较固定，存在文章呆板和程式化倾向。结构不断创新依然是现代应用文发展的一个重要课题，用好结构并进行结构创新势在必行。结构是形式与内容的一种积极互动。要注意在按部就班用好

法定结构、力求规范用准现有结构的基础上，要充分利用新文本的出现进行结构创新；利用已有结构模式难以准确反映文本内容的契机进行创新；利用“约定俗成”的空间进行创新；利用现有结构的边缘形态进行创新。

（2）现代应用文的结构

结构，即各个组成部分的搭配和排列，也是文章主旨和材料有机结合，经搭配和排列所构成的框架。常用有广义结构和狭义结构两种基本结构。

① 广义结构。现代应用文的广义结构有概念结构、功能结构等。

概念结构，指表达文本主旨或意义中心所构成的结构。它言简意赅，简单清楚，用语不多，所反映的定律、概念、功能、范围等一目了然，准确明朗。

功能结构，指表达不同应用文本具备的主要作用的结构，又叫“线性结构”或“条目结构”。它常常以条目、序号、不同段落、不同层次或不同分句群构成，分别表达不同的作用范围、实效等内容。它格式比较固定，容易把握和运用。

特点结构，指用来阐述文本固有的特点结构。它从特点角度或基本特征来对特点等进行诠释或解说，意在构架特点表现形态，其形态与功能结构极为相似。

类型结构，指现代应用文中不同用途、作用、范围、性质、对象、系统等的分类结构，即“类型结构”。它阐述有纵有横，起伏较大，基本呈立体形态。

语言结构，指在应用过程中的语言构架形式。它一般有固定性结构与非固定性结构特征。固定性结构，如公文的一些固定性用语结构。非固定性结构相对流动，可以变换，但不如文学作品的语言结构，可以纵横驰骋，大起大落，大开大合。

②狭义结构。狭义结构主要是指一般由标题、正文、结尾等内容要素构成的结构，即通常说的文本的正文结构。其中，标题存在眉题、主题和副题等结构。正文因内容含量有别，还有开头、主体等不同结构形式。结尾包括结束语、落款等结构。

（二）现代应用文的选材与表达

1. 现代应用文的选材

现代应用文的材料有两类：一类是事实材料，包括事实、事例、规定、根据、情况、措施、背景、数据、报刊、图片等；另一类是理论材料，包括原理、观点、定律、定理、格言、法律、法规、文件、政策、概念等。

材料分法较多，按写作与材料的关系分，有原始材料、写作材料；按材料的来源分，有直接材料和间接材料等。现代应用文多用事实材料，对数据、图表的使用多于其他任何文种。

选材必须真实、典型、新颖、严谨。真实是指材料确切，不假造和生编硬套；典型是指材料有鲜明个性，有代表性、普遍性和生动性；新颖是指材料新鲜别致，容易推陈出新；严谨是指对材料进行鉴别、筛选，能合理安排和使用。选取材料要初选与精选相结合、先用与后用相结合、间接材料与直接材料相结合、分类与单用相结合、重点材料与非重点材料相结合。怎么用为好，要根据实际需求来确定，做到材料精选用好。

依据主旨的表现要求，运用材料要新、准、实、精、明。所谓新，就是反映新数据、新定理、新概念、新技术等；所谓准，就是材料要准确无误，安排恰当，布控有方，可以发掘出材料的最大使用价值；所谓实，即材料实在，不虚不空无疏漏，以免失真，使主旨走形变样；所谓精，即用表意精确和最能说明问题的材料；所谓明，就是运用材料的概括、提升、筛选、定性、预测、分析、决策、推敲、统计、利用、转述等方法或手段，要简明清楚。

2. 应用写作的表达方式

表达，即表示。用一定的方式表现文章的内容，就是表达方式。现代应用文的表达方式主要有叙述、议论和说明。

（1）现代应用文的叙述

叙述是对人和事发展变化过程进行介绍和交代，也是表现人或事物发展过程的一种表达方式。时间、地点、人物和事件是记叙的基本要素。叙述表达的方式很多：从性质范围上分，有完整叙述、不完整叙述、主观叙述和客观叙述；从材料组织和结构安排上分，有顺叙、倒叙、插叙；从语言使用的详略上分，有概括叙述（又称概述、简叙、略叙）和具体叙述（又称详述、详写）等。

①顺叙。顺叙是完全按照时间先后或事情发生发展的过程来组织内容，安排段落层次的一种叙述方法。

②倒叙。倒叙是先交代事情结局或事件的某些重要情节，随后再按其发生发展过程进行的叙述。

③插叙。插叙是指在叙述主要事件的过程中，需暂时中断叙述线索，插进有关的另一事件等的叙述内容以补充说明前因后果或介绍相关知识等，再回到原线索继续进行叙述的方法。

④概述。概述就是概略叙述某一状况、某一过程的基本面貌，使读者能大概了解情况。这种叙述方法运用得最多，几乎涉及现代应用文的每个具体文本。

⑤详述。详述就是详细叙述某事物的基本面貌或某一事件的具体过程，使读者对此有清晰明确的了解。

⑥略叙。略叙是把许多不同时间和地点发生的事情，围绕主旨，分别进行主次有别的叙述。略叙一般强调简洁、清楚、突出局部，在现代应用文中随处可见。

现代应用文一般不需要完整的记叙，所以要注意叙述脉络清楚、简洁鲜明；叙述要清楚明白，要有完整的交代；叙述要详略得当，注意叙述的重点、主次、详略，把握好表现方式。

（2）现代应用文的议论

议论是运用概念、判断和推理来表明自己主张和观点的一种表达方式。论点、论据、论证是议论的基本要素。现代应用文的议论主要有阐述性议论和论证性议论。前者提出主张和见解，充分阐述自己的看法，不求在议论中多方求证自己的观点；后者在于证明自己的见解和观点的正确，或反驳对方的观点，力求令人信服。现代应用文议论的方法较多，常用的有对比法、反证法等。

①对比法。对比法又称纵横比较法，是将论据中截然相反的两种情况进行比较，用不同情况或事实的对比来明辨是非、阐述事理的方法。它可以把同期的两种性质截然不同的事物进行比较构成“横比”，也可以用同一事物在不同时间的不同情况做比较构成“纵比”。

②反证法。它是用对反面论点的否定来证明自己的论点的方法。

③引证法。引证法又叫引用法，即引用经典、名人言论、公理、格言、谚语、俗语、科学定理等来证明自己论点的方法。

④演绎法。演绎法是以概括的方式，从一般性结论演绎出个别性的论断，即先综合后分析的方法，它常与归纳法一起组合运用。

⑤归纳法。归纳法是对多项事例进行分析，从中归纳出一般性结论的方法。

⑥例证法。例证法又叫举例法，即用典型事例作为论据，利用论据和论点关系的一致性和紧密性来证明自己论点的方法。

⑦类比法。类比法是用此事物的特性推出彼事物也有此特性，从而达到准确认识事物的本质和特性的方法。

⑧引申法。利用事物具有原来的意义或特征所产生的新意义或新特征，以环比等手段来进行论证的方法就是引申法。

⑨比喻法。比喻法是借一些寓言、神话、故事、传说等结合相关的材料为论据进行的议论。它概括简要，可以概述性论述，可以精确论断等，并常常结合总结性、评论性、简要性、论断性等手法进行运用。

⑩分析法。分析法就是对事物的现象、形式、概念、内在等分成简单的组成部分进行分析比较，从而论证这些部分的本质属性和彼此之间的关系的方法。

⑪因果推论法。利用有些原因必然会导致某种结果，而某些结果又可以推导其产生原因并由此进行推论的方法就是因果推论法。

现代应用文中的议论方法较多，要注意几个盲点：一是议论简明扼要，不必旁征博引，反复论证；二是论证要抓住要害，论出实质；三是论证的各种方法不宜在一个文本中多次交换使用，致使论点、论据和论证之间逻辑混乱，关系疏松；四是注重议论者要立足于方法的不断创新，注重它与叙述、说明的有机结合。

(3) 现代应用文的说明

对客观事物的形状、性质、特征、成因、关系、功能等进行介绍或解说就是说明。现代应用文的说明最基本和最重要的在于简练、清晰，形象具体可感。现代应用文说明的方法有很多，常用的有文字说明法、举例说明法等。

①文字说明法。文字说明法是指用语言文字对事物或事理进行介绍、解说的方法。

②举例说明法。举例说明法是指用举出事例来说明的方法。它要求说明要有代表性、启发性。

③对比说明法。对比说明法又称比较说明法，即用两种以上的事物进行比较，并用比较的方式来说明事物特征的方法。它包括类比和对比，即突出事物之间相似的地方，这就是类比；突出事物之间有差异的地方，就是对比。

④数据说明法。数据说明法，即用统计数字说明事物发展变化或质量与数量变化情况的方法。数字说明，包括约数、倍数、百分比等数字说明，要求必须准确无误。

⑤图表说明法。图表说明法就是以直观、生动的图画、列表等对事物的某一情况进行说明的方法。图表说明能使说明对象由抽象变具体，便于读者理解和掌握。

⑥分类说明法。分类说明法，即把被说明的事物按一定的标准分类，然后依其性质、形状、成因、关系、功用等不同分类进行说明的方法。

⑦分解说明法。分解说明法就是将要说明的事物分成若干小部分后，再逐一加以说明。它与分类说明法的相同之处较多，但分法不同。

⑧比喻说明法。比喻说明法是以两个不同事物之间的相似点用比喻的方法来说明事物的特点的方法。

⑨定义说明法。定义说明法又叫界说法，即以简洁易懂的语言说明事物的内涵，揭示其本质，借此说明其定义、界限与其他事物内涵不同的方法。

⑩解释说明法。通常是位于定义之后，对概念进行详细解说，是一种对定义的补充说明。

⑪换算说明法。换算说明法是把难以把握的事物或情况换算成容易把握的事物或情况来进行说明的方法。

⑫递进说明法。递进说明法是把事物或情况按轻重缓急的要求进行排列，再按一定的层次进行递进说明的方法。它与分解说明法颇有相同处，但分法与说明的详略不同。

⑬选择说明法。选择说明法是指对被说明的事物的属性、外形表征等进行选择，从而对所选择的部分进行说明的方法。

⑭引用说明法。引用说明法是说明事物或事理时，必要地引用一些与说明有关

的权威性资料，或相关定理、概念、特征等来加以说明的方法。引文要贴切而有针对性。引用资料要认真核实，注明出处。

现代应用文说明的方法很多，在具体使用时应注意：一是要深入了解被说明的对象，说明要准确、清晰；二是说明要真实，不能随意扭曲形象，模糊本质，改变了说明对象的特征；三是用语要简洁、质朴、平和，忌使用色彩浓烈的词汇进行描写；四是说明要实在，具体可感，让人清楚明白。

（三）现代应用文的语言与构思

1. 现代应用文的语言

语言包括书面语言和口头语言两种形式。现代应用文的语言要求表意准确、简洁朴实、规范实用。

（1）现代应用文用语的基本特点

①准确用语。准确用语主要表现在四个方面：一是词义贴切，辨析度较高。要说明的意思等，用语比较考究，意思清楚明白。二是表现出词汇运用比较丰富，选词准确形象，运用恰如其分，表意明晰确切。三是讲究语法、逻辑、概念、功能等的规范、严谨，突出语法规则和逻辑原则。四是词语搭配比较恰当，符合现代应用文用语的原则、习惯和方式，构成了具有个性的语汇体系。

②简练用语。简练精当的语言运用是现代应用文的一个用语特色，其简练性非常突出：一是对词义、词汇、短句、长句、语言层次、段落等的判断、选择与应用上，坚持可用可不用的坚决不用、可短可长的一定要短；二是表现在具体词汇、语句等之上，少长句多短句、少整句多散句、少感叹疑问多陈述铺陈；三是特别注重修辞运用的准确与恰当；四是要求文字精练，篇幅适度，重在传达信息，促进沟通，突出“言而文，行致远”，最忌讳随意的表情达意，言不由衷。

③朴实用语。现代应用文表意妥帖稳重，行文严肃审慎，强调实事求是，用语朴实率真。它体现了现代应用文的文实相符、文如其事的基本实用特征；语言思维方式、驾驭语言的手段、运用语言的目的都非常明确；语言准确与简练决定了用语的朴实，在用语的选择上极富“原生态”特色，点到为止，干干净净，利利落落，而不拖泥带水。

（2）现代应用文常用语的基本形式

①公文专用语。现代应用文对公务性或行政性专用语的使用很普通，诸如“执行”、“现予发布实施”、“特此通告”、“当否”、“请批示”、“收悉”、“业经”等，都是公文中的专用语。专用语用得好，可以显示行文的庄重、严肃、简洁、平实，表现作者严谨和谦逊的文风。但要注意不同文种的行文关系及程序，恰当地用好专用语。

②专业术语。专业术语涉及各个领域，如经济领域的金融、商业、财政、市场

等使用的专用语；教育领域的教材、课程、教研、设置等使用的专用语，等等。运用专业术语，要领会含义，做到运用准确；用量恰当，可不用的尽量不用；难以理解的专业术语应加上必要的注释。

③数字语言。“让数字说话”，是现代应用文运用数字的形象体现和独特优势。数字变枯燥为生动，运用必须要真实、精确、规范并切忌堆砌数字。数字要实在，不能产生歧义：倍数只能用于增加而不能用于减少；约数和确数不能在同一句中使用；“增加到”与“增加了”的倍数不同；分数既可用于增加，也可用于减少；“以上”和“以下”是否包括了本数都要说清楚。

④模糊语言。模糊语言不是指寓意模糊不清的词语或存在歧义性的用语。现代应用文写作运用的模糊语言，是指外延有些模糊而又多数没有明确意思界定的语言。用好模糊语言，可以扩大用语的表述空间。如“近期”、“反复”、“大概”、“左右”、“有些”、“逐渐”、“显著提高”、“更进一步”、“初步估计”等模糊语言。这里要注意：一是注意模糊语言运用表示范围、时间、条件、方式、状况等所涉及的对象要清楚，否则达不到应有的效果；二是尽量少用或谨慎使用模糊语言。

现代应用文要大量使用专业术语、行业用语、长句、复句、数字等。一要注意表意准确，逻辑性强，不会让人误解语意，不用过长的语句等；二要精心提炼，杜绝废话、空话和套话，达到用语言简意赅，用语规范；三要流畅易懂，朴实稳重，通达明白，不能感情浓烈，富于激情，夸张虚饰；四要注意用语表达的相对性特征，防止用语歧义横生，出现道此而非此的情况。

2. 现代应用文的构思

构思是作者利用客观资料从内容和形式上孕育文章时所进行的思维活动过程。构思必须依赖于思维空间，没有思维空间就没有构思。利用构思的机动和维度优势进行现代应用文写作，可以从六个方面来看待构思的基本步骤。

(1) 构思充分

所谓构思充分，就是力求扩展思维空间，驾驭思维的不同想象力，在思维的交替、演绎中，确立自己写作时具体的主旨、材料、内容、布局、结构等的思维方式，充分用思维把握写作主线，链接相关写作要素来进行写作。构思是一个极为复杂的过程，因人而异，存在较大的变化因素，应特别注意。

(2) 主旨的构思

主旨是文章的灵魂、核心，也是行文的根本所在。经反复构思的主旨一经确立，就要紧紧抓住不放，不能朝三暮四，随意改变，更不能离题万里，丢了主旨。这样，才能围绕主旨进行恰当的选材等工作。

(3) 材料的构思

材料从构思到选用具有多面性，存在不断筛选、对比与归类的过程。构思选材，就要在已选的材料中进行精选，提炼材料的使用价值。选材的构思要立足于突出材料的新颖性，选有技巧，熟悉表现，把握深度，注重积累，运用精当。

（4）内容的构思

内容的构思纷纭多变，要把材料变为具体可感的内容绝非易事。现代应用文写作内容的构思主要有四个节点：一是对所选择出的材料转换为内容的构思；二是对安排内容所必要的剪裁、嫁接、组合等的构思；三是对表现内容的各种手段或方法的构思；四是围绕主旨所进行的内容主次、详略之分的构思。

（5）结构的构思

不同文种有不同结构。现代应用文的文种较多，要求作者按主旨确立相对应的文种结构极为重要。确立结构就是内容与形式的统一过程。在构思应用结构时，要注意与主旨对应，以及结构形式与表达内容的统一。依据行文等要求，如何精选相应的结构并予以恰当运用来提升写作文本的质量非常重要。

（6）文种的构思

在确立结构的基础上，选用与之对应的文种做载体是非常重要的一环。构思好文种，可以使主旨、结构、文种实现高度统一。这里要注意两个要点：一是按表现主旨等需要应该选择什么样的文种；二是注意各文种之间的细微差别及结构和表现方式上的不同侧重点。现代应用文的构思，是应用现代应用文写作的一种重要的具体行为方式。构思到神似、神似到感悟、感悟到把握，三者联系紧密，互动极强，构成了现代应用文写作从设计到最后运用的完整性。应该注意的是，一要构思与思维充分结合；二要构思与定型结合；三要注意构思的具体运用方式及效果。

（四）现代应用文的具体写作

现代应用文的具体写作是指在确定文本主旨、选材用材、表达方式、结构形式等之后的具体写作，即执笔行文的阶段。

1. 注意不同文类或体系的区别

现代应用文同其他文体有明显的区别。按惯用的分法，现代文体可以分为应用文、记叙文、议论文和说明文四个不同的文类或体系。这四种不同的文类或体系存在着相互交叉和渗透、重叠与互动因素，存在一定的“你中有我，我中有你”的影子关联。但它们的区别依然明显：一是它们的概念不同，内涵各异，写作各自独立，自成写作与文本体系；二是记叙文、议论文和说明文重在表达，而现代应用文则重在实用；三是它们各自的立文、主旨、表达、方式、效果等明显不同，功用因而不同；四是在写作中所运用的思维方式、立意方法、写作手段、内容详略、虚实程度、欣赏评价等亦有较大差别。

2. 写作的具体步骤

写作即撰写、撰述或撰著，是作者拥有相关材料或事实等，在确立写作目的、文本、方式等形态后所进行的写作过程。

（1）提纲先行，力求完备

提纲作为写作之纲，即把文章的框架、各部分内容、层次、各层次的要点和事例等，都预先设计好并写出来。

①准备充分。充分，指提纲依据文本主旨确立后，要从概念、功能、特点、结构、用语等方面充分运用提纲要素，使主旨明确，内容详实，条理清楚，容易展开具体的写作。要明确提纲总体结构，即提纲由哪些写作要素构成，要进行预写；在预写基础上，要按行文的要求对提纲要素进行必要的修改；在确立提纲后再进行材料等的具体运用，即进行必要的补充、删减等，为下一步写作进行铺垫。

②反复酝酿。在充分准备基础上进行提纲酝酿，就是要强化提纲的质量。酝酿因人而异，但要注意：一是酝酿要细致，注重疏密，使之更为周全完美；二是要参考其他相应的同类提纲，善于取长补短。在自身提纲与他人提纲可能出现要素重合时，怎样利用材料、内容等进行推陈出新，即注重写作和相关要素的创新以突出写作特点。

③按纲行文。写好提纲，按纲行文，是完成写作的基本前提和必须坚持的原则，也是形成自身写作特色的重要途径，对养成良好的学风极为重要。按纲行文要选好相应的材料、结构、用语方式等；要以提纲为纲，按提纲要求，依次展开写作，不宜随意进行蛙跳式写作；要随时利用提纲对写作过程进行指导，防止行文跑题。

（2）潜心写作，专心致志

写作是一项艰苦的劳动，必须用心专一，深入其中。这就要求心思不怠，笔耕不懈，认真投入，善于构思，激发联想，调整思维，唤起激情，一气呵成。

①精力集中。写作时的精力和体力要认真调配，高度集中，做到精力旺盛，体力充沛，才可能真正很快进入角色。要注意三个节点：首先是思维、心智和注意力三结合，集中与松弛相结合，切实提高运用精力的质量；其次是善于在集中精力的过程中发掘灵感，激活心绪和激情发挥，保持写作的积极状态；最后一个是做到不为外物所扰，不为杂事所动，一心一意，注重写作效果。

②精心安排。要按照个人写作习惯，在写作中注重发挥个人写作最佳的潜质所反映的突发性效果，尽力处理好写作的阶段性安排；要潜心于材料、语言、构架、表达等的完美形式。先写什么，后写什么，有统筹计划；写作不是一蹴而就的事，要结合生活、工作、学习的具体状况，找到精力集中的最佳时段，倾心投入，把心态与兴趣变为对写作的渴求和巅峰性能量来尽情发挥。

（3）细心修改，注重方法

修改是成文的最后一关，是对文章的进一步润色和修饰，有十分重要的意义，常常能起到画龙点睛的效果。

①整体审视。文章的修改要把握全局，从整体到局部进行反复推敲。整体审视可以深化写作立文的实效，这样的过程必不可少。一般来说，修改有标题、内容、结构、格式、表现方法、语言等的局部修改和全文的整体修改，可以从细微处入手，逐步扩展到最后包括对错别字、标点符号的修改，不放过可能存在的任何疏漏。

②用好方法。修改的一般方法可以概括为“增、删、改、调”四种。增，就是增加、补充有关内容，增补某些修饰文字；删，就是对某些材料或语句进行必要的删削；改，就是对原文的语言进行必要的润色和锤炼；调，就是对结构顺序或某些词句进行逻辑或表达上的调整。

③范文对比。成形的范文是写作文本的积极参考要素。范文的规范性、指导性、参考性比较突出，其具体的行文方式、结构、材料运用、表达方法等具有较大的参考价值，给人相当大的启发。在个人完成文本写作后，可以与范文进行对比，分析得失，更有利于自己写作文本的质量提高，使之更加完备。

④阅读求教。采用阅读或分段朗读比较简洁、快速，是悉心修改的又一个好方法。特别是认真通读，就可以很快发现所写文本的结构、逻辑、用语等存在的毛病或疏漏，并及时进行处理。此外，可以借助于相关专家、教师、编辑、编审等专业性人士帮助修改。他们经验丰富，阅历深厚，最容易发现问题，虚心求教一般会有相当明显的效果。

3. 注重个人写作能力的综合提高

提高写作能力是一个综合的过程，要从主观和客观两个方面入手，把握提高能力的正确方法。

（1）在主观上提高自我综合能力

影响自我综合能力提高的因素比较多，主要体现在学习、修养、实践等方面。

①提高学习能力。提高学习能力，即提高个人求知认知、把握知识的具体能力。它集中在书本知识学习方面。从书本知识看，体现学习能力不是要求个人面面俱到、门门精通，而是通过书本学习做到自己不懂的知识可以在较短的时间内学懂，能尽快知其精华所在；自己不明白的问题，可以经过短时间的分析与思索，尽快明白问题的症结所在，知道该在怎样的知识领域或体系中去借助于书本知识求得答案。学习能力的提高还反映在个人的知识与智商水平、领悟与反应速度、求知与兴趣互动等表现上，有比较明显的综合性。

②提高修养能力。提高修养能力，首先要提高个人的思想修养，是写作必备的基本素质。它是作者认识客观世界的观点、立场、方法的体现，对个人的立场、观点、主张、方法和行为等影响极大。它可以表现出个人认识和分析客观事物的水平，把握科学观和方法的程度，对各种问题、各种规律的探索与认知能力等，是思想修养的质量标志。其次要注重自己的文化修养。它是体现写作者个人文学、艺术、教

育等知识的积累程度及综合运用能力的一大标志。提高文化修养，有利于开阔自己知识的视野和思路，表现在术有专攻又兴趣广泛，具有复合型知识结构。这里还要特别注意个人的文化素质层次、知识结构形态、修养价值取向、认知心理指向等的修养，善于在自然、社会、人文等各领域的实际活动中来提升个人的修养层次，并以此作为支撑，建立个人多学科、多领域的修养体系。

③注重实践求真知。实践是检验知识与认知能力的重要手段。没有实践，再好的知识也难以发挥效用。实践的方式、方法多种多样，主要体现在个人理论与实践的结合程度以及理论与实践的表达上。

个人理论与实践结合，怎样进行二者的互动与交融是其核心。结合程度越紧则互动效率越高，获取也就越多，这样才有对比、有分析、得效果、得真知，也才有真正的实效。只有联系实际，理论与实践紧密结合，才可能在深入观察中获得丰富的知识；把握对客观事物从感觉到认知的过程，理论才可以得到检验，进而获取真知。从理论与实践的表达看，表达是感受的发挥形式，是实践的延伸，也是个人写作能力大小的又一体现。现代应用文的写作实践证明：理论到实践的表达能力、运用与发挥的能力，已经成为写作者的必备要素。它可以具化为写作者把握中心思想的能力、谋篇布局的能力、构思与选择的能力，等等，对优化现代应用文的写作具有极大的现实意义。

④勤于借鉴和笔耕。美国著名的未来学家约翰·奈斯比特在《大趋势——改变我们生活的十个新方法》一书中指出：实现工业社会向信息社会的过渡，在五件最重要的事情中，应该记住一件更为重要的事情，就是在这个文字密集的社会里，必须具备最基本的读写技能。读和写就是一个借鉴和笔耕的过程。这就要求立足于生活与工作的实际，用自己的文章、写作经验等与他人的文章、写作经验进行对照，通过借鉴，取长补短，可以潜移默化地取他人写作之长补自己写作之短，取得“柳暗花明又一村”的效果。勤学多练、熟能生巧是最好的学习方法。知识向能力的转化，必须通过实践的环节，即通过动笔的实践过程，才能把知识变成能力。写作要做到勤于思考与动笔相结合；勤于总结与提高相结合；勤于写作与修改相结合；勤于超前与创新相结合。只有这样，才能避免眼高手低，提高自己的写作能力，形成自己的写作风格。正如叶圣陶先生在其《作文要道》中指出的那样：“大学毕业生不一定要能写小说或者诗歌，但是一定要能写工作中和生活中实用的文章。”

⑤增强社会活动能力。现代应用文的社会性、公关性很强，有些文种，如经济新闻、经济活动分析报告、调查报告等，都涉及作者的社会活动能力。社会活动能力是一种能力的综合体，包括交际能力、对话能力、组织能力等多个方面。增强社会活动能力就要勤于实践，在实际生活中广采博取，扬长避短，打好培养多种能力的基础。要坚持实用、有效的原则，注重能力的价值取向，把最基本又必需的能力

和当前最有用的能力放到学习和使用的首位，协调好自己的心理能力和社会活动能力，切实提高心理素质，加强心理承受能力，力求能力发挥的综合、和谐、平衡和统一。

（2）在客观上提高自我认知能力

客观条件及其状况，对写作有极大影响，是作者提高写作能力的必备要素或条件。充分利用各种客观条件来促进自我写作能力的提高，主要有五个方面的内容。

①充分认知客观条件。它主要表现在如何认知客观现实条件、利用条件和创造条件上。将其具体化，就是要认知现实的社会要求、法规要求、思想要求、写作环境、撰写情况、运用手段、客观时间、必备工具等，并积极把握和充分利用客观条件服务于个人写作，把客观条件转化为个人的写作资源。它可以提高个人对条件的利用、吸收、消化能力，对增强个人的写作能力、信心等具有非常重要的意义。

②充分利用客观条件。它包括利用写作环境、生活条件、人文状态、文化氛围等客观条件，在利用中加以改造或修正以达到满足需求、为我所用。这样就更容易在客观环境中得到新知识、新感受、新触动、新启发，并充分利用这些条件来促进自身写作，尽快形成文本，尽快进行实际应用。

③充分创新客观条件。写作条件是可以创新的。创新的条件和方法很多。改变单一的线性接触或认知方式，依靠个人能动发挥，等等，都可以高效地促进写作进程。创新主要有环境条件的创新，如写作的环境、写作时段与效率发挥等；生活条件的创新，即保证写作者体能所必备的生活内容、方式等；利用大量信息和网络文本写作优势，进行写作思维、模式、应用空间等的创新，以达到写作的高效与优质。

④利用客观条件获取信息。在现代知识经济社会，信息的网络化、智能化、信息化生产、分配与利用已经成为社会发展的三大基础。写作者身处其中，围绕写作主旨获取信息的途径，关键在充分利用获取的信息。要大量吸收信息，分门别类，不断扩大自己的信息库；利用信息要注重筛选，有的放矢，进行信息的最大利用，突出信息的应用价值，看重信息的绩效结果。

⑤利用客观条件注重循环。循环就是写作的再现，是知识与实践的互动形式。如利用 PDCA 循环，即“戴明循环”的原理来实践自己写作的循环过程：根据 P 即策划来建立自己的写作循环目标和过程；根据 D 即以实施来保证写作运行过程；根据 C 即检查 P 和 D 的实效来对写作循环进行监控并获得结果；这样就可以根据 A 即分析来保证循环全过程的绩效，以各环节的循环与反复循环来形成自己写作循环的递进模式或“环套环模式”，进而提高写作能力。

第一部分　行政文体

第一章　公文概述

一、公文的概念和作用

（一）公文的概念

公务文书简称“公文”，是国家行政机关、社会团体、企事业单位等在行政管理、处理公务、联系工作等过程中形成的，具有法定效力和规范格式的文书。

公文主要有两大类：一类是国家行政机关正式规定的公文文种即法定公文，又称通用公文，是依法行政和进行公务活动的重要依托和必要工具；一类是事务文书，即机关、单位、团体为处理工作而普遍使用的法定公文之外的文书，又称常用文书。公文又有广义和狭义之分，狭义的公文即指法定公文。本章所讲的公文指国务院2000年8月24日发布的《国家行政机关公文处理办法》中规定的13种公文，是狭义的法定公文。

（二）公文的作用

公文使用频率极高，作用尤为突出，主要表现在五个方面：

1. 颁布法规，督促执行

公文要体现法律法规精神或上级机关的意愿，具有法定的执行效用。上级机关颁布法规或传达指示，将国家的大政方针、政策等，变为公务活动的具体目的、决策、任务、计划和部署，并进行领导、指导与督促，是公文的基本属性之一。上级机关通过发布公文，尤其表现为对下级机关是否认真贯彻执行所进行的督促，在公文中极为明显。

2. 商洽公务，提高绩效

公文可以上传下达，显现意图，强调贯彻，促进往来。其基本目的在于加强公务活动，促进交流互动，维系和协调各级机关或相关单位之间的关系，以有利于开展正常而有序的工作，进而切实提高工作实效。

3. 互通情况，上下一致

公文传播信息，上情下达，下情上报，揭示问题，解决疑难的作用非常明显。它可以实现渠道畅通，了解情况，及时处理，上下互动协作，步调一致，有利于取得更大的工作实绩。

4. 促进宣传，加强教育

公文以内容的具体化、法定化、规范化来体现国家的方针、政策，目的在于上行下效，必然要通过宣传来统一思想、提高认识、共同行动。在宣传的同时，公文的教育启发作用也非常明显，二者共同成为了公文贯彻执行的可靠动力。

5. 提供依据，保留凭证

贯彻执行公文，做到有法可依，工作有章可循，落实有根有据，就必须以公文为准则，将其作为贯彻执行的依据。此外，公文经过专门整理、立卷、归档，就成为有价值的档案材料，成为后人解读公文、了解历史的可靠资料。

二、公文的特点和类型

（一）公文的特点

公文的特点比较明显，有以下基本特点：

1. 政策性

公文具有传达国家机关方针政策、处理行政公务的重要职能，体现了国家和人民的利益以及法律法规意志，带有很强的政策性。其基本内容要反映党和国家机关的意志、政策和行动，特别突出以政策来反映人民群众的根本利益。

2. 权威性

公文的权威性主要通过颁布、效力、执行来体现。公文的权威性体现为由发文机关依法制定，一经发布，就有法定的约束性和强制力，要求相关机关、单位或个人必须遵照执行。

3. 实用性

公文实用性的特点表现在多个方面：文种多，内容丰富；格式比较固定，使用非常方便；涉及的领域广泛，具有相当的学科优势；使用效果、使用频率和使用对象明确，独具优势；信息传播、记载、筛选、使用、复制的能力非常强。

4. 时效性

发布公文是为了解决各种急需解决的问题，要反映现实并指导现实的各项工作，强调时效性就成了公文的一大要求。它体现在撰写、制发和传达及时，有利于及时解决存在的各种问题；公文在得到贯彻落实后，还有检验实效的时限要求；公文在失去现实的效用转为档案材料时，也有及时归档以作为文献的时效要求。

5. 规范性

公文格式规范性，是公文本质特性的发展与延伸。公文按不同的内容可选用不同的文种，做到“对号入座”；有不同的撰写程序、格式、写法、称谓要求，使用规则非常明确；有不同的使用、安排、处理对象，行文强调有的放矢。它的规范性要求不仅提高了公文自身的素质，也是人们各司其职，规范操作的重要保证。

6. 法定性

公文体现着国家意志、公众利益和各种管理职能，具有公众性和同一性，其认可、制约和指挥，有明显的法定性。它以明确的法定强制力和行政约束力，成为人们工作和生活的依据与准绳，其撰写、制作、发布、执行都是依法而来，体现着法律的精髓，一直扮演着国家法律的“形象代言人”的角色。

7. 指定性

公文的作者只能是法定的社会组织及其法定代表人或者称为第一领导人，即依法成立并能以自己的名义行使权利和承担义务的组织机构及其法定代表人。据此，只有党组织、人大、政府、政协、人民团体、企事业单位及其他法定的社会组织才有权制发公文。并且，以机关领导人或法定代表人名义签署发布的公文不代表个人，而是代表法定的机关或组织，有明确的受众对象。

8. 程序性

公文的写作、制文到发布，均有严格的程序。程序性是公文合法、完整的形象体现。公文制发一般包括起草、审核、签发、复核、印刷、用印、登记、分发等过程。程序不完备，文本不能成为公文，不具备合法性，更不能随意发布。

（二）公文的类型

1. 公文的法定类型

根据《国家行政机关公文处理办法》，现行的公文种类有 13 种。

（1）命令

适用于依照有关法律公布行政法规和规章；宣布施行重大强制性行政措施；嘉奖有关单位及人员。

（2）决定

适用于对重要事项或者重大行动做出安排；奖惩有关单位及人员；变更或者撤销下级机关不适当的决定事项。

（3）公告

适用于向国内外宣布重要事项或者法定事项。

（4）通告

适用于公布社会各有关方面应当遵守或者知晓的事项。

(5) 通知

适用于批转下级机关的公文；转发上级机关和不相隶属机关的公文；传达要求下级机关办理和需要有关单位知晓或者执行的事项；任免人员。

(6) 通报

适用于表彰先进，批评错误，传达重要精神或者情况。

(7) 议案

适用于各级人民政府按照法律程序向同级人民代表大会或人民代表大会常务委员会提请审议事项。

(8) 报告

适用于向上级机关汇报工作、反映情况、答复上级机关的询问。

(9) 请示

适用于向上级机关请求指示、批准。

(10) 批复

适用于答复下级机关的请示事项。

(11) 意见

适用于对重要问题提出见解和处理办法。

(12) 函

适用于不相隶属机关之间商洽工作、询问和答复问题、请求批准和答复有关审批的事项。

(13) 会议纪要

适用于记载、传达会议情况和议定事项。

2. 公文的实用性分类

除法定的13种公文分类外，在实际应用中，按发文单位与收文单位之间的组织关系与职权范围等，公文还存在以下不同的实用性分类：

(1) 依照行文关系和行文方向的不同，公文分为上行文、下行文、平行文。

①上行文：指下级机关向上级机关报送的公文，包括请示、报告等文种。

②平行文：指同级机关或不相隶属的机关之间来往联系的公文，主要有函、通知、通报、纪要等文种。

③下行文：指上级机关向下级机关下达的有关公文，如命令、决定、批复等。

(2) 从公文的作用看，可以分为四类。

①指令性公文：命令、决定等。

②指导性公文：指示、批复、会议纪要等。

③报请性公文：请示、报告等。

④知照性公文：公告、通告、通知、函等。

（3）根据公文的机密情况，可以把它分为秘密公文与非秘密公文两类。

①秘密公文：指那些内容涉及国家安全，需要限制阅读范围的重要公文。它可分为绝密文件、机密文件和秘密文件三类。

②非秘密公文：指向全社会公开发布的公文，如公告、通告等。

（4）按照紧急程度可将公文分为紧急公文和普通公文两大类。紧急公文又分为“特急”和“急件”两种。

（5）按照具体职能的不同，可将公文分为法规性公文、指挥性公文、报请性公文、知照性公文、联系性公文、实录性公文六个大类。

（6）根据使用范围，还可以把公文分为通用公文和专用公文。

三、公文的结构

中华人民共和国国家标准（GB/T9704－1999）《国家行政机关公文格式》将构成公文的诸要素划分为眉首、主体、版记三个部分。

（一）眉首部分

眉首又称文头，包括公文份数序号、秘密等级和保密期限、紧急程度、发文机关标识、发文字号、签发人等要素。

1. 公文份数序号

公文份数序号是将同一文稿印制若干份时，每份公文的顺序编号，其作用在于为分发、清退、查找公文提供依据，便于对公文进行统计和管理。公文份数序号用阿拉伯数码顶格标识在版心左上角第一行。

2. 秘密等级和保密期限

涉及国家秘密的公文还应当标明秘密等级和保密期限。秘密等级有“绝密”、“机密”、“秘密”三种。有密级的公文还应当标明份数序号。密级用三号黑体字顶格标识在版心右上角第一行，两字之间空1字；如需同时标识秘密等级与保密期限，用三号黑体字顶格标识在版心右上角第一行，秘密等级和保密期限之间用“★”隔开。

3. 紧急程度

紧急公文应当根据紧急程度分别标明“特急”、“急件”。其中，电报应当分别标明“特急”、“加急”、“平急”。

如需标识紧急程度，用三号黑体字顶格标识在版心右上角第一行，两字之间空1字；如需同时标识秘密等级与紧急程度，秘密等级顶格标识在版心右上角第一行，紧急程度顶格标识在版心右上角第二行。

4. 发文机关标识

发文机关标识又称版头、文头，由发文机关全称或规范化简称后加“文件”组成。如《国务院文件》、《××部办公厅文件》等；对一些特定的公文可以只标识发文机关全称或规范化的简称。发文机关标识上边缘至版心上边缘的距离为25毫米。凡上报的公文，发文机关标识上边缘至版心上边缘的距离为80毫米。机关发文通常都设有版头，作用在于表明公文的作者归属，显示正式公文的权威性与庄重性，表明公文性质或行文方向。发文机关标识一般使用宋体字，用红色标识，字号由发文机关以醒目美观为原则酌定。

联合行文时应使主办机关名称在前，“文件”二字放置于发文机关名称的右侧，上下居中排布；如联合行文机关过多，也必须保证公文首页显示正文。

5. 发文字号

发文字号即文号、编号，由发文机关代字、年份和序号组成。发文机关标识下空两行，用三号仿宋体字居中排布；年份、序号用阿拉伯数码标识；年份应写全，用六角括号“〔〕”括入；序号不编虚位（即1不编为001），不加“第”字。发文字号的作用是为检索和引用公文提供专指性代号，便于对公文进行统计和管理。一件公文只有一个发文字号，联合行文时，只标明主办机关发文字号。发文字号之下4毫米处要印一条与版心等宽的红色反线。

6. 签发人

上报的公文需注明签发人姓名，“签发人”用三号仿宋字平等排列于发文字号右侧。如有多个签发人，主办单位签发人姓名置于第一行，其他签发人姓名从第二行起在主办单位签发人姓名之下按发文机关顺序依次序排列，相应下移红色反线，应使发文字号与最后一个签发人姓名处在同一行，并使红色反线与之的距离为4毫米。

（二）主体部分

主体部分又称行文部分，包括公文标题、主送机关、公文正文、附件说明、成文日期、公文生效标识、附注等项目。

1. 公文标题

公文标题应当准确简要地概括公文的主要内容并标明公文种类，一般应当标明发文机关。公文标题中除法规、规章名称加书名号外，一般不用标点符号。

公文标题用二号宋体字，位置在红色反线之下空两行，可分一行或多行居中排布；回行时，要做到词意完整，排列对称，间距恰当。

2. 主送机关

主送机关指公文的主要受理机关，应当使用全称或规范化简称、统称。

主送机关在标题下空一行，左侧顶格用三号仿宋体字标识，回行时仍顶格；最后一个主送机关名称后标全角冒号。

3. 公文正文

正文是公文的主体部分，也是公文的核心。公文的质量、作用、价值都要在正文中体现出来，正文是公文的关键所在。公文的正文一般由开头、主体、结尾三部分组成：

（1）开头部分

公文的开头方式较多，有目的式、根据式、缘由式等开头，意在表明发文的目的、依据、原因、意义等，从而提示公文的主题、要点，引起人们的关注。

（2）主体部分

主体部分是提出公文最重要的内容或事项的地方，必须内容实在、中心突出、条理清楚、表意明白。主体部分写法多种多样，表现的形式不尽相同。

（3）结尾部分

正文的结尾根据具体内容和行文关系，有不同的结尾方式。常见的结尾有说明式，如“本通告自公布之日起生效”；申明式，指明发文意义、重申对有关事项的看法等；期望式，如“以上规定，望遵照执行”等；祈请式，如“妥否，请审查批示”等。

（4）附件

公文如有附件，应当注明附件顺序和附件名称。附件在正文下一行左空两个字并用三号仿宋体字标识“附件”二字，后标全角冒号和名称。附件如有序号，使用阿拉伯数码，如“附件：1×××××”。附件名称后不加标点符号。附件应与公文正文一起装订，并在附件左上角第1行顶格标识“附件”，有序号时标识序号；附件的序号和名称前后标识应一致。

（5）成文日期

成文日期以负责人签发的日期为准，联合行文以最后签发机关负责人的签发日期为准。电报以发出日期为准。

成文日期应用汉字“一、二、三、四、五、六、七、八、九、十、〇”书写，将年、月、日全部标出，“零”写为“〇”。

（6）生效标识

公文除“会议纪要”和以电报形式发出的以外，应加盖印章。联合上报的公文，由主办机关加盖印章；联合下发的公文，发文机关都应当加盖印章。

单一机关制发的公文在落款处不写发文机关名称，只标识成文时间。成文时间右空4字；加盖印章应上距正文2～4毫米，端正、居中下压在成文的时间上，印章用红色。当联合行文需加盖两个印章时，应将成文时间拉开，左右各空7字，主办机关印章在前，两个印章均压成文时间。两印章互不相交或相切，且相距不超过3毫米。当联合行文需加盖三个以上印章时，为防止出现空白印章，应将各发文机关名称（可用简称）排在发文时间和正文之间。主办机关印章在前，每排最多排三个印章，两端不得超过版心；最后一排如果剩下一个或两个印章，均居中排版；印章之间不相交或相切；在最后一排印章下右空两个字标识成文日期。

（7）附注

公文如有需要说明的其他事项，应加附注。附注用三号仿宋体字，左空两个字加圆括号标识在成文时间下一行。

（三）版记部分

版记部分又称文尾部分，通常由主题词、抄送机关名称、印发机关、印发时间和反线等项目构成。

1. 主题词

公文应标注主题词。上行文要按照上级机关的要求，在有关的主题词表中选择有关的主题词标注。一份公文一般用 4 ~ 5 个主题词，最多不能超过 7 个。主题词由规范化名词或名词性词组组成，分为反映公文主要类别的类别词、反映公文具体内容的类属词和反映公文形式的文种词三个层次。“主题词”用三号黑体字置于文件末页下部抄送栏之上。词目用三号宋体字，词目之间需要空 1 字。

2. 抄送机关

抄送机关是指除主送机关外需要执行或知晓公文的其他机关，应当使用全称或者规范化简称、统称。“抄送机关”位置在主题词下一行，左空 1 字，用三号仿宋体字标识“抄送”字样，后标全角冒号。回行时与冒号后的抄送机关对齐，在最后一个抄送机关后标句号。

3. 印发机关和印发时间

位于抄送机关之下（无抄送机关的在主题词之下）占 1 行位置，用三号仿宋体字。印发机关左空 1 字，印发时间右空 1 字。印发时间以公文付印的日期为准，用阿拉伯数码标识。

4. 反线

文尾部分各要素之下均要加一条反线（横线），宽度同版心。

四、公文的印制格式

1. 用纸规格

公文用纸一般采用国际标准 A4 型（210 毫米 ×297 毫米）。需张贴的公文用纸大小，根据实际需要确定。

2. 排版规格

公文用纸天头（上白边）为：37 毫米 ±1 毫米；公文用纸订口（左白边）为：37 毫米 ±1 毫米；版心尺寸为：156 毫米 ×225 毫米（不含页码）。

3. 印刷要求

公文的文字从左至右横写、横排。在民族自治地方，可以并用汉字和通用的少数民族文字（按其习惯书写、排版）。

4. 装订要求

公文规定在左侧装订。

五、公文的写作举要

1. 熟悉法规，注重实际

公文是国家法律、法规及其他有关规定的重要延伸，是法律、法规严肃性、规范性、权威性的体现者和形象代表。这就要求公文撰写者一要熟悉国家相关法律、法规，有较高的政策水平，能深刻领会上级意图、行文目的，知晓解决问题的实质和关键所在；要明确自身职权范围，熟悉自己的份内工作，有较高的写作能力；能深入实际，把握形势，体察民心、民意，及时下情上达，为上级及时制定法规政策提供可靠的依据。

2. 选好文种，行文有序

公文种类较多，各文种之间有不同的适用范围、适用内容和适用对象，它们存在着明显的差别。行文应该选用怎样的文种，要根据行文目的、自身的权限、同受文者的隶属关系、具体要解决什么问题等来确定。行文有序则要按行文的基本要求，紧扣主题，突出中心，做到结构严谨、层次清晰、用语规范、表意准确。

3. 编发合理，注重实效

公文写作要编发合理、注重实效，就要明确发文的权限和行文规则，清楚隶属关系、职权范围、受文对象和发文目的；要分清公文各文种之间的上行文、下行文或平行文的关系，摆好自己的位置；写作要符合相关程序，有明确的发文依据，使之合法合理，切实可行，经得起实践的检验；要注意严格控制公文的数量和范围，避免公文滥发，影响公文的权威性、严肃性和使用效率。

第二章　行政机关公文

一、命令

（一）命令的概念与作用

1. 命令的概念

命令是上级领导机关向下级领导机关发布的一种带有强制执行性质的指挥性公

文。命令适用于依照有关法律发布行政法规和规章；宣布实施重大强制性行政措施；嘉奖有关单位及人员。

2. 命令的作用

（1）告知与执行。命令是一种特别的告知，要求被告知者在极短的时间内知晓内容，领会精神，无条件地执行。这种告知与执行的作用最坚决、果断，不同于其他公文。

（2）协调与检查。执行者在执行命令时，常常要求与之相关的单位和人员进行配合与协调，并在执行命令后，还要检查执行的实效，发现不足或问题要及时上报。

（二）命令的特点和类型

1. 命令的特点

（1）强制性

命令是一种特殊的公文，是因为它有非常明确的强制性。命令一经发布，就必须无条件地执行，做到“令行禁止”，不能有丝毫的懈怠，其强制性在所有的公文文种中居首位。

（2）权威性

上级机关从政、施政，进行有效监督和管理，没有权威性，就难以令行禁止，效果也将名存实亡。此外，命令常常来自于国家机关或上级权威机关，有最高领导人的签署，尤为庄重、严肃，权威性达到了一个相当的高度。

（3）执行性

命令的根本属性就是执行，是保证命令落实的最重要的条件，没有任何理由和借口进行拖延与拒绝。强制是手段，无条件执行是根本，执行性因而成了命令是否得以贯彻执行的关键和检查效果的直接依据。

（4）简洁性

命令因其特殊的作用和突出的特点，一事一令，内容单一，用语严谨，措辞准确；表意完整，中心明确。这种呈整体的简洁性在命令中处处可见。

2. 命令的类型

（1）按常用类型分，有发布令、行政令、嘉奖令等。

（2）按级别分，有国家主席令、国务院令、国务院各部长令、省长令等。

（3）按范围分，有管理令、经济令、商业令、交通令、卫生令等。

（4）按对象分，有对个人的命令、对集体（机关、团体）的命令、对特殊人群的命令、对特殊事宜的命令等。

（三）命令的结构

1. 标题

命令的标题因具体内容而不同，常见的标题形式有四种。

(1) 发布令标题

发布令的标题由发令机关名称或发令机关领导人职务名称和文种名称构成。标题下的发令号不按年度编排，是以机关领导人任职开始编流水号至任满为止，下任另行编号。如《中华人民共和国主席令》、《中华人民共和国国务院令》等。

(2) 行政令标题

行政令的标题由发令机关名称、主要事项和文种名称构成。如《国务院关于在我国统一实行法定计量单位的命令》等。

(3) 嘉奖令标题

嘉奖令标题由发令机关名称或发令机关领导人职务名称、受奖者名称和文种名称构成。如《中华人民共和国国务院嘉奖令》等。

(4) 任免令标题

任免令标题由发令机关名称或发令机关领导人职务名称和文种构成，基本同发布令标题。如《中华人民共和国公安部任免令》等。

2. 正文

正文是命令的主体部分，也是其核心所在，常见的命令正文形式有三种。

(1) 发布令正文

发布令是发布各种法规或规章的一种命令形式，是发布者显示施政能力的表现，权威性、严肃性和实效性均非常明显。它用语不多，主要说明公布的法规和规章的名称、通过或批准的机关或会议、通过或批准的时间以及施行的时间。

(2) 行政令正文

国务院及各部门、县以上人民政府宣布实施重大的强制性行政措施时发布的命令就是行政令。行政令有强制性、实效性、告知性和使用量大的特点。其主要内容有：说明发布缘由，突出其可信度和权威性；推出具体内容，即相关条款、措施、执行要求、执行机关等，其内容具体，层次分明，中心突出，要求非常明确。

(3) 嘉奖令正文

嘉奖令是上级机关宣布奖励事项时使用的命令。其内容主要有：说明嘉奖缘由，做出中肯评价；简述嘉奖事项和具体内容，如授予称号、记功等级等；发出号召，激励人们学习，做好本职工作。嘉奖令比较专一，实效性、褒扬性很强。

3. 结尾

结尾又称“落款”。命令的结尾应签署发令机关领导人的职务名称和姓名、发令的具体时间。有的命令只签署发令时间。

(四) 命令与指示的区别

二者的区别主要有：在使用权限上，命令更为严格，指示较为宽松。上级机关对下级机关均可下达指示；在表达方面，命令只表达作者的意志和要求，指示则可以表达作者意志，明确目标、阐发道理，指出任务、讲述规则、指明方法途径等；在效用方面，执行者必须无条件坚决执行命令，指示有时则可在无条件执行基本原则的前提下，允许执行者依据实际情况，相对灵活地处置一些具体事务。

（五）命令的写作举要

1. 撰写谨慎，合法行事

撰写者要在法定的范围和自己的权限内，以相关的法律、法规、政策为依据，合法地制发命令。命令一般为国家行政机关及其领导人使用，党的领导机关一般不单独使用。在特殊情况下，党的领导机关可以与国家行政机关联名制发命令。

2. 求快求准，言简意赅

命令语干脆果断，要做到用语简明精练，表意准确完整，结构严谨有序，以利于执行者理解、把握和执行。命令撰写完成后，还要多加审视，以增加可靠性。

二、决定

（一）决定的概念与作用

1. 决定的概念

决定是对重要事项、重大行动做出安排，奖惩有关单位及人员，变更或撤销下级机关不适当的决定事项等所使用的具有指挥性和约束性的公文。决定一般有知照性决定和指挥性决定两大类。

2. 决定的作用

（1）广泛快捷

决定可以用于安排重要会议的召开；表彰先进；对特（重）大事故的处理；设立行政机构或部门等。可以以会议的名义制发、委托制发、临时制发，用途比较广泛，有很强的适用性，并且在使用时，更强调应用迅速快捷、高效准确。

（2）实效明显

决定覆盖面大，使用的对象多，上对国家机关、行政机构，下至社会各行业系统，使用频率极高，作用非常突出。它涉及的各种事项或问题，陈述清楚，目的明确，简便易行，容易理解，实效性非常突出。

（二）决定的特点与类型

1. 决定的特点

（1）约束性

决定带有一定的强制性特色，一经发布，就要坚持原则，认真执行，围绕决定的中心内容以及要求，规范自己的行为和工作，不能超越决定，自行其是。

（2）执行性

决定的执行性建立在约束力和强制性之上，是领导者或上级机关意图、意志的体现，也是贯彻执行的有力保证。决定只有在进行有效的管理和监督中严格执行，才可能在执行中取得实效。

（3）前瞻性

发布和执行决定，是以现实的状况和未来的要求为基础的，它针对尚未开展的工作，提出明确的安排、计划和将要实现的目标，在相当程度上存在着可预见、可控制、可操作的前瞻性特征。

（4）广泛性

决定实用性强，使用量大，受者众多，有牢固的广泛性基础。这种以广泛性为前导，集多种特点为一体的情况，构成了决定自身的优势。

（5）针对性

决定缘事而发、因人而定，主旨明确，指向清楚，对谁而言、为谁而动、要求怎样、结果何如，表述透彻，层次分明，有极强的针对性。

（6）原则性

决定所表达的中心内容、提出的事宜、做出的决断等，体现出相应的法则、标准和措施，以及决定者的意志与决心，有很强的原则性。

2. 决定的类型

（1）按内容分，有表彰决定、惩处决定、机构设置决定、人事安排决定等。

（2）按类型分，有国家行政机关决定、上级机关决定、社会团体决定等。

（3）按属性分，有重要事项处理决定、重大行动安排决定等。

（4）按知照分，有表彰决定、处分决定、发布法规性事项决定等。

（5）按指挥分，有规定性决定、指导性决定、指示性决定、法令性决定、重大问题处理决定等。

（三）决定的结构

决定一般由标题、正文两部分构成，结构比较清晰。

1. 标题

决定的标题一般由做出决定的机关或通过决定的会议的名称、决定的事由和文种构成。如《国务院关于整顿公路交通的决定》等。决定的标题的下方，应有做出决定的时间或会议通过的时间。

2. 正文

正文是决定的核心和主体，要反映决定的重要事项或重大行动的内容。重要事项主要有表彰或惩处、机构设置、人事安排、授权、发布法规性事项等内容；重大行动主要有抗洪抢险、突发事故、治安整顿等内容。正文内容讲究层次，先有引文说明做出决定的根据和机构名称，以“……决定”引出下文，然后以“现决定如下”等语句进行内容过渡，再展开主体，逐一推出相应的内容。

3. 结尾

结尾应署名决定的具体时间，加盖做出决定的机关的印章。

（四）决定与命令的区别

二者的区别有：命令在使用权限上非常严格，只有法律明确规定的机关可以使用，决定则可较普遍地使用；命令涉及的是特定的具体事务，决定则既涉及这类事务也涉及一部分非特定的具有普遍性的反复发生的事务，在适应性上有所不同；命令高度简洁，只表达作者的意志和要求，决定则既表达意志、要求，又阐发一定的道理，交代执行方面的要求，指明界定有关事物的标准等。

（五）决定的写作举要

1. 注重程序，行文清晰

决定的语言以说明为主，主要是阐明政策，提出要求。要做到符合程序，合理合法，联系实际，措施明确。行文不能含糊不清而引起误解，或难于理解和执行。

2. 深入调查，清楚对象

写作要做好调查研究，摸清情况，进行认真分析和判断，必须要在写作上进行通盘考虑。要注意决定的下行对象。需要多级向下行文或者直接下达给群众的，可以没有主送单位，逐级向下行文的则有主送单位。

三、公告

（一）公告的概念与作用

1. 公告的概念

公告就是向国内外宣布重要事项或法定事项的公文。

公告通常以国家的名义，在向国内外宣布重要事项或法定事项时使用。经授权，某些机关、部门也可以代表国家对外或对内发布公告。公告主要有两种基本类型，一是宣布重要事项，二是宣布法定事项。

2. 公告的作用

（1）广而告之

公告的覆盖面居公文之首，其最大的作用就是广而告之。它向国内外宣布重要事项或法定事项，使公众知晓公告的精神和内容，既是它的出发点，也是其根本的作用点。

（2）直推事项

公告的发布者可借要公布的事项，将自己的意图、观点、立场等和盘托出，毫不隐讳其目的和用意，它直推事项的作用所显示的公开度与透明度，比其他公文来得更鲜明和直接。

（二）公告的特点与类型

1. 公告的特点

（1）广泛性

公告的广而告之就是广泛性的最好体现。它公开、透明，涉及范围广，受众人群多，以广泛的知晓性来显示它极大的公示力度，务求达到家喻户晓、人人皆知。

（2）简明性

公告言简意赅、中心突出、用语精练、语意严谨、结构简单等特点，就是简明性淋漓尽致的完美表现。

（3）严肃性

公告常常代表国家、机关、部门等公布相关事项，从制作到公布，始终贯穿着形象和权威，严肃性非常强，必须认真对待，不能有丝毫的懈怠和马虎。

2. 公告的类型

（1）按内容分，有金融公告、建设公告、教育公告、科研公告等。

（2）按地域分，有向国外发布的公告、向国内发布的公告、地区性公告等。

（3）按级别分，有国家级公告、部级公告、省级公告、市级公告等。

（4）按属性分，有人大会议公告、国务院公告、政协公告、社团公告等。

（三）公告的结构

公告的结构一般由标题、正文、落款三部分构成。

1. 标题

公告的标题一是由发文机关加上公文文种构成，如《中华人民共和国国务院公告》等；二是由发文机关、事由加上公文文种构成，如《中国保险监督管理委员会关于审核保险兼业代理人有关事项的公告》等；三是直写《公告》等。

2. 正文

公告的正文一般比较单一，篇幅不大，都集中在宣布具体事项内容之上。相对复杂的公告，内容一般有交代缘由或根据、说明具体事项和结语的内容。交代缘由或根据，往往自成一段；再另起段落，说明具体内容。公告内容的表达，一般用条款的方式分别加以说明。结语即在内容后另起一段，是对主体部分的一种补充。同时，作为一种过渡，承上启下，引出结尾，如常见的“特此公告”等。

3. 落款

公告的落款，就是署明公告发布者的全称、加盖公章和注明公告发布时间，是完善公告的必备手段。

（四）公告与公报的区别

二者的区别在于：公告依据公布的事项常常带有新闻的特点，蕴涵着消息的要素，内容比较单一，用语不多；公报内容更多，更讲究结构和层次，表现更为具体，篇幅较大，如我们通常见到的会议公报、外交公报等。

（五）公告的写作举要

1. 突出严谨

公告面对大众，影响深远，尤其是向国外发布的公告，其影响巨大，为其他任何公文所不及。它特有的代表性、形象性、说明性等，对写作的要求极高，不仅要有很强的写作能力，还必须在思想上高度重视，严肃认真，不允许有任何的失误。

2. 表达清晰

公告以条款式说明居多，容易出现挂一漏万的情况，或重点不明，或条款主次不分。切忌在“一人写，几人改，万人看”模式中掉以轻心，影响正确表达。用语要力求简明流畅，意思清楚，要注意克服用语公式化现象的发生。

四、通告

（一）通告的概念与作用

1. 通告的概念

通告是国家行政机关、有关部门、社会团体或企事业单位，在一定范围内公布社会各有关方面应遵守或需要知晓的事项时所使用的公文。

2. 通告的作用

（1）公布事项，广而告之

通告就是公布相关事项，以较为详尽的内容，向社会公众传达相关信息，告知人们应注意的具体事项、要求以统一思想、规范行为，故称为“周知性文章”。它的对象和范围非常广泛，涉及面大，受者众多，在公文中占有重要地位。

（2）遵从执行，规范行为

公布事项是为了执行，这是通告的根本目的。它强调有关事项及要求，带有明显的强制性和约束力。同时还为人们提供了具体的规范性标准或行为准则，强调人们的行为、认识等的高度共通性，从而同心同德地实现共同的目标。

（3）突出法规，强调政策

通告有明确的指导思想、行为规范要求，有相当强的强制性和约束力。它必然要以国家相关的法律法规为依据，要根据国家现行的一些政策，制定相应措施、规定等来进行政策性的阐述，实现法规与政策的统一，提高通告的质量。

（二）通告的特点与类型

1. 通告的特点

（1）告知性

告知性贯穿于通告的始终，是保证执行的首要条件，是通告具体化、形象化的重要手段。它借此来陈述事项，提出要求，说明最终目的，使内容一目了然。

（2）约束性

通告公布的事项，提出要求，规范行为，告诫人们，要把握规定，知晓范围，在规范中遵从执行。约束性是通告必不可少的要素条件。

（3）针对性

通告告之即行，行之有效，是因为它具有极强的针对性。它缘事而发，告知的事项必须有的放矢，并且有明确的适用范围和对象，有针对性地进行工作。

（4）公开性

通告家喻户晓的特点非常突出。它以公开性的告知，引导、提示、告诫人们提高认识、规范行为，达到集中统一思想、共同遵从执行的目的。

（5）专业性

通告强调专业性，不仅是自身文本表现的需求，还在于它与通知、通报等公文在内涵、功能、概念、范围、用语等方面区分有别、应用有别、目的有别。

2. 通告的类型

（1）按作用分，有告知性通告、事务性通告、禁止性通告等。

（2）按发布者分，有行政机关通告、社团通告、部门通告等。

（3）按内容分，有商业通告、教育通告、施工通告、交通通告等。

（4）常用的通告有告知性通告等三种。

①告知性通告，即告知一些应当知道或需要遵守的简单事项的通告，如《北京市工商行政管理局关于年审营业执照的通告》等。

②事务性通告，即办理一些例行事项的通告。这种通告内容简单，专项性特点比较突出，如注册缴费、人口登记、婴幼儿保育等内容。

③禁止性通告，即公布一些禁止类事项的通告，如查禁淫秽书刊、违禁物品、非法枪支、交通管制、整顿治安、强制搬迁等内容。

（三）通告的结构

1. 标题

通告的标题主要有：一是由发文机关、事由和文种构成，如《中国人民银行关于发行四种金属人民币的通告》等；二是由发文机关、文种构成，如《中华人民共和国卫生部通告》等；三是由事由、文种构成，如《关于禁止高校乱收费的通告》等；四是以文种表示，常在内部使用，即只写通告名称，如《通告》。

2. 正文

通告正文一般由发文缘由、相关事项和结语三部分内容构成。

（1）发文缘由

说明发布通告的原因、根据和目的。这部分事由清楚、文字简洁，常在段尾以“特通告如下”或“现将有关事项通告如下”等惯用语承上启下，引出正文。

(2) 相关事项

本部分是正文的核心，是具体写明通告的事项或有关规定的重点之处。如事项或规定的内容多，就用分条款、列项目的办法，逐一写出。核心部分的文字表达要准确，条理要清晰，结构要严谨，用语要严肃。

(3) 结语

通告正文后的另起段落可视为结语，即简明扼要地提出执行期限、有效范围等。用“特此通告”之类惯用语作为结束语最为常用。有些通告在缘由部分已有“特此通告”等过渡，结尾可不用结语。

(四) 通告与公告的区别

二者的区别有：一是范围不同。公告是用于向国内外宣布重要事项或者法定事项的公文，通告是行政机关和企事业单位在一定范围内公布应当遵守或周知的事项时使用的公文。二是内容的重要性不同。公告的重要性高于通告。三是发布单位不同。公告的发布单位级别较高，一般为较高级别的国家领导机关，或者授权新华社等进行发布。基层单位不能滥用公告。通告则发布单位更广泛，包括基层企事业单位都可发布。

(五) 通告的写作举要

1. 主题单一，目的明确

通告的事项比较单一，写作就事论事，直点主题，一看就知道通告的核心所在。通告的内容要围绕主题进行选材和撰写，使其目的更为突出。

2. 内容具体，符合法规

通告事项要具体明晰，交代清楚，说明详尽，内容贴切。通告写作还必须在法律、法规允许的范围内进行撰写，内容必须与有关政策规定不矛盾、无冲突。

3. 语言简洁，表达集中

通告篇幅不长，事项清楚，内容确切，用语则要简洁明了，做到言简意赅，写作时要善于浓缩内容，集中表达，以利于张贴和阅读。

五、通知

(一) 通知的概念与作用

1. 通知的概念

通知是适用于批转下级机关的公文，转发上级机关和不相隶属机关的公文，传达要求下级机关办理和有关单位需要知道或者执行的事项或任免人员的公文。

通知的应用最为广泛，在公文中占有相当重要的地位。目前，它已成为现行公文中使用频率最高的一种公文，约占各级行政机关收发文总数的半数以上。

2. 通知的作用

（1）批转和传达

通知传达上级指示、批转下级公文，又要求下级办理相关事项或告知下级需要知道的事情，反映着机关、人民团体、企事业单位的各种公务活动，承上启下、联系内外的功能在公文中独树一帜，批转和传达的作用居其他公文之上。

（2）联系和沟通

通知用于批转下级机关的公文，也用于转发上级机关、同级机关和不相隶属机关的公文等，联系上下左右，沟通四面八方，已深入到各种各样的公文活动中。它还广泛用于各企事业单位，网络化、系统化的联系和沟通优势，在公文中无可比拟。

（3）知晓和执行

通知涉及面广，多样性特征突出，表达清晰明白，有极为突出的知照效果。它可以运用不同手段，在事务、批示、指示、会议和任免上形成不同的格式和类型，进行不同的表达，执行力强劲、快速，认知程度高。

（二）通知的特点与类型

1. 通知的特点

（1）广泛性

通知不受内容繁简的限制，使用极为广泛。它传播信息、传达指示、告知事项、布置工作、批转公文等，形式灵活、内容实在，使用对象极多，无级别限制，使用非常自由，其使用量居公文首位，故有“公文轻骑兵”之称。

（2）简洁性

通知内容单一，事项清楚，告之所在，一目了然，有极大的公众知晓度。通知的简洁性在告知性和陈述性的公文中非常突出，已成为其一大特色。

（3）执行性

通知以要求下属执行或办理事项的内容居多，是比较典型的下行文。它的下发都是为了得到执行和落实，有明确的执行要求，执行性体现非常充分。

（4）独特性

通知兼有指示工作、知照事项以及批转、转发文件等多种功能，多样性、高频率特点非常明显。它同其他一些公文可以形成兼容，不同事项、不同作用、不同目的、不同要求的其他公文内容可以用“通知”来予以体现，兼容性极强。

（5）时效性

通知必须要快速制作和快速发布，并且执行快、见效快、质量高、知晓性极强、反馈信息及时。这样的时效性在其他公文中并不多见。

2. 通知的类型

通知的分类多样，存在不同类别。常用的通知有六种基本类型。

（1）事务性通知

事务性通知又称告知性通知，主要用来处理一般性行政事务或其他事务性的工作。上级机关或部门要传达或布置相关事项，要求下级机关或单位执行或办理，常常会使用这种通知。

（2）批示性通知

批示性通知即带有批示者意见、看法的通知。它是主要用在批转下级机关、部门、单位的有关公文，或转发上级机关、同级机关、不相隶属机关的公文时所用的文本。它有三种基本格式：用来发布行政法规、规章、印发有关文件的颁发型通知；用来转发上级或同级机关以及不相隶属机关公文的转发型通知；对下级机关发来的公文进行批示、转发的批转型通知。

（3）指示性通知

指示性通知又称规定性通知或布置性通知，是用于对下级机关布置工作、阐述政策等的通知。有办理或执行要求，而内容不适于用命令形式的公文，一般也用指示性通知。

（4）会议通知

用于传达召开会议的有关事项的通知就是会议通知。会议通知原属于事务性通知，现已成为通知中的一个单独文种，其专用性很强。

（5）任免通知

任免通知即对相关人员进行任用或免职的通知，也是通知中的一个专用性很强的单独文种，其专用性同样很强。

（6）发布性通知

发布性通知是上级机关发布有关事项时所用的通知。

（三）通知的结构

1. 标题

标题一般有三种写法：一是由发文机关、事由、文种构成，如《国务院关于加强税收告知的通知》等；二是由事由、文种构成，如《关于做好金融检查工作的通知》等；三是如果通知的内容紧急，可在标题中“通知”两字前加上“紧急”两字，如《国务院关于抗洪救灾的紧急通知》等。

2. 正文

通知的正文，包括通知事项、通知要求等内容。不同种类的通知，其正文的写法有所不同。

（1）事务性通知的正文

事务性通知的正文主要写明对有关事项的具体安排，提出完成的要求和时间等，其正文内容相对简单。

(2) 批示性通知的正文

批示性通知的正文主要有交代批转、转发文件的名称、执行要求等内容。在批转、转发时，它可以表明批转、转发机关的态度，提出具体的指示性意见，如“参照执行”、“遵照执行”等；可以针对批转、转发文件所阐述的事项，进行评价，强调其重要性或意义、做出必要的说明、提出执行的要求等。

(3) 指示性通知的正文

指示性通知的正文一般由发文的缘由、具体事项和结尾三个部分组成。缘由部分可以写发出通知的依据、目的和意义，再以“特作如下通知”或“特通知如下”转入通知的内容。具体事项一般采用条文式写法，并提出要求、措施和办法。结尾可不写，如有结尾，可用“特此通知”等惯用词语。

(4) 会议通知的正文

一般包括召开会议的机关、会议名称、会议的起止时间、地点、会议内容和任务、参加会议人员的条件和人数、报到时间及地点、与会人员需携带的文件材料等内容。

(5) 任免通知的正文

任免通知的正文要写清决定任免的时间、机关、会议或依据文件，以及任免人员的具体职务。

3. 结尾

结尾可以另起一行，写明“特此通知”等以示强调。如果前言已有“现通知如下”等字样，则可以不用。再署明通知时间，加盖公章。

(四) 通知相关文种的区别

1. 通知与公告的区别

二者的区别有：通知的用途极为广泛，不受内容繁简的限制，写作灵活、实用性强，一切机关与社会组织均可制发；公告可对国内、国外公布，告知的对象极广泛，告知的事项更加重大，有比较固定的表现格式，行文比通知更严谨。

2. 通知与通告的区别

二者的区别有：通知主要是转达上级的指示精神并使之具体化，通告可依法自创有关规则；通知可以公开，需要按组织或系统等逐层下达，存在一定的组织程序，通告则直接公之于众；通知会涉及贯彻执行等要求，提出应当遵从的具体事项，通告则重在提出行为规范，应当知晓的事情，突出告知效果。

(五) 通知的写作举要

1. 内容实，主题明

坚持“一文一事”是通知写作的基本原则和表现主题的必然要求。通知必须要素齐备，材料充分，内容要实实在在。主题表达要集中、鲜明，还要善于对内容进行必要的浓缩，抓住要点，写出新意并突出通知主题。

3. 层次明，格式活

通知事项不多但条款多，先写什么、后写什么，都要有讲究，要层次明晰，内容清楚，格式活而不乱，构架明明白白；否则会造成结构混乱，影响到主题的发挥。

3. 用语精，表意准

通知要求用语实在，表意准确。只有用语实在了，才能有完整、准确、精当的表意。表意准确要注意选好用语、词汇的交替和搭配，做到精准而干净利落。

六、通报

（一）通报的概念与作用

1. 通报的概念

通报主要是用于表彰先进、批评错误、传达重要精神或者情况。

2. 通报的作用

（1）嘉奖和惩处

对具体的人和事进行表彰、嘉奖，意在鼓励先进、发扬正气；反之，进行批评、惩处，打击歪风邪气、告诫和教育他人。通报在一定范围内，二者并重，各司其职，有极强的针对性，对人和事，或嘉奖，或惩处，都具有行政约束力。

（2）学习和教育

通报以特殊的信息交流形式，上情下达，目的明确：不论是嘉奖还是惩处，都要使人们受到启发和教育，是一种特殊的学习；可以促进上下级之间、有关部门之间、单位之间、人与人之间的相互了解，共同进步，实现全面的和谐。

（二）通报的特点和类型

1. 通报的特点

（1）典型性

任何类型的通报，都是针对有代表性的人和事而发的，这些人和事必然有代表性和影响力，是典型性的一种能动反映。有了这种典型性，通报才更有影响力。

（2）指导性

它来自上级机关或部门，要传达重要精神和事项，要通过宣传来指导学习、传达信息、统一认识、协调关系、指导工作。因此，通报的指导性非常明确。

（3）严肃性

通报进行嘉奖或惩处，严肃性很强，必须要弄清情况，仔细核对，慎重行事。分析、判断要以事实为基础，以相关的法律、规定为依据，不能草率成文。

（4）时效性

通报的时效性就是要及时发现问题，及时调查、通报和处理，不能时过境迁，再亡羊补牢，使通报失去应有的作用和价值，造成更大的影响或损失。

（5）真实性

通报必须真实。通报中的事项真实性如何，关系重大，涉及面广，影响深远。因此，通报的事项必须客观存在，真实可靠，不能有任何的夸大或缩小。

2. 通报的类型

（1）按形式分，有直述式通报和转述式通报等。

（2）按范围分，有全国性通报、地区性通报、全省性通报、全市性通报等。

（3）按内容分，有批评性通报、表扬性通报、情况通报等。

（4）常用的有批评性通报、表扬性通报和情况通报三种。

①批评性通报

批评性通报指处理重大责任事故、违纪案件等，对其进行公布，同时做出处理决定或处分的通报。

②表扬性通报

表扬性通报指以表扬先进人物、先进事件、介绍先进经验等为内容的通报。

③ 情况通报

情况通报指以传达重要精神、重要情况、重大事件等为内容，以引起人们注意，并对当前的工作有指导作用的通报。

（三）通报的结构

1. 标题

标题有三种形式：一是由发文机关名称、事由、文种构成，如《宁夏回族自治区人大关于行政复议工作情况的通报》等；二是由事由加文种构成标题，如《关于我市重大火灾的通报》等；三是只有文种，如《通报》。

2. 受文机关

通报都要写明受文对象和通报范围，格式同一般公文。普发性的通报可以不写受文对象。

3. 正文

通报有不同的内容和类型，其正文在写法上也有所区别。

（1）直述式通报的正文，一般包括通报事由、事由评析、处理意见三部分。

（2）转述式通报常带有附件，正文内容主要交代转发的文件名称、对事实加以简要分析或评论、说明转发的目的、提出相应的要求等。

（3）批评性通报和表扬性通报正文，一般由事实、评论、要求三部分构成。首先要分别概述反面典型的主要问题或先进典型的主要事迹；然后对落后或先进的性质、原因进行简析和评论；最后分别提出对反面典型的处理意见或对先进典型的表彰决定。

(4) 情况通报的正文有两种写法：一是交代发布通报的缘由，写明事项，再提出要求等；二是将内容按问题进行划分，分出若干个部分，每个部分用小标题标明，再进行叙述、分析和评议。前者称为“一般式”，后者称为“分条式”。

4. 结尾

一般通报结尾署明时间即可。

（四）通报与通知的区别

二者存在的区别有：一是内容的范围不同。通知强调一事一报，但内容广泛，涉及面广；而通报则一事一报，专一性很强。二是目的要求不同。通知重在告知和执行，通报则在告知上，突出结果，表明态度，彰显立场。三是表现方式不同。通报限于上级对下级，可直述转述、批评等，用语果断鲜明；通知可上对下，可平行，不相隶属的单位也可使用，其形式更多，可登报、广播、张贴等。

（五）通报的写作举要

1. 真实可靠

通报写作所依据的事项必须真实可靠，是经过反复调查、客观存在的事实，绝不允许夸大或缩小，更不能任意捏造和虚构。如果事项失实，将带来极大的负面影响，会破坏上下关系，严重损害通报发布者的形象和威信。

2. 褒贬鲜明

通报表彰什么、批评什么，在写作中要有十分鲜明的态度。尊重事实，依法处理，态度鲜明。在具体写作中，要注意褒贬有度，分寸恰当；就事论事，切忌渲染；中肯分析，公正评判；要求实在，落实有效。

3. 典型准确

通报具有指导意义，就是选好典型、用好典型，利用典型的事件、人物来教育或鼓励人们，指导工作。选准、选好了典型，才能起到激励教育、批评告诫的作用。选用典型要求典型真实、形象鲜明，具有普遍的代表性和独特的典型意义。

七、议案

（一）议案的概念与作用

1. 议案的概念

议案是适用于各级人民政府按照法律程序向同级人民代表大会或人民代表大会常务委员会提请审议事项的公文。

议案是公文中的新文种，制作主体仅限于各级政府，其适用的范围比较狭窄。在公文的实际运作中，议案的使用范围要大于上述概念。按《中华人民共和国全国人民代表大会组织法》（以下简称《全国组织法》）第九条规定和《中华人民共和国地方各级人民代表大会和地方各级人民政府组织法》（以下简称《地方组织法》）

第十四条规定，议案显然超出了国务院办公厅的职权范围，在《国家行政机关公文处理办法》中不可能给予表达。所以，本小节所讲的议案的定义，仅限于各级政府向同级人民代表大会及其常委会提出的议案。

2. 议案的作用

（1）依法行文

议案是各级人民政府依照国家法律，在自己的权限内，依法提出需要审议的各种事项、政策、法规等待审、待议的文件。各级政府要使议案得到通过，必须依法行文和提出议案，使议案合法、合理，务实周详，有极大的可操作性。

（2）提请审议

提请审议是议案最大、最基本的功能，也是撰写议案的基本目的。提请审议的作用主要表现在：一是提交人民代表大会审议；二是提供议案执行的依据；三是真正地体现人民的意志和国家意志；四是可以促进政府工作，了解民意民情，提高其执政能力和施政效率。

（二）议案的特点与类型

1. 议案的特点

（1）法定性

按国务院办公厅的规定，只有各级政府才能向同级人民代表大会提出议案。即使参照《全国组织法》和《地方组织法》的规定，有权提出议案的仍然是少数的法定机构，党团组织、社会团体、政府各部门、企事业单位等，都无权提出议案。此外，任何议案都必须合法，在国家相关法律、法规所限定的范围内拟定、行文、审议、执行，不能有任何的超越。

（2）特定性

我国《宪法》和《全国组织法》规定，议案的内容，必须是属于人民代表大会及其常委会职权范围之内的事项。超出人民代表大会职权范围的议案，不会被大会接受。议案必须在各级人民代表大会或其常委会举行会议期间提出，否则也不会被列为议案。

（3）可行性

适合提交人民代表大会会议审议的事项必然是重要事项，而且议案中提出的方案、办法、措施也必须是切实可行的，才有可能获得通过。只有议案可行，有针对性地解决问题，才能实事求是、脚踏实地地表达人民群众的意愿和要求。

（4）严肃性

议案一经通过，就成为行政性的法律法规文件或规定，其严肃性始终贯穿着提请、审议、通过、发布、执行等过程。有严肃性，才有议案的获准性、人民代表大会审批的权威性、政府贯彻执行议案的可靠性，议案也才能深入人心。

（5）代表性

议案代表政府的意志和人民的意志，表达了人民的心声，体现了人民的利益和愿望。议案为谁制定、为谁服务、代表谁的利益，要体现出政府性质、立场、施政宗旨、服务能力。

2. 议案的类型

基本类型有三类：一类是政府向人民代表大会提出的议案；二类是非政府机关向人民代表大会提出的议案；三类是人民代表大会代表联名向人民代表大会提出的议案。每一类在具体使用上可以划分的议案文本比较繁复。其中，政府向人民代表大会提出的议案可以进行以下划分：

（1）按内容分，有施政议案、施法议案、外交事务议案、规划议案等。

（2）按级别分，有国家行政机关议案、省级政府议案、市级政府议案等。

（3）按对象分，有科技议案、教育议案、人事变动议案、机构设置议案等。

（4）按属性分，有立法议案、重大事项议案、建议议案、任免议案等。

（三）议案的结构

1. 标题

议案的标题有两种形式：一是由发文机关、事项名称和文种组成，如《国务院关于提请审议设立重庆直辖市的议案》等；二是由事项、文种组成，如《关于提请审议修改后的国务院机构改革方案的议案》等。

2. 正文

正文是议案的核心，有案据、方案、结语三部分。

（1）案据

案据即提出议案的根据。这部分的篇幅长短在不同议案中会有很大的差异。案据是正文中由行文机关简要说明提请审议的议案名称、缘由、背景、意义、目的等诉求部分。

（2）方案

方案是提请审议的方案，是议案原件全文。此部分的议案原件，可以视为议案的附件部分，是审议的对象或依据，也是对提请审议的事项或问题提出解决的途径、方法的部分。

（3）结语

结语是议案的结尾部分，主要用于提出审议请求。一般都采用模式化写法，言简意赅，如“本草案业经市政府同意，现提请审议”等。

（四）议案与请示的区别

二者的区别有：一是对议案的作者有严格限定，必须是各级人民政府，其专指性非常明确，而受文者只能是同级人民代表大会或其常务委员会。请示不受上述限制。二是议案是商议、讨论相关方案。请示用于同一组织系统或专业系统的任何下级机关对上级机关的相关呈请。三是议案所关涉的事项是提请国家权力机关审议的重大事项，请示所涉及的事项则不仅仅是重大事项。四是在效用上，议案在经审议通过后，具有法律约束力，要求认真遵照执行。请示可以要求对方回复以表明态度，内容不带强制性。

(五) 议案的写作举要

1. 依法合法行文

它表现在：一是分清提请审议的事项，要按法定的职权范围明确其归属。凡事项不属于自己权限的，可以提出议案，由人民代表大会或其常务委员会进行审议。反之，则不必提出议案。二是应当提出议案的却不提出，或不必提请审议的却又作为议案提出，都是严重的失职行为。三是必须知晓与提请审议议案有关的国家法律、法规，必须做到依法行文、依法提请审议。

2. 用语准确严谨

议案要经过严格的审议程序，不能有丝毫马虎。在提出议案时，一定要仔细斟酌用语，将提请审议的理由、根据等阐述清楚，有说服力，促使议案尽快获得通过。具体要注意语言表意要准确；注重强调议案的重要性、必要性、科学性和可行性；阐述、说明要注意语言的内在逻辑性，做到语无疏漏，经得起推敲。

八、报告

(一) 报告的概念与作用

1. 报告的概念

报告是一种适用于向上级机关汇报工作、反映情况、提出建议或答复上级机关询问的陈述性上行公文。

2. 报告的作用

(1) 汇报与反映

报告汇报工作，呈报情况，专一性特别强。下级向上级定期或不定期地汇报工作、反映问题、沟通信息、加强联系，是报告最突出的功能，也是上下级纵向往来的一种重要形式。

(2) 答复与联系

上级通过报告，了解下级状况，可以及时调整政策，强化措施，切实提高领导的科学性、正确性、务实性；下级通过报告，可以知晓上级的意图、计划、安排等，使自己的工作有创新性地开展，开拓工作的新局面。它将汇报、反映、答复、联系有机结合，实现报告作用双向化，有利于建立一种新型的上下级关系。

（二）报告的特点和类型

1. 报告的特点

（1）真实性

报告必须真实。报告的真实性体现在内容、事项、汇报和答复的真实。否则，在指导上出现偏差，在政策上出现失误，将造成极大的危害。

（2）陈述性

报告反映相关信息、工作实绩、经验教训、相关问题等，都要依靠陈述性文字来发挥作用。上级要凭借下级陈述，掌握真实情况，才能采取措施，正确决策。

（3）广泛性

报告的用途十分广泛，在上、平、下级机关或单位特别是基层单位使用得非常普遍。它的程序和方法被普遍采用，使用频率很高，公文事务化的特征越发明显，已成为上下级机关或单位之间交换情况、互通信息的重要通道。

（4）沟通性

报告就是汇报情况、讲清事实、陈述已见、明确道理、强调互动，或得到相关的理解与支持，或得到相应的指示与回复等，以期求得共同的看法，取得一致意见。这之中，沟通已是进行报告和取得报告实效的关键要素。

（5）单向性

报告是下级机关向上级机关行文，是为上级机关进行宏观领导提供相关依据或事实，受文机关一般不批复，属于单向行文。

2. 报告的类型

（1）按用途分，有工作报告、情况报告、答复报告、递送报告等。

（2）按性质分，有综合报告和专题报告等。

（3）按目的分，有呈报性报告和呈转性报告等。

（4）按形式分，有书面材料报告、口头叙述报告、正式陈述报告等。

（5）报告种类多，一般常用的报告类型有综合报告等四种。

①综合报告。为上级机关全面了解工作状况或有关情况而制发的报告就是综合报告。它反映在一定时期内的工作情况等，可以使上级全面了解情况，从而进行更为全面、科学的工作指导。

②专题报告。为专门反映某项具体工作、事项、问题而制发的报告就是专题报告。它与综合报告的最大区别在于报告内容集中，主题专一，常用在上级机关或主管部门部署某项工作、任务、事项之后。

③呈报性报告。单纯汇报工作、反映情况或答复上级询问而不转发的报告，就是呈报性报告。它要么只陈述情况，不提出意见；要么以陈述为主，以意见为辅。呈报性报告又可以分成两种：一是工作报告。它重在汇报工作，综合报告和专题报

告都属于工作报告。它的主要内容为：概述已做过的工作及进展；汇报主要成绩、做法、经验；指出存在的问题；说明今后的打算等。二是情况报告。专门向上级反映情况的报告就是情况报告。它反映的情况涉及面广，情况种类多，经常作为上级了解和把握重要情况的信息源。并且它专题性强，时效要求高，内容务求真实，有些还带有密级。

④呈转性报告。提出建议并请求上级机关予以批转的报告就是呈转性报告。它建议的内容详细具体，一经批转，就有指示的性质，将产生一定的行政约束力。

值得注意的是，以提出建议为主要内容的呈转性报告将逐步被请示所替代。

（三）报告的结构

1. 标题

报告的标题有四种：一是由事由、文种构成，如《关于加强就业工作指导的报告》等；二是由发文机关、事由、文种构成，如《北京市关于创建国家级卫生城市的报告》等；三是只有文种，多用于内部的报告，如《报告》；四是反映内容紧急，“报告”前加上“紧急”字样的报告，如《××市关于当前抗洪抢险的紧急报告》等。

2. 正文

报告的种类不同，正文亦有不同。常见的共同格式有开头、正文、结尾三部分。开头一般说明报告的背景、缘由和目的，类似于引言。接下来，再以“现将有关情况报告如下”之类的惯用语过渡到报告的正文。正文是报告的核心，一般有主要情况、存在问题、经验教训、今后打算四个方面。按报告种类的差别，在正文的几个方面又各有自己的侧重点。正文的结尾比较简单，常用“特此报告”、“以上报告当否，请审核”等语结束全文。

3. 署名

一般来说，对报告的作者及工作单位有署名要求，要写全称。一般可以安排在报告的结尾后右下位置，并署明报告行文的时间。也可以放置于报告标题之下。

（四）报告与汇报的区别

二者的区别有：一是报告是公文，由法定作者制成，以机关、团体名义发出。汇报一般不作为正式文件，作者可以是机关、团体，也可以是个人，不具有法定公文的权威和效力。二是报告按公文处理程序制作、签发、上报，具有汇报性。汇报一般作为内部文件刊登在“简报”等内部刊物上，具有一定的交流性。三是报告标题有固定写法，汇报的标题写法灵活，可用文件标题、文章标题等，无固定格式。四是报告内容可专题、可综合，汇报内容则必须是综合性的，以综述经验、动态、情况为主。五是报告用第一人称；汇报亦然，但也可用第三人称。

（五）报告的写作举要

1. 真实可靠，注重时效

向上级机关汇报工作或反映情况，内容必须真实可信。它直接关系到领导机关决策、措施的可靠性、针对性、有效性和报告的可信度。报告的事项、情况，一般都是新近发生的，需要及时解决。要善于抓住时机，及时写、及时报。不能等事过境迁才写报告，结果事与愿违，甚至造成不必要的损失。

3. 简洁明了，切忌夹带

报告写作应做到主题明确，重点突出，用简洁的文字汇报工作或反映情况。要选好用语，注重表意；要多写短语少写长句，切忌呆板，并要提炼审视，善加修改。报告不能夹带其他请示事项。有些报告上报后，受文单位可以不必答复，如有夹带事项则很难处理；有答复要求而出现夹带事项，也只会添乱，从而贻误工作。

九、请示

（一）请示的概念与作用

1. 请示的概念

用于向上级机关请求指示、批准的公文即为请示。

2. 请示的作用

（1）请求与指导

请示就是一种特别的请求。上级机关颁布的政策、法规、决定、指示等，有不理解或难以执行的地方需要请示；某些问题或事项的变通处理，需要请示；制定人事调整、结构改革方案，需要请示；处理突发事件、意外事故，需要请示。“下请上批”、“有请必请，见请则批”是请示的请求和指导作用的真实写照。

（2）详实与实效

内容明确，具体实在，请示才有所作为。请示的内容较多，机构设置与调整、重大事件（事故）和人员的处理等，凡属于自己无权处理的，都要请示。上级特别看重请示的实效作用，即处理方案、措施或办法是否可行；下级请求协调或帮助解决困难、问题，关注实际解决的程度，这种紧密的同一性在公文中不多见。

（二）请示的特点与类型

1. 请示的特点

（1）预先性

事前请示，回复执行是请示办事的原则。它涉及的相关事项必须请示，须有上级的批准、批复的明确答复，请示才能实施。

（2）单一性

一文一事，一事一请，便于批复，利于执行，是请示的又一特点。在请示中，不能几件事同时请示、同时回复、同时执行。要有针对性地解决问题，做到有的放矢，就必须注意请示事项的单一性。

（3）呈请性

呈请性又称请求性、呈批性，是保证请示上报，求得支持的必备前提。下级对某些事项、情况、问题等进行请示，需要上级指导、介入等，就需要以呈请性来保证请示及时上报，利于及时解决问题。

（4）时效性

请示是针对本单位或本系统工作中出现的相关情况、问题等，求得上级及时指示或批复的公文，有明显的时效性。时效性的要求明显，请示自身制作、呈请要快速，上级指示或批复后落实相关措施等要快速，都不能随意拖延。

2. 请示的类型

常用的请示有请求指示的请示等三种。

（1）请求指示的请示

请求指示的请示又称求示性请示。它是针对工作中出现的具体问题，向上级说明情况，请求上级予以答复、指示，并下达处理意见的请示。这种请示以求得支持、指导为目的，请求性突出。

（2）请求批准的请示

请求批准的请示又称求批性请示，是就某一问题或事项提出自己的处理意见或办法，请求上级批准或表明态度的请示。这种请示重点在说明意见、办法，突出其正确性、合理性、及时性，以求得尽快批准。

（3）请求批转的请示

请求批转的请示又称求转性请示，就是请求上级予以批转的请示。它与请求批准的请示近似。不同的是，请求批转的请示内容涉及批转，范围更广，内容更带普遍性，批转要求也十分明确。这种请示还常常带有附件，即请示的原件。

（三）请示的结构

1. 标题

标题有两种写法：一是由发文机关、事由、文种构成，如《××省交通厅关于2011年车辆检测费标准的请示》等；二是由事由、文种构成，如《关于加强房地产市场管理的请示》等。

2. 正文

请示的正文，一般由缘由、事项、结尾三部分组成。

（1）缘由

缘由，即请示缘由、发文事由，是请示的导语。

（2）事项

事项是请示的重点部分。请示的事项单一，但说明的内容具体。它围绕事项中心，从事项的不同层面，分段分层进行说明。在说明事项为主的原则下，事实不少不空、不繁琐冗长。如要提出解决问题的看法或意见，可以分项分条，逐一写明。特别是希望上级批准的意见，可以重点加以说明，以供上级选择。正文叙议结合，叙得清楚、议得精要，是表现正文写作的一大要求。

（3）结尾

结尾又称结尾语。它常以规范的结尾语形式，向上级提出肯定性要求，是请示的收笔部分。请示的结尾语一般另起一行书写。常用结尾语有“特此请示，望批复”、“以上要求当否，请指示”等。

（四）请示与报告的区别

二者的区别有：一是行文目的不同。请示是呈批性公文，主要于用向上级请求指示或获得批准以及相关答复；报告是呈阅性公文，主要用于向上级机关汇报工作、反映情况，使上级及时做出正确决策，不夹带请示事项。二是行文时间不同。请示必须事前行文，在得到上级机关明确指示或批准后，方可付诸行动；报告的写作时间比较灵活，在工作前、中、后皆可行文，不受时间的限制。三是内容含量不同。请示一事一请，内容单一，篇幅较短；报告可涉及的事项不止一个，内容较多，篇幅较长。四是功能不同。报告主要是汇报情况、反映问题等，请示则主要是请求批准、指示和解决问题。五是处理方式不同。请示属办件，需要办理、批复；报告属阅件，可不回复。难以解决或难以回答的问题用请示；在自身职权范围内可解决或已解决的问题用报告。

（五）请示的写作举要

1. 一事一文，主送单一

请示只能一事一文、一事一请。如果集几件事于一文请示上报，就会内容杂乱，导致上级机关无法批复。请示写好以后，报送的上级机关只能有一个，即自己的主管机关。至于其他机关，只能在请示文后以“抄送”的形式填写。

2. 明确问题，措施得力

请示的事项要明确，什么事决定什么内容，要说明什么问题，都要陈述清楚。说明问题尤其要全面实在，突出其重要性和紧迫性。提出供上级参考的措施要依据问题而来，应简洁具体、条款清晰，有很好的参考和采用价值。

3. 逐级请示，把握程序

要注意请示的上报程序。请示不宜越级上报。遇特殊情况需越级请示的，要写清楚越级请示的机关名称及缘由。同时，事后要告知被越级的上级机关。如请示是领导直接交办的，可以送领导个人。

4. 要求合理，用语谦恭

写作要从实际出发，不能有过高的要求，具备可批、可操作的条件。请示应注意用语严谨，朴实得体，语气委婉，富有诚意，显出其特点和吸引力。不得低三下四，委曲求全，低人一等，或用语张扬，甚至本末倒置，采用指示性的语言。

十、批复

（一）批复的概念与作用

1. 批复的概念

适用于答复下级机关请示事项的公文即为批复。

2. 批复的作用

（1）及时答复

答复是对请示单位请示的意见、看法等，做出指示，表明态度，是对请示的一种回应。批复一经下达，就必须遵照执行，不能超越批复的要求。它还有明确的指示作用，常常体现出批复者的指挥、领导职能。

（2）注重配套

有请示就有批复，有批复就存在配套。配套增加了批复的实用价值，强化了批复的功能作用，提高了批复水准。这种“一对一”的配套，在公文中极富特色。

（二）批复的特点与类型

1. 批复的特点

（1）针对性

批复针对请示而来，具有“一事一答，有请必复”的特点。批复按请示的内容做出相应答复，对象、事项、答复明确，有极强的针对性。“你来我往”的针对性呈双向性特征，且联系十分紧密。

（2）鲜明性

批复是对请示的答复，鲜明性非常突出：用语言简意赅，答复明了；可行与否，态度鲜明。答复的鲜明性保证了批复的质量，提升了批复者的责任形象。

（3）权威性

答复是上级意志和权威的体现，有明显的约束力、指令性，一经做出，必须执行，不能含糊。如有不同看法或意见，也不能坚持己见，另起炉灶，另行一套。

（4）集中性

请示是一事一报，请示内容十分集中，主旨清楚，请示具体，而相应的批复也是一文一批，答复的内容也十分集中。并且批复的篇幅不长，集中性非常清楚。

（5）明确性

对于请求指示的请示，批复要给以明确的指示；对于请求批准的请示，批复或同意，或否定，都要观点明确。对于原则同意，同时对某些请示内容存在不同的意见和要求的，也要明确态度，指出问题所在，不能违背原则。

（6）依据性

批复内容所涉及的指示或批准事项，都必须要参照相关法规、政策，并以此为批复的政策依据，不能随意为之。下级机关一旦得到批复，也必须以此为据，作为贯彻或行动的依据，在批复的范围内落实请示的内容，不得曲解与违背。

（7）政策性

批复常常是法律法规精神的再现，是对相关政策的意志执行，在相当程度上就是给"政策"、给"依据"。无政策支持，任何请示与批复都无从谈起。

2. 批复的类型

（1）指示性批复

指示性批复是对请示中涉及政策、认识、措施等问题做出的指示性答复。

（2）审批性批复

审批性批复是对请示中涉及人事、财物、机构等方面的具体问题，做出批准、不批准或不完全批准等的审批性答复。

（三）批复的结构

1. 标题

批复的标题有三种写法：一是由批复机关名称、内容和文种构成，如《国务院关于建设中关村科技园区有关问题的批复》等；二是由批复机关名称、介词短语、内容和文种构成，如《国务院关于同意在沈阳市进行经济体制综合改革试点的批复》等；三是由批复机关名称、介词短语、答复事项、介词短语和文种构成，如《民政部关于同意安徽省恢复界首市给安徽省人民政府的批复》等。

2. 正文

批复的正文，一般由引语、主文两个部分组成。

（1）引语

批复开头引用请示名称等的一段话或一句话就是引语，其目的在于引述来文作为批复的依据。引述的方法主要有三种形式：一是引来文名称和发文字号，如"你们《关于……的请示》（××发〔××××〕×号）收悉，现就有关问题批复如下……"。如国务院2005年3月14日给国家发展改革委、新闻出版总署、教育部的一个批复引语："你们《关于扩大中小学教材出版发行招标投标试点有关问题的请示》（发改经体〔2004〕2895号）收悉。现就有关问题批复如下：……"。二是引来文日期和来文名称，如"×年×月×日《关于……的请示》收悉，现批复如下……"。三是引述来文日期和请示事项，如"×年×月×日关于……问题的请示收悉，现批复如下……"。

(2) 主文

主文是展开批复具体内容的部分，是表明批复者最终决定、指示和要求之处。它主要依据请示的内容，对请示的内容进行判断、审视，然后提出意见、表明态度、做出指示、提出要求等。在表明同意与否后，阐述同意或不同意的理由：同意，要有明确指示，指导请示者应该如何执行，如何调整等；不同意，要说明理由，以及应该如何处理的办法，使下级机关心中有数，有据可循。

(3) 结尾

结尾有三种形式：一是另起一行写“此复”或“特此批复”；二是写希望和要求；三是秃尾，即答复完毕就告结束，此种结尾方法使用的频率越来越高。

(四) 批复与相关文种的区别

1. 批复与复函的区别

二者的区别有：一是行文方向不同。批复行文方向单一，是下行文，用来批准答复下级机关的请示。复函提出的事项更多，行文方向灵活，可以是平行文或下行文。二是重要程度不同。批复常常用于答复比较重要的事项，专一性强。复函可以答复一般性问题，内容更为广泛，使用更灵活，使用频率高于批复。

2. 批复与批示的区别

二者的区别有：一是批复是上级机关对下级请示做出的同意与否、批准与否的答复。批示是上级机关或领导者有选择地、主动地就下级来文中的较有普遍意义的问题做出的指示。二是批复是法定公文，批示不属此列。三是与批复对应的文种只能是请示，而批示多以批转、转发下级来文的通知的形式下发，批示的对象还有报告、总结、调查报告等。四是批复的结尾语不同。

3. 批复与指示（或指示性通知）的区别

二者的区别有：批复可以视为一种被动的“指示”，内容的针对性更强，事务和问题以及所涉及的人员更加特定、具体，问题比较单一，并只用于回复请示的机关；指示则更具广泛性与普遍性，所指问题等可以是单项或多项，不属于法定文本，没有批复那样的法定要求。

(五) 批复的写作举要

1. 答复明确，针对性强

批复对下级请求的事项进行逐一审视，做出有针对性的答复，是否同意、是否批准，必须有明确的表态；要在明确答复上下工夫，清楚答复主旨、要求、意见的重点所在；要把握好“一对一”的针对性，在答复的对象、事项、内容“三统一”的基础上，把握答复的核心，注重有针对性地回答或解决问题。

2. 一文一批，回复及时

批复专一性很强，它针对请示的“一文一事”进行“一文一批”，或“一文一复”。关键要抓好几个点：一要及时写作，及时完成；二要及时审查，及时签发；三要及时制发，及时回复。只有这样，才有利于批复的尽快落实。

3. 文字简练，用语肯定

批复的指挥特征不言而喻，回复要求快、批复要求准、实施要求好。要特别注意语言简练，语意准确，用语肯定，及时、坚决、果断、有力。

十一、意见

（一）意见的概念与作用

1. 意见的概念

用于对重要问题提出见解和处理办法的公文就是意见。

意见列为公文的文种，始于2001年1月1日起实施的《国家行政机关公文处理办法》。在《国家行政机关公文处理办法》中，删除了“指示”而增加了“意见”新文种。此前，“意见”一般作为规章制度的一种而列入事务类文书。

2. 意见的作用

（1）提见解，明态度

提出见解是意见的功能之一。所谓见解，就是对相关问题谈出自己的认识、看法，表明自己赞成或反对的态度。这种“拿主意”角色突出了意见的特征，具有积极意义。不管是什么见解，都明确主旨，使意见尽快形成并尽快发挥作用。

（2）抓处理，重效果

抓处理、重效果是意见的突出特点。谈出看法、见解，是为了尽快从中发现好的办法来解决问题，进行及时有效的处理。处理关系到意见作用的发挥和自身的质量。意见是否好、是否真正用好了意见，都要以实际效果来检验。

（二）意见的特点和类型

1. 意见的特点

（1）真实性

真实性是意见的灵魂。真实性必须贯穿于意见提出的见解、看法、观点、措施、处理的全过程。有真实性，意见才有支撑来发挥作用，才有好的执行结果。

（2）见解性

见解性是衡量意见质量的标杆，见解质量的高低，会直接影响到意见的制定和落实的质量。见解好，才会行文有据，并保证了意见的可靠性和可操作性。

（3）及时性

意见是为了尽快解决问题，要达到准确、快捷、高效，就必然要注重及时性要求。意见采纳及时、撰写及时、处理及时和不误落实、不误效果特点鲜明。

（4）预见性

意见的看法、见解是尚未实现的事实，需要实践证明其正确性和有效性。意见的预见性可以在推理中预测实效，在假设中考虑步骤，保证其实施的成功率。

（5）指导性

意见突出了指导性的要求，一旦成立就能顺理成章，指导工作，取得实效。意见执行完毕，还可以作为制定新意见的参考，仍具有指导性。

（5）针对性

意见有较强的针对性，它总是根据现实的需要，针对某一重要的问题提出见解或处理意见，有特定的执行和处理对象。它的对象特定，且非常明确。

2. 意见的类型

（1）按内容分，有制定法规、政策的意见，审视重点项目的意见等。

（2）按范围分，有工作性意见、生活性意见、学习性意见等。

（3）按对象分，有人民代表大会的意见、国家行政机关的意见等。

（4）按类别分，有规划性意见、工作意见、专门性意见、特定意见等。

（三）意见的结构

意见的结构一般由标题、正文、执行要求三部分组成。

1. 标题

标题一般有两种形式：一是意见发布机关、事由和文种构成，如《国家基本建设委员会关于基本建设推行合同制的意见》等；二是由事由、文种构成，如《关于城镇医药卫生体制改革的指导意见》等。

2. 正文

正文就是意见的条文部分。这是意见的主体，要把对重要问题的见解或处理办法一一写明。要注意区分以下两种情况：

（1）内容繁多的规划性意见，可分层次，再分步列出小标题，小标题下再分条表述。如《中共河南省委、河南省人民政府关于〈中国教育改革和发展纲要〉的实施意见》一文，主体就分为五大部分，各自冠以小标题，分别是：一、教育发展的目标和任务；二、深化教育改革的政策和措施；三、切实增加教育投入；四、加强教师队伍建设；五、切实加强对教育工作的领导。每一小标题下列出若干条文，共计28条。

（2）内容较单纯集中的工作意见，主体部分直接列条即可，不必再设小标题。如《关于继续做好2011年招生工作的意见》，主体部分就直接分为若干条。

3. 执行要求

执行要求有两种不同情况：一是需要对贯彻执行提出要求的，在正文中已有说明，可以不要执行要求；二是可以单独在正文最后写一段简练的文字予以说明。

（四）意见与相关文种的区别

1. 意见与指导意见和实施意见的区别

三者的区别有：意见对重大问题、重要事项等提出见解或解决办法，通常弱于决定、通知等公文。它与指导意见和实施意见同属于意见和建议，但意见更趋于宏观，后二者多涉及微观层面。前者是提要求，后者是抓落实；前者是定原则，后者是定方法。指导意见和实施意见也可以看成是意见的一个部分或分支。

2. 意见和决定的区别

二者的区别有：决定是属于下行文，带有很强的强制性，必须要做，而意见属于提案一类的决定，更多的是一种建议性的，参照性比较明显，强制性不如决定那么强。意见在某种程度上，被称为“潜在决定”。二者文种不同，目的不同，表达不同，不能相提并论。

（五）意见的写作举要

1. 见解新，处理好

意见的见解求新出新十分重要。意见的见解新，常常可以举一反三，明显提升意见的质量。要做到处理正确，执笔就要从实际出发，善于利用新思维、新思路，发现好对策、好主意；利用新方法争取新结果；利用新见解推测新规律。

2. 行文细，语言精

意见有见解、有看法、有处理，有结果，有比较高的行文层次和顺序要求。要把握好行文顺序，做到结构和层次清晰明了。同时，还要强调用语简洁、精确集中，更利于见解、看法、处理方式等过程系统化、模块化，行之更为有效。

3. 求实效，重落实

有“的”才放“矢”是意见坚持务实、重在落实的内在表现。意见的写作，要深入调查，从实际出发，意见才能经得起实践的检验。务必要看重实际效果，把“拿主意”尽快变成“好主意”，是意见写作者必须要考虑的重要内容。

十二、函

（一）函的概念与作用

1. 函的概念

适用于不相隶属机关之间相互商洽工作、询问和答复问题，请求批准和答复审批事项的公文就是函。函又被人们习惯地称为“函件”。

随着函的使用范围的不断扩大，作为公文，函又兼有事务性文书的特点。

2. 函的作用

（1）商洽和询问

函最根本的作用就是商洽、询问，是它本质属性的外在表现之一。函为某一具体事项、具体问题而来，以函件形式，向对方提出看法、要求和希望，或进行商量，或进行询问，或征求意见，或求得解答等，鲜明地体现了函的基本作用。

（2）批准和答复

发函单位的目的很明确，就是要求得到对方或上级的答复。函的种类较多，但无论是去函或回函，大都离不开请求批准或希望有相关答复的内容。函的批准和答复的作用，也是它属性特征的外在表现。

（二）函的特点与类型

1. 函的特点

（1）广泛性

函广泛使用在机关或各单位之间，凡商洽工作、询问事项、答复问题等，都可以使用函。它不受隶属关系、平行关系等影响，凡需要就可立即使用。

（2）事务性

函主要用于解决具体事务，涉及的内容比较广泛，常常涉及一些实际的问题、情况、请求等具体内容，信息量大，自身容量也不小，因而事务性特点极强。

2. 函的类型

自《国家行政机关公文处理暂行办法》发布后，函已取消了“公函”、“便函”的类别划分。函的广泛使用，使它有“一函多用”的情况。

（1）按类别分，有主动发出的去函（又称致函）和针对来函进行答复的复函等。

（2）按内容分，有知照函、催办函、邀请函、商洽事宜函、通知事宜函等。

（3）常用的函一般有商洽函、询问函等四类。

①商洽函，指机关之间或单位之间商量或接洽工作时所使用的函。

②询问函，指机关之间或单位之间询问问题、征求意见时所使用的函。

③答复函，指机关之间或单位之间回复问题时所使用的函。

④请求批准函，指机关之间或单位之间请求帮助或配合，以及向有关主管部门请求批准等使用的函。

（三）函的结构

1. 标题

函的标题有三种写法：一是由发文机关、事由、文种构成，如《中国科学院与××大学商洽建立全面协作关系的函》等；二是由事由、文种构成，如《关于询问举办全省运动会日程的函》等；三是由发文机关、文种构成，如《国务院办公厅秘书函》等。

2. 正文

函的正文一般以去函或复函来确定写法，可分为开头、主体、结尾三部分。

（1）开头

如果是去函，则以简洁的语言说明发函的缘由、依据、目的；如果是复函，则以对方来函的时间为依托，进行开头，表示对对方的重视与尊重。如“你单位（贵单位）××××年×月×日函收悉”等。

（2）主体

主体是函的核心部分。如果是去函，则具体写询问、商洽、请求审批的事项等，简明扼要地说明发函的要求或目的；如果是复函，则以对方函的内容为依据，逐一答复对方提出的问题和要求，即我们通常讲的“有问则答”。

（3）结尾

如果是去函，常用“盼予函复”、“妥否，请函复”、“特盼复”等惯用语进行结尾；如果是复函，常用“此复”、“特此函复”、“专此即复”、“特函复，请办理”等惯用语进行结尾。同时，要写明去函或复函单位的名称以及时间。

（四）函与相关文种的区别

1. 函与请示的区别

函与请示的区别主要有：一是函是平行文，请示是上行文；二是函的制发单位与受文单位是平行或不相隶属的关系，请示的制发单位和受文单位之间的关系是被领导与领导的关系；三是函主要用于平级单位之间、不相隶属单位之间以及有业务上的主管和被主管关系的单位之间的工作往来，请示则用于有隶属关系的上下级机关之间的下级向上级行文请求指示批准重要事项。

2. 函与批复的区别

二者区别有：一是概念不同。函是用来相互商洽工作、询问和答复问题，向有关主管部门请求批准的，批复则是专门用来答复请示事项的。二是作用与行文关系上不同。批复仅限于有隶属关系或业务主管关系的上级对所管辖的机关单位行文，准或不准态度鲜明，往往具有通知和指示的性质，属于下行文。函的答复多为平级行文，多为商洽性联系与咨询的答复，一般情况都是平行文。

3. 函与通知的区别

二者的区别有：一是性质与目的不同。函不具备指导性，以平行商洽为主。通知具有上对下，具有贯彻执行等要求。二是行文关系不同。函不受上下级或平行关系影响，对象也更具有特定性。通知多为下行文，存在上下级之分。三是作用效力不同。函是商讨、询问、答复，一般不具有行政约束力和法律效力。通知具有行政约束力，可上对下发布文件、做出指示等。

（五）函的写作举要

1. 直陈其事，内容简洁

函的事项单一，要突出一事一函。内容要简明扼要，开门见山，直陈其事，不含糊其辞，更不能事外生事，放大内容，做官样文章来显示自己的权威。

2. 措辞得体，用语平和

函常有“有求于人”的意味，语言要注意分寸，讲究措辞，礼貌谦和，态度诚恳，尊重对方。它一般不用“必须”、“一定”、“应该”、“注意”等指示性语言；不用套话、空话和寒暄语句；不借题发挥，更不能以级别的高低来随意用语。

3. 选好文种，使用正确

写作时要注意选好文种。有些事项应当使用函的，却使用了请示、报告、通知等文种。应当使用请示、报告、通知的，却又用成了函。执笔拟文一定要先弄清关系，再进行写作。如请求上级机关给予指示或批准，当用请示；属于商洽性、询问性、答复性的，则一定要使用函。

十三、会议纪要

（一）会议纪要的概念与作用

1. 会议纪要的概念

会议纪要是一种用于记载、传达会议情况和议定事项的常用公文。

“纪要”即综合、整理要点。它是把会议的主要情况、重要精神进行综合整理，形成材料，是一种实录性公文，与事务类文体中的“会议记录”完全不同。

2. 会议纪要的作用

（1）沟通交流

会议纪要的一个重要使命，就是记载和传达会议情况和议定事项，将会议的主要情况、重要精神整理出来，或呈报给上级，或传达至下级，或作为文件公开发布，是一种重要的沟通和交流的形式。

（2）指导工作

会议纪要对议题经过讨论、分析、交流，最后达成共识，形成决议，实现上情下达，或下情上传，要人们加以理解和执行，是指导性的具体体现。它约束行为，统一思想，提高认识，做出安排，取得实效。指导性的作用在会议纪要上特别明显。

（二）会议纪要的特点与类型

1. 会议纪要的特点

（1）纪实性

纪实性是会议纪要的基本原则。它经过加工整理，能真实地反映会议精神和议定事项，缘于它是实录性文本，其沟通与交流、如实反映工作的作用明显。

（2）指导性

利用会议纪要的相关纪要内容对工作进行指导，是会议纪要指导性特点的体现。它要传达具体的会议情况、精神、提出的要求等内容，可以成为与会单位和相关部门等展开工作的依据，有利于落实会议的相关议定事项。

（3）提要性

会议纪要记录的是会议的要点，体现的是会议的主要精神与核心内容，提要性必然贯穿于纪要全过程。提要就是对会议内容进行必要的综合与概括性整理，集中反映会议内容实质、主要精神、重要事项、目的所在，显示纪要精髓。

（4）约束性

约束性表现在必须围绕议题和会议要求严格整理纪要，不能挂一漏万。一经上报或下发，领导者必须带头执行决议，有关单位和人员必须遵照执行。

（5）条理性

条理性即对会议精神和议定事项进行分类、分层并予以归纳、概括。在条理性作用下，它主旨突出，眉目清晰，内容或意思的表达则更加清楚。

（6）凭证性

凭证性主要表现在：一是可作为传达、贯彻、执行等的根本依据，是人们贯彻会议精神的前提；二是可作为文档资料，反映真实的客观状况，可供查阅、引用或借鉴。

2. 会议纪要的类型

（1）按内容分，有指示性会议纪要、通报性会议纪要、消息性会议纪要等。

（2）按性质分，有大型专题工作会议纪要、日常行政工作会议纪要等。

（3）按范围分，有政府工作会议纪要、社团工作会议纪要、行业系统会议纪要、教育系统会议纪要、科技系统会议纪要等。

（4）按交流分，有学术交流纪要、课题成果交流纪要、保密工作交流纪要等。

（5）按研讨分，有知识经济的成因分析纪要、军事文本研究纪要等。

（6）常用的会议纪要有指示性会议纪要等三种。

①指示性会议纪要指反映工作安排事宜，对工作具有指导作用的会议纪要，如国务院发的《全国水利工作会议纪要》等。

②通报性会议纪要指有关领导人召开的办公会、委员会、常委会，对所讨论的一些问题做出决定，以会议纪要的形式发至一定范围，使受文者了解会议精神和决定事项，以便贯彻执行的会议纪要，如《国务院常务工作会议纪要》等。

③消息性会议纪要指对会议进行概要性的报道，重点是对会议召开的时间、地点、会议性质、议题、重要内容等进行介绍。这种采用新闻方法进行的报道重点在于突出会议最重要的“闪光点”，其“抓主干、丢枝叶”的要求突出。

（三）会议纪要的结构

1. 标题

（1）单式标题

有三种形式：一是由会议名称、文种构成，如《全国交通工作经验交流会纪要》等；二是由事由、文种构成，如《关于加强全国税收工作的会议纪要》等；三是由发文机关、事由、文种构成，如《最高人民法院关于十二省、自治区法院审查毒品犯罪案件工作的会议纪要》等。

（2）复式标题

由正、副双行标题组成，正标题阐述会议主要内容精神，副标题交代会议名称、范围和文种。如：

关注民生，以构建和谐社会为指导，开创工作新局面（正标题）

——××省思想政治建设工作会议纪要（副标题）

（3）用于范围不大或单位内部的会议纪要，可直写文种，如《会议纪要》。

2. 正文

正文由开头、主体、结尾三部分构成。

（1）开头

开头部分主要概述会议基本情况，交代会议召开的目的、时间、地点、名称、指导思想、主持单位、与会代表、主要议程、讨论的主要问题等。

（2）主体

会议纪要的主体，主要写明会议研究的问题、讨论的意见、做出的决定、提出的任务、确定的措施等。一般有归纳法等三种写法。

①归纳法。归纳法指依据会议讨论、研究的内容，归纳出几个问题或几个方面来写会议纪要的方法。有的会议规模比较大，讨论的问题比较多，涉及的方面比较广，这就要把许多意见加以分类整理归纳，并列出小标题或标上序号。

②概述法。概述法指综合会议的发言内容、讨论的情况，概括地叙述出来，以反映会议的精神。一些小型会议的纪要，多用这种写法。

③发言记录法。发言记录法按照会上发言的顺序，把每个人发言中的主要意见写出来。一般性的座谈会议纪要，多采用这种写法。

（3）结尾

结尾一般提出号召，要求贯彻会议精神，完成会议提出的工作或任务。有的会议纪要也可以不要结尾。日期可写在正文之后，或写在标题之下。

（四）会议纪要与相关文种的区别

1. 会议纪要与会议决定（决议）的区别

二者的区别有：一是会议纪要一般不单独对外发出，往往需要以“通知”等指明其有效执行的范围与要求等，决定可独立发出。二是会议纪要所记载的是会议的情况和议定事项，决定一般只针对重要、重大事项。三是会议纪要所反映的内容不单一，决定则必须就某事推出重大决策。四是会议纪要中的议定事项是有关与会各方确立的意见，只要有反对即不成立。决定的内容则可根据有关会议规则由与会者中的多数人确认并通过即为有效，产生法定效力。五是会议纪要需综合反映会议的全面情况，对有关意见和观点进行阐述，决定则一般无这些内容。

2. 会议纪要与协议、合同的区别

二者的区别有：会议纪要没有协议、合同奉行的对等原则，即协议与合同中有关当事各方在实现同一目标过程中的责、权、利的规定必须对等，不允许出现其中任何一方只享受权利、利益而不承担相应责任、履行相应义务的内容。会议纪要作为一种处理内部事务的备忘录，则允许出现这种不对等。

（五）会议纪要的写作举要

1. 把握程序，准确无误

会议前阅读文件，尽可能了解相关材料，做好会议记录，为后来写会议纪要打下基础。要认真听取发言，把握与会者观点、见解、意见、看法等信息。在把握会议精神、认真分析和整理材料基础上，构思会议纪要的框架，及时执笔，认真撰文，及时送交会议组织者、单位主要负责人审核签发或送大会讨论。

2. 真实记录，突出要点

会议纪要的真实性反映在会议名称、地点、时间、参会人员等议程安排的真实，重要事项、讨论过程、有何决定等会议情况的真实，对原会议记录整体性的归纳总结、加工提炼的真实。要突出重点，写出会议的主要情况和会议议定的事项。要做到有主次、有中心、有重点、有详略，无疏漏。

3. 快捷迅速，注重高效

会议纪要有很强的时效性要求，最忌讳文山会海，冗长繁复。注重会期短、议题精、内容简、决议好的会议原则；会议发言、议论者多，记录必须快捷准确，不能遗漏；会议纪要形成于会议记录之后，必然要快写、快批、快发、快传达、快落实；必须强调会议纪要的质量，在实践中注重它的实际效果。

第三章 事务文书

一、事务类文体概述

（一）事务类文体的概念与作用

1. 事务类文体的概念

事务类文体是除法定公文和专用文书之外的公务文体，它使用频率极高，应用范围极广，是公务文体的一大分支，又称常用型事务类文体。

2. 事务类文体的作用

(1) 信息丰富，利用率高

事务类文体的应用涉及不少机关、领域，行业和单位，具有优质的信息传播与利用空间，对信息的利用、复制、反馈等应用全过程优势非常明显。它的利用率极高，已成为事务类文体行文、执行、反馈等的巨大资源和强力支撑。

(2) 讲究实效，促进工作

突出事务、讲究实效是事务类文体的基本宗旨。它表现在缘事而发，注重结果，目的明确。它促进工作，突出实效与工作的互动，并以实效来提高工作质量，提高工作的综合效率。

(3) 沟通情况，强调互动

事务类文体种类较多，各文本相互性联系较强，在应用中的沟通性极好。它突出表现在文体之间的系列性沟通、意义上的呼应、应用上的协调，特别注重各文本的关联，强调在事务中具体应用的互动照应，呈现出系统化的优势。

(4) 监督检查，规范并举

利用监督检查来提高事务类文体解决事务性问题和提高工作效率的成效，是应用事务类文体的一大基本原则。通过监督检查可以进一步规范应用、执行、检查、绩效等行为，使其更为完整、更为系统、更加科学、更加实用。

(5) 宣传教育，积累资料

事务类文体可以通过调查研究、分析形势、突出政策、介绍经验、表彰先进等来扩大宣传，教育作用相当明显。同时，可以积累应用实效，丰富资料，提供分门别类的文献资料，增加其附加值，扩大其利用率。

(二) 事务类文体的特点与类型

1. 事务类文体的特点

(1) 格式性

事务类文体格式要求不如公文，但仍然存在相当强的惯用格式或比较固定的表现形式。它依据不同文种所形成的一些习惯用法和表达，有比较明显的规则性，带有相当的指导、参照与借鉴作用。

(2) 时效性

同公文一样，事务类文体也带有明显的时效要求，即行文快捷、应用及时、反馈的绩效要求更要及时。同样，在这些不同的文本中，有的本来就有明确的时限要求，有的时效性甚至会影响到文本的实用性与价值。

(3) 多样性

事务类文体的多样性表现在文种较多，并且还在继续吸纳和扩大一些新的文种进入其系列；各具体文本的表现形式、结构状态、语言表达等个性化特征明显；没有一些公文那样明确而严格的格式，应用空间的优势特别大。

（4）具体性

具体性即针对性的再现。在事务类文体中，每个具体文本都有具体的指向，对象明晰清楚，为谁而写、对谁实用、效果怎样，等等，都非常具体，能够明确无误地反映出所写文本的应用范围、应用特征、应用对象及应用效果。

（5）效率性

事务类文体都是为解决某问题、处理某些事务而来，非常注重行文及应用的效率。从确立观点到组织材料，再到选择结构、谋篇布局等，都非常注意文本应用的最终效果。在当前知识社会发展的进程中，事务类文体更强调效率的多样性、绩效的综合性，以及它的应用价值、知识价值和经济价值。

2. 事务类文体的类型

事务类文体的类型较多，类型的分法没有统一的标准。随着新文种的不断增加，这样的类型划分还在进一步扩大之中。一般常用的事务类文体有会议记录、简报、调查报告、计划、总结、讲话稿、述职报告、规章制度等。

二、会议记录

（一）会议记录的概念与作用

1. 会议记录的概念

会议记录是在会议的过程中由记录员把会议的基本情况、研究和讨论的问题、讲话和发言及形成的决议如实记录下来的一种书面材料。

2. 会议记录的作用

（1）素材平台

会议记录是编写会议纪要、会议简报的原始材料，它完整详细地记录了会议的基本情况、研究和讨论的问题、与会人员的讲话和发言以及形成的决议等，有很大的容量，是会议纪要、会议简报等典型的素材库和操作平台。

（2）凭证依据

会议记录是传达会议精神、分析研究和处理问题、制定规章制度、执行会议决议、检查会议精神贯彻情况的最直接的材料。它作为会议最原始的材料，可以对加工提炼出的会议纪要、日后检查工作、核查历史、编史修志等提供最直接的查证依据。没有会议记录的原始凭据作用，其后的工作便无从谈起。

（3）备忘查验

会议记录可以作为会议情况和会议内容的原始凭证。它具有的备忘作用主要表现在两个方面：一个是现实之用，可以作为传达、认知、查考和执行等的第一手材料发挥作用；另一个是可以随时查阅、借鉴、参考，文档资料作用非常明显。

（二）会议记录的特点与类型

1. 会议记录的特点

（1）原始性

原始性是会议记录与会议纪要、会议简报等存在本质区别的重要标志。会议记录是没有经过修改和编辑的原始材料，保持着会议的真实情况和全部特征，它记录的是会议的整个自然流程（流水账一般），呈一种原始状态，极有个性特色。

（2）真实性

会议记录真实反映会议的本来面貌和会议全过程，是其一大原则：记录的真实，可以为以后开展工作提供最好的核查、参考依据或凭证。因而不能随意添加或删减内容，才可能为以后的会议纪要等提供有价值的素材。

（3）完整性

保持完整性是提炼和加工会议纪要、提供文本借鉴和交流、充当档案资料以查证历史的需要。所以，会议时间、与会人员、会议材料、会议地址、会议议题、会议记录、相关决议、会议意见、最后结论等，都要有根有据，真实可信。

2. 会议记录的类型

（1）按内容分，有指示性会议记录、消息性会议记录、通报性会议记录等。

（2）按性质分，有办公会议记录、专题会议记录、座谈会议记录等。

（3）按范围分，有政府工作会议记录、科技工作会议记录等。

（4）按交流分，有网络化交流记录、科研成果交流记录、新技术交流记录等。

（5）按规模分，有大型会议记录、中型会议记录、小型会议记录等。

（6）按需求分，有特定会议记录、一般会议记录、重点记录、全面记录等。

（7）一般常用的有重点记录和全面记录两种类型。

①重点记录

重点记录指一般会议常用的记录，又称摘要记录。它只记录发言要点和讨论的问题以及会议通过的决定、决议等主要内容，在于记录精要，突出重点。

②全面记录

全面记录指一般用于重要会议的记录，又叫详细记录。它准确完整地记录会议的全面情况，即会议重要事项对相关议题、重大决议或决定等。因此，每个发言人的原话、对有争议问题的看法和意见、领导人讲话和重要决议等，都要记全、记准，不能马虎。

（三）会议记录的结构

会议记录现在一般都有专用的会议记录本。它主要包含四个部分。

1. 标题

标题构成有三种情况：一是由单位名称、会议事由、文种构成，如《××局行政扩大会会议记录》等；二是由会议名称、文种构成，如《物价研讨会会议记录》等；三是只有文种，如《会议记录》。

2. 会议组织情况

它是指主持人在宣布会议开始前要完成的事项，包括会议召开时间、地点、主持人、出席人、列席人、缺席人、记录人的姓名、职务或所在部门、议程等内容。

3. 会议内容

这是会议记录的主体部分。它包括会议的宗旨、议题、目的、议程、报告与讲话、讨论和发言、表决与过程、决定与决议、遗留问题与相关补充等。因不同会议的侧重点不同，以上的顺序也会有所不同。

4. 结尾

另起一行写“散会”或“会议结束”，同时写明会议结束时间。为明确责任，会议记录要有记录人和主持人的签名，有时甚至还要求参会者均要签名。

（四）会议记录与会议纪要的区别

二者的区别有：一是文种不同。会议记录只是对会议情况的记录，是原始材料。会议纪要是正式的公文文种。二是内容不同。前者记录详细，要反映会议的整个过程，全面完整。后者由会议记录加工而成纪要，主要概括要点，重在反映会议重要事项、问题、相关决议和决定，不一定要包容会议的所有内容。三是分类不同。前者通常只是按照会议名称来分类，出于档案管理等需要，往往以会议召开的时间顺序编号入档。后者种类要求比较明显，可以按其内容、性质、范围等进行分类。四是功能不同。前者一般不公开，无须传达或传阅，只作为资料存档；后者通常要在一定范围内传达或传阅，要求贯彻执行。五是称谓用语不同。前者通常采用第三人称的写法，强调真实不走样。六是过程和时间不同。前者是随着会议的进行过程同步产生的，后者则要在会议后期甚至会议结束后通过选择归纳、加工提炼之后才能形成。七是详略不同。前者作为原始记录，未经综合、摘编，内容多，载量大，是会议纪要的“材料库”。后者是对会议记录的再加工，经筛选、提炼，有高度的概括性、集中性，与前者有极大的区别。

（五）会议记录的写作举要

1. 记录真实客观

会议记录是一种特殊的写作，真实记录是立文的首要原则。必须如实、准确地记录，全面反映会议内容；不能改变发言人的发言意图、目的、看法与要求，加入个人主观臆断；对发言人不能张冠李戴，内容上更不能南辕北辙，牵强附会。

2. 记录准确快捷

记录必须准确，思维必须敏捷，思想必须集中，精力必须充沛，要注意发言和讨论的繁复情况，这就要求做到眼快、心快、手快。为了记录准确、快捷、规范和真实，可使用专用记录本，同时进行必要的录音。

3. 注意保存和集中

保存和集中的目的是为了使用和查找，有利于作为必要的写作参考资料，有利于更好地发挥其文档资料作用。

三、简报

（一）简报的概念与作用

1. 简报的概念

简报，即情况的简要报道，是国家机关、社会团体及企事业单位内部用来通报情况、交流信息的一种简短的文字材料。

在各种事务文书中，简报的应用最为广泛。我们所见的“简讯”、“内部参考”、“情况反映”、“情况交流”等，都属于简报文体。

2. 简报的作用

（1）传播信息，沟通事理

简报就在于沟通、交流，通报情况，传递信息。它可以迅速、准确地反映情况，上级能正确决策，及时处理；在各平级机关或单位等，可通报情况、促进合作；对下级机关或单位，能及时反映上级意图、指导等，使下级做到心中有数。

（2）助推决策，促进协调

简报反映的情况有利于领导了解工作中的新情况、新问题、新动态，从而采取积极措施，做出相关决策，实现正确指挥和领导；同时，它在通报有关情况、问题时，可以协调各级机关或单位之间的关系，加强往来，做好工作。

（二）简报的特点与类型

1. 简报的特点

（1）简洁性

简报内容简短精要，篇幅小巧灵活，集中表达的特色引人注目。用语简练，长话短说，最忌繁复冗长，是衡量简报质量的一个重要指标。

（2）新颖性

简报反映新近发生的问题或事情，以新取胜，先声夺人，构成了它的又一特色。它信息新、选材新、观点新、决策新，客观上提升了简报的价值。

（3）准确性

准确性是简报的明确要求。简报在真实的基础上准确反映情况和问题，突出规律性的东西。它坚持准确反映事物的内在规律，不能虚构编造，加枝添叶。

（3）专业性

简报有很强的专业性：从内容到形式的单一性，其他文本无可替代；反映具体情况或事项的专报、专写、专发手段独特；一事一报，一事一写，针对性极强。

（4）新闻性

简报的新闻性特点集中体现在：真，即时间、地点、人物、事件、原因、结果等内容真实准确；新，即反映新事物、新动向、新思想、新趋势；简，即内容集中，篇幅短小、提纲挈领、不枝不蔓；快，即迅速及时，突出时效。

（5）时效性

简报以报道突发情况或问题见长，时效性极强。它必须要抢时间、抓分析、快处理，要在第一时间内传播信息，对信息的传播、交流、反馈十分敏感，快写、快编、快发的要求非常突出。

2. 简报的类型

（1）按时间分，有定期简报、不定期简报等。

（2）按范围分，有综合性简报、专题简报等。

（3）按内容分，有工作简报、会议简报、动态简报等。

（4）按性质分，有生产简报、学习简报、卫生简报、交通简报等。

（5）一般常用的简报有动态简报、专题简报、综合简报和会议简报等。

①动态简报

反映各机关、部门、单位新近发生或正在发生的情况、问题或相关变化的简报就是动态简报。动态简报时效明显，具有新闻特色。

②专题简报

专门反映某项工作、某种情况、某些经验、某个问题进展状态的简报就是专题简报。它内容取材较广，但具体内容单一、集中，专题性很强。工作一经转移或完成，简报的作用也随之结束，有明显的阶段性。

③综合简报

反映某系统、某行业、某部门、某单位在一段时间内各方面情况的简报就是综合简报。这种简报汇总性强，工作问题、特殊情况、突发事件等，都可以进行综合性反映，并且可定期或不定期发出，指导性、推动性比较强。

④会议简报

对会议进程、内容、发言、动态等进行连续性的简要报道就是会议简报。它具有新闻报道的特点，一般用于大中型会议，所反映的会议情况、决议或决定等及时快捷，有很好的沟通性和传达性。

（三）简报的结构

1. 报头

它一般占首页三分之一版面，与报核用一条与版心等宽的红色反线分开。

(1) 名称

居中位置，以较大字体标示。如《××简报》、《××动态》等。

(2) 期号

指简报的发行期数，位于名称正下方，即“第××期”，用阿拉伯数字标明。

(3) 编发单位

指编发简报的单位，位于期号左下方、横隔线左侧上方顶格处，用全称。

(4) 编发日期

位于期号右下方、横隔线右侧上方顶格处，用阿拉伯数字标明年、月、日。

(5) 密级

如需要，应在简报名称左上方写明秘密程度。如“［内部参考］”等。

(6) 编号

在简报名称右上方，与密级相对，有的用年编号，有的用统编号。

2. 报核

报核是简报的核心部分，由标题、正文、报尾组成。有的标题前加有按语、正文前加有导语，就构成按语、标题、导语、正文、报尾的结构形式。

(1) 按语

按语又称编者按，位于标题上方或下方，主要用于重要简报或转发性的简报。它以简报内容为依托，目的在于肯定经验、指出教训、阐明意义、提出希望等。它简明扼要，提纲挈领，评论或说明的文字非常精要。

(2) 标题

简报的标题用语简明、准确醒目，形式灵活多样，有新闻标题的特征。一般的标题有两种：一是单标题，主要由反映的问题或情况的对象、中心语或提示语等构成，如《××地区个体工商户纳税情况不容乐观》等；二是双标题，又分眉题、主题、副题，如：

经济开发与发展面临组合新契机（眉题）

成渝两地联手打造西部经济圈优势突出（主题）

(3) 导语

导语是简报正文的开头一段话，与新闻报道的导语很相似。它简明扼要地概括出全文的中心内容或主要事实来吸引读者，引发共鸣。常用的导语有四种：

①叙述式导语，把主要事实或主要内容写在开头，是用综合归纳的方法，概括简报所要反映的核心所在。

②描写式导语，对主要事实某一个有意义的侧面、或事件发展的高潮处、或某个特定场面，以简洁生动的描述，渲染氛围，使读者兴趣愈加浓厚。

③提问式导语，以设问的方式，造成反差，拉大思维空间，引起读者思索和

关注。

④结论式导语，即先下结论，再交代原因和过程，进而用阐述的事实与理由，来证明结论的正确，类似于人们常说的“先结论后原因”。

（4）正文

正文即主体，是简报的核心，主要依靠事实，凭借导语铺垫，紧扣行文主旨来展开。主体有不同的写法，常用的有：一是叙述式，即以记叙为主，按事件的发生、发展的顺序来纵向组织材料，说明问题。二是概括式，即以面为主，而不是以点为主，对带有共性的典型材料进行概括，反映出所写的对象的价值或实质。三是归纳式，即按材料进行分类，用归纳的方式，抓住最能表现中心的材料构成主体，以点带面，由个别而推出一般，显示所写对象的代表性和普遍性。四是评述式，即按议论文的结构谋篇布局，对典型事例进行评述，从而揭示事物的本质，突出它的现实意义。同时，它也是提出问题、分析问题、解决问题的过程。

（5）报尾

报尾是简报正文横隔线以下的部分。横隔线下左边排列报、送、发单位。报，指报送给上级机关；送，指送给平级或不同的隶属单位；发，指发给下级单位。也可不加区分，一律写为“发送”。横隔线下右边写明印制份数，用阿拉伯数字写明，再打上圆括号。

（四）简报与通知的区别

二者的区别有：一是文种不同。简报是事务类文体，通知属于公文。二是范围不同。简报范围小于通知。三是行文方式不同，侧重点不同。四是表现手段不同。简报新闻特色突出，有新闻体式。通知则具有自身的公文格式，比较固定。五是内容大小不同。简报篇幅短小精悍，重在报道，无法定执行要求。通知则依事而发，重在传达知晓，强调贯彻执行。

（五）简报的写作举要

1. 信息要新，选材要精

简报是信息的有效载体。信息新，简报也就材料新、立意新、价值大。在信息中复制、筛选、提炼材料，已成为简报写作重要的第一步。简报材料要典型，最能反映事件的实质，揭示规律，反映现实的一些热点问题来提升其价值。

2. 事实要准，时效突出

简报对真实性的要求很高，依据的事实必须要准确无误，不能虚假不实，加枝添叶，甚至编造事实。简报有明显的时效性，快写、快编、快发已是写作时必须遵循的原则。因此，要特别注意简报的编发和传播速度。

3. 内容要简，政策性强

简报以精、短、新见长，内容必然要提纲挈领，在简约中见主旨，举要处显精髓，使简报简而不空、简中有物。简报政策性很强，它将一些政策具体化，加深人们理解，进而促进工作。所以，写作时特别要注意政策性的要求。

四、调查报告

（一）调查报告的概念与作用

1. 调查报告的概念

调查报告又称考察报告，是对某些客观事实及现象进行深入细致的调查研究后，对所得的数据、资料等相关材料进行综合分析与系统整理，并将调查结果以书面形式向上级部门及广大群众汇报的一种应用性文体。

调查报告应用广泛，影响深远。我们经常见到的“调查汇报”、“调查与思考”、“情况调查”等，也属于调查报告的范畴。

2. 调查报告的作用

（1）广泛深入

调查报告广泛应用于党政机关、社会团体及企事业单位之间，常常还带有一些意见或建议，是公文的重要附件。它虽不具有行政效力，但已被普遍视为“机关事务文书”和“管理应用文”。它在社会的方方面面应用广泛，影响深远，反映的对象林林总总，极具广度和深度，其实效堪称事务文体中的“排头兵”。

（2）指导决策

调查报告深刻地揭示出了在新时期的各种新现象、新情况的成因及规律，为各级机关、决策部门等获得高质量的信息，从而进行科学决策，制定出正确的方针、政策，为社会发展提供指导与服务，奠定了极为牢固的基础。

（3）关注热点

调查报告对人们关注的热点问题、重大事件等进行深入调查研究和分析，或揭露危害，或褒扬正义，引起社会关注，有极大的警示和教育作用；反映各种新生事物，揭示意义与价值，介绍和推广先进经验等，为其健康发展提供平台。

（二）调查报告的特点与类型

1. 调查报告的特点

（1）真实性

真实是调查报告的灵魂。调查报告对有形事实（具体事件、有形数据）要调查清楚、核对无误；对无形事实（社会舆论、大众心理）要真实摘取，切忌编造。它从实际出发，运用的事实、数据和材料越真实，得到的结果越具有说服力。

（2）时效性

及时反映、及时送达、及时干预或及时解决，是调查报告的一大特点。它常常涉及一些比较典型的带有普遍性的问题、事件等，突发性强，要求在相对较短的时间内进行积极介入，进行研究分析，并做出决断，时效性要求非常明显。

（3）针对性

调查报告展开有针对性的调查，及时传播工作中出现的新经验、新情况，或揭露社会中出现的危害国家和人民利益的重大问题等，指向鲜明，目的明确，所反映的内容，是褒是贬，一看便知，针对性极强。

（4）典型性

有典型才有说服力。调查报告不论是揭露问题还是推广经验，都必须选取有代表性的事件。要揭露事件，就要深刻指出其严重影响和后果；要推广经验，就要深刻表明它的先进意义，由此成为一种广泛认可、具有指导性的典型材料。

（5）评析性

调查报告是一种介于通讯报道和评论文章之间的文体，它要准确叙述事实，分析评价所调查的对象，揭示相关规律，得出科学结论。这就需要对报告中的事实、问题等进行议论，在分析研究和评价判断中得出正确结论。

2. 调查报告的类型

调查报告分类各异，至今无统一分类标准。目前已有以下的分类：

（1）“两分法”分类

一类是典型经验调查报告、揭露问题调查报告和综合分析调查报告；另一类是专题调查报告、综合调查报告和典型调查报告。

（2）“四分法”分类

它由专题调查报告和综合调查报告；评述性调查报告和资料性调查报告；评述性调查报告和报道性调查报告；典型事件调查报告和典型经验调查报告构成。

（3）“五分法”分类

它有基本情况调查报告、揭露问题调查报告、典型经验调查报告、新生事物调查报告和历史事实调查报告五种。

（4）常用的有情况调查报告、经验调查报告和揭露问题调查报告。

①情况调查报告。情况调查报告侧重于“面”的情况介绍，重点在于反映某一地区、某一行业或单位的基本情况与发展状况，为上级机关研究问题、制定政策提供依据和参考。

②经验调查报告。经验调查报告侧重于“点”上的经验介绍，所调查对象有一定的独创性、成功性和典型意义，比较鲜明。它通过介绍典型经验的背景、具体实施办法和取得的成效，以点带面，推广经验，探寻规律，以指导全局工作。

③揭露问题调查报告。这类调查报告通过大量的事实材料，揭露现实生活中的某一重大事件或有负面影响的“热点”问题。它注重事实，分析准确，指出它的严重性或负面影响，以引起社会或人们的广泛重视与关注，极有价值。

（三）调查的方法

调查的方法多种多样，常用的方法有普遍调查、典型调查等。

1. 普遍调查

这是一种专门组织的、一次性的全面调查，又简称“普查”。即选定某一地区、某一单位、某一生活的层面，进行全面的调查，进而得到较为真实的结果，但它所需人力、物力都很大。

2. 典型调查

典型调查主要是根据调查目的，选择有代表性的典型对象进行调查，并以点带面，对调查的结果进行分析，如走访调查、专门定向调查、实验法调查等。

3. 现场观察

它是指通过深入现场对事物、现象进行观察，并深入生活获得第一手资料，如现场询问调查、现场巡回调查、现场补充调查等。

4. 抽样调查

它是指按照随机原则，从整体中抽取部分单位（抽样总体）进行观察，借此来推算总体情况的方法，如座谈会调查、电话调查等。

5. 书面调查

书面调查是采用书面形式来进行调查并反映结果的方法。它以无记名方式，使被调查者无所顾忌。如调查表统计、信访调查、资料调查、网上问卷调查等。

（四）调查报告的结构

1. 标题

调查报告的标题分为公文式标题和新闻式标题两种。

（1）公文式标题

它由调查单位、调查内容、文种三要素构成，如《×××教育厅关于2010年四川省大学毕业生就业的调查报告》。其中有的调查标题可以省略单位。

（2）新闻式标题

这种标题比较新颖、准确，能概括出文章的主要内容，揭示主题思想，如《网络已成当前青少年最主要娱乐方式》等。调查报告的标题还可以由正标题和副标题组成。正标题揭示文章的主旨，副标题则点明调查范围、文种，如《有利可图，不惜牺牲百姓健康——××医药公司销售调查报告》等。

2. 正文

正文一般由开头、主体、结尾、署名组成。

（1）开头

正文的开头部分，又称导语或引言，一般都要简明扼要地介绍一下调查的时间、地点、调查对象、范围及采取的方式。常见的导语方式有提问式、概括式或议论式、引用式等。

（2）主体

正文的主体部分材料丰富、证据确凿、论证严密、观点鲜明。为做到条理清晰、层次分明，常用的行文结构方式有三种：

①纵式结构。纵式结构指以时间发展为序组织材料、安排内容，这种方式便于读者对事件的起因、经过、结果有全面的认识。

②横式结构。横式结构指以事件的性质为依据，将调查对象从不同角度加以分类叙述，这些不同的类别，既相对独立又互相联系，共同支撑着文章的中心观点。

③纵横式结构。纵横式结构指以上两种方式的组合，它总体上按照纵式结构叙述事件的发生、发展脉络，同时针对其中的重点环节或问题，用横式结构分角度讨论，适用于内容丰富、牵涉面广的调查报告。

（3）结尾

调查报告的结尾一般要求简洁有力。常见的结尾方式有三种：总结全文，深化主题；给出建议，指明方向；表明决心，展望未来。一般也可以不要结尾。

（4）署名

调查报告一般要求署名，写在标题下面，也可写在正文结尾处的右下方。

（五）调查报告与相关文种的区别

1. 调查报告与总结的区别

二者的区别有：一是功能不同。调查报告是针对某一方面的问题进行研究和阐述，无需全面。总结是对以往工作的回顾，要求全面。二是写法不同。调查报告在总结经验或是揭露问题时目的明确，针对性更强。总结既看工作成绩，也要注意找不足与缺点，立足现实着眼未来。三是角度不同。调查报告一般以第三人称写作，总结多用第一人称写作。四是时间不同。调查报告既可以在工作开展过程中或结束后进行，目的在于及时发现问题、解决问题。总结的写作时间较之调查报告滞后，一般在某一工作或实践活动结束之后进行。

2. 调查报告与新闻的区别

二者的区别有：一是时效性有所不同。新闻时效性更强，它要求对新近发生的事实进行报道，核心是强调“新”与“快”。调查报告可以在一项工作开展过程中或在工作结束后进行，所报道内容的时效性比新闻滞后。二是新闻的新闻性主要体现在对事件报道的及时性与新鲜性方面；调查报告的新闻性主要强调对事件深层次成因的认识、探究、剖析，重在展现事件发生发展的前因后果。

3. 调查报告与学术论文的区别

二者的区别有：学术性调查报告也叫调研论文，与一般的调查报告不同，即重点和着眼点不同。前者注重以相关学术内容为重点，后者则以相关事件或人物为重点。

4. 调查报告与调研报告的区别

二者的区别有：一是立足点不同。调查报告主要是在对特定对象进行深入了解的基础上，经归纳整理，分析研究，进而揭示事物本质，得出符合实际的结论，为决策和调整提供基本依据。调研报告是对某一情况、事件、经验或问题等的调查，去粗取精、由表及里的分析研究，重在揭本质、找规律，研究的特点更为突出。二是篇幅大小不同。调查报告一般较后者大，注重全面，完备。调研报告注重局部、注重研究，强调深度。

（六）调查报告的写作举要

1. 点面结合，深入调查，

调查报告必须进行深入调查。没有大量第一手资料就写不出有价值的调查报告。调查要明确调查对象与调查目的，确定调查的方法，在调查中要尽量搜集与调查对象相关的各方面材料，这样写作起来才会得心应手。

2. 分析材料，抓好典型

调查报告要对收集到的材料和调查的相关情况进行整理与筛选，找出其中最有代表性和概括性的典型材料，提炼出真实的典型事例或典型人物以吸引读者。

3. 用语精当，叙述明白

写作用语要精练，遣词用句要准确，表意要恰当，切忌意义不明。在叙述中，要清楚明白，层次清楚，其来龙去脉一看就知、一说就明。

五、计划

（一）计划的概念与作用

1. 计划的概念

计划是某些单位、部门或个人，对在一定时期内要做的工作或要完成的相关任务事先做出的筹划和安排，使之书面化、条理化及具体化的事务性文书。

计划有不同的称谓。短期内要做的叫“安排”，近期要做但还没有考虑周全的叫“打算”，简要提出以后工作重点的叫“要点”，上级布置工作、制定政策等叫“意见”，有长期的计划叫“规划”，有具体安排的叫“方案”，提出计划供讨论的叫“纲要”，为计划制订提供线索叫“思路”，具体安排下去叫“部署”，要准备做但又没有具体计划的叫“设想”，等等，都属于计划的范畴。

2. 计划的作用

（1）筹划与组织

“人马未动，粮草先行”，就是计划作用的生动体现，是计划最基本的功能。通过计划可以清楚未来的工作重点，提高工作效率。要变计划为现实，组织是关键。

如时间、人员、物质、执行等安排或步骤，都必须逐一到位。

（2）协调与指挥

按计划进行就是一种有效的协调，与上级单位、平级单位、下级单位的协调、自己内部各种关系的协调等，在计划中十分重要。这样才会使工作井然有序，管理层层见效。计划离不开指挥。明确有效的指挥常常能促使计划成功。

（二）计划的特点与类型

1. 计划的特点

（1）预见性

计划是对未来情况、进度、问题的一种设定和预见。预见性是计划的本质表现。预见可以把握全局，清楚主次详略，完备相关条款，保证可操作性。

（2）目的性

实现预定目的是计划的最终归属。计划怎么干、如何干、干了有什么结果，都必须目的明确。这样才能更好地统一思想，协调行动，取得真正的实效。

（3）指导性

计划要以相关政策等为依据和指导，执行计划也有明确的指示性。它的指导性始终贯穿预见、安排与执行的全过程，对计划实施的保证作用非常明显。

（4）科学性

科学性表现在计划的各个环节中。科学性就是要实事求是，尊重事物的发展规律，计划措施、步骤等切实可行，目标明确，设计、安排等符合科学原理。

（5）实践性

实践是实现计划的条件性保证和衡量标准。它可以显示计划与执行情况及整合，对出现的新问题、新情况等进行调整，并依据实践效果判断其绩效。

（6）约束性

任何计划都有约束性。计划一旦制订，其内容、方法、步骤、目标等就成了必须认可和执行的规矩，与之相关的实践活动都必须按计划的要求严格执行。

2. 计划的类型

（1）按内容分，有生产计划、建设计划、科研计划、教学计划等。

（2）按时间分，有长远规划、年度计划、季度计划、月度计划等。

（3）按形式分，有条文式计划、表格式计划、条文和表格复合式计划等。

（4）按范围分，有国家计划、单位计划、部门计划、班组计划、个人计划等。

（5）按性质分，有综合性计划、专题性计划等。

（三）计划的结构

无论哪种形式的计划，其结构一般都由标题、正文和落款三部分组成。

1. 标题

标题一般由制订计划的单位名称、适用时限、内容概要和文种四部分构成。具体的写法有两种：一是完全式标题，即四要素齐全的标题，如《××市××局2011年机构与人员配置计划》等；二是不完全式标题，即省略四要素中的单位名称和时限，如《产品检测计划》等。

如果还需进一步讨论或经上级部门批准，可在标题后或标题下方加括号注明“讨论稿”、“草案”、“征求意见稿”等字样。

2. 正文

计划的正文要包含任务和目标、办法和措施、进度和步骤三层内容，分为前言、主体、结语三个部分。

（1）前言

前言是全文的导语，一般比较简单，主要说明制订该计划的目的、意义、指导思想、目标、要求等。前言简明扼要，明确具体。有的计划也可不用前言。

（2）主体

这是计划中最重要的部分。应明确提出任务、指标和具体要求，写出重要步骤、方法、措施、分工及必要的注意事项等。也就是要写出做什么、怎么做、什么时间做等内容，即通常所说的计划三要素：目标、措施和步骤。

第一，目标要具体明确，不能笼统粗略，要明确告诉执行者应该“做什么”。

第二，措施是为实现计划目标所采用的具体方法，告诉执行者“怎么做”。措施应该具体详实，内容清楚，联系实际，有科学性，容易操作。

第三，步骤是为实现计划目标的程序和时间进度，告诉执行者“什么时间做”。计划的实施步骤应前后衔接、要求规范，进度合理，有条不紊。

（3）结语

这是计划的辅助、补充部分，可根据需要确定写或不写。如需要写，可以强调工作中的重点和主要环节或分析实施过程中可能出现的问题等。

3. 落款

写明计划的制订单位或个人姓名。如果标题已经注明单位，落款可以不署名，但应标明年、月、日。有的计划还要写出报送单位及有关人员。

（四）计划与方案的区别

二者的区别有：一是计划是一个轮廓、一个目标，而方案是针对目标所设计的可操作的方法；二是计划可以有书面计划，可以有口头计划，而方案更程序化，正规化，多以书面形式出现；三是一个计划可以有多个方案，是对计划的补充与完善。计划是解决问题的具体实施步骤，而方案更多是提出解决问题的办法。解决问题的方法是先有计划，后有方案。

（五）计划的写作举要

1. 符合政策，实事求是

计划的制订要以相关的法规、政策、上级有关指示或规定为指南，树立全局观念，处理好全局和局部、长远利益与当前利益的关系，使计划发挥更大作用。计划还要实事求是，将政策性和求实性相结合，计划才更真实而利于操作。

（2）深入分析，量力而行

深入研究相关政策、法规、上级有关新规定和本单位的实际状况，是执行计划的基础和条件。计划要目标明确，联系实际，尊重客观，量力而行。在写作时要坚持“有多大力量办多大事”的原则，不可盲目攀比或扩大计划目标。

（3）条理清楚，用语简练

制订计划要先总后分，逐层分解，步步落实，目标、措施、步骤要环环相扣，条理清楚。用语要力求准确，简单明了，不含糊其辞、模棱两可、模糊不清。

六、总结

（一）总结的概念与作用

1. 总结的概念

总结是对已经完成的某一阶段工作或某项具体工作的全面系统的回顾、分析、检查和评价，从中找出经验、教训、成绩和不足，得出规律性认识，以指导今后工作开展的一种事务性文书。

2. 总结的作用

（1）交流信息

总结是一种特别的信息传播、交流、复制和利用的过程，并有特定的对象和内容。通过总结，可以促进系统、部门、单位、不同人群等之间的相互交流，实现信息的互通有无，取长补短，交换互动，彼此得到更多理解、支持和帮助

（2）积累经验

总结就是一种经验的积累，它高度集中了人们的各种认识，并进行收集、综合、整理而成为先进、可靠的经验，有利于充分借鉴以扬长避短，增长才干。

（3）改进工作

归纳总结经验和教训，从而改进工作是总结的重要功能。它以点带面，取长补短，提供新的经验和方法，对改进工作方法、提高工作绩效，具有特别重要的意义。

（二）总结的特点与类型

1. 总结的特点

（1）实践性

实践性是总结的第一属性。它依靠实践活动来反映具体内容，揭示规律性的东

西。没有实践性，总结就没有指导作用和典型意义，也没有存在的价值。

（2）真实性

真实性是总结的生命，是对经验、教训的高度概括，是总结者对实践活动的真实回顾，对人们的借鉴、指导作用非常明显。

（3）指导性

总结的目的，在于归纳经验和教训，通过借鉴和学习，改进工作，提高效率；它推广典型，树立榜样，可以吸取他人经验、教训以提高自己的工作质量。

（4）典型性

由于总结有内容的不同、总结者和接受对象的不同，它通过整理、归纳所展示的事件、人物常常具有鲜明的个性，因而总结的典型性特征非常明显。

（5）证明性

总结具有鲜明的证明性。总结依据真实的材料和事实写成，必然会证明材料和事实真实、内容和结果真实等特征，从而证明总结的实用价值。

2. 总结的类型

（1）按内容分，有工作总结、生产总结、营销总结、思想总结等。

（2）按范围分，有地区总结、行业总结、单位总结、个人总结等。

（3）按时间分，有年度总结、季度总结、月度总结、阶段总结等。

（4）按性质分，有综合性总结、专题性总结等。

（三）总结的结构

总结的结构一般包括标题、正文和落款三个部分。

1. 标题

总结的标题主要有以下两种形式：

（1）公文式标题

它一般由单位名称、时间、总结对象和文种构成，如《××大学2010年教育工作总结》等；根据实际情况省略单位、时间等，如《年度销售总结》、《2010年工作总结》、《工作总结》等。

（2）新闻式标题

有两种情况：一是新闻式单标题。它以能够高度概括或揭示总结主旨的一个判断性语句作为总结的标题，使中心更突出，如《总结：我的一把标尺》等。二是新闻式双标题。它由正标题与副标题组成，正标题揭示总结的中心，副标题点明总结单位的名称、时间、内容。如《继往开来，坚持经济发展大方向——××市2010年经济工作总结》等。

2. 正文

（1）开头

开头又称前言或导语，是总结的基本情况介绍。它以高度概括的语言说明工作完成的总体情况以及有何经验、教训；交代工作的时间、地点、背景等；指出总结的范围、目的、评价等。此部分写法多样，可概括、可简述，不拘一格。

（2）主体

主体是总结的核心部分，主要抓住成绩与经验、问题与教训两个部分进行总结，是总结能否成功的关键所在。展开来看，就要围绕过程、效果、成绩、缺点、经验、教训，进行具体细致的介绍。总结正文常见的有四段式、阶段式等。

①四段式。四段式指将总结分为基本情况、成绩与经验、问题与教训、今后努力方向四个部分进行安排；或按情况、效果、体会、意见分为四大部分进行总结。

②阶段式。阶段式指以时间顺序或事件发生的自然顺序安排内容。可以把工作情况分为几个不同的阶段，然后再逐一进行分析和总结。阶段式脉络清楚，行文有序，一般用于阶段性强或周期长的总结。

③总分式。总分式指首先概述基本情况，然后按内容安排和逻辑顺序，写出不同的发展阶段，并依各阶段主题对各个阶段冠以小标题，进行时间、事件的纵横交叉，逐层写出总结的主要内容。总分式排列简要、事理清楚、行文有序的特点比较突出。

④二部式。二部式即把总结分为情况概述、经验和体会两个部分来写，重点放在后一部分。后一部分多以揭示成功经验等为重点，常常归纳出有规律性的共同点和有价值的结论。二部式多用于内容少、时间跨度短的总结。

⑤独体式。独体式指围绕一个中心展开，不用小标题，从头到尾，一气呵成。独体式简单易行，适用于个人总结和主题总结。

⑥排列式。排列式指围绕中心，把总结的情况、事件、意见、措施、成绩、经验等进行分条阐述，并以小标题显示主题所在。排列式写作自由灵活，层次清楚，适用于专题性总结。

（3）结尾

结尾可以提出今后工作的设想；表明努力方向，提出新的奋斗目标；简略地表示决心、态度以及对前景的展望。结尾要简洁有力，具有鼓动性和号召力。

3. 落款

写明总结的成文时间；如果单位或个人的署名已经写明在标题之下，此处可省略；用于报送上级的总结，应在单位名称处加盖公章，在“日期”之后左下方留出3 ~4 行注明报送、抄送单位的名称。

（四）总结与报告的区别

二者的区别有：一是文种不同。总结不是公文，而报告是上行文，主要作用是向上级汇报工作、反映情况、答复询问等。二是适用范围不同。总结多立足于个人或本单位，报告更具有广泛性，受众更多。

（五）总结的写作举要

1. 实事求是，显示潜力

写总结必须以实践性工作为基础，要坚持“五真”的原则，即事实真实、内容真实、总结过程真实、受众真实、评价真实。展望未来，要突出自己的潜力，显示自己的能力积累和质量，利用总结塑造自己的形象。

2. 突出价值，表述清楚

总结的价值表现在成绩可圈可点、教训可说可鉴、过程可评可判、未来可想可看。要以完整性、典型性来提升总结的价值和形象；要简洁精练，表达流畅，以增加总结的魅力；宣读总结时要重视一些肢体语言和口语的配合，增强感染力和亲和力。

七、讲话稿

（一）讲话稿的概念与作用

1. 讲话稿的概念

在各种场合发言时所用的事先准备的讲话文稿就是讲话稿，又称“发言稿”或“演讲稿”。讲话稿使用频率高，通用性强，在日常工作、生活以及各种社会事务中发挥着重要作用。

讲话稿有广义和狭义之分。广义的讲话稿是人们在特定或一般场合发表讲话的文稿；狭义的讲话稿即一般所说的领导讲话稿，是各级领导在各种会议上发表的带有宣传、指示、总结性质讲话的文稿。

2. 讲话稿的作用

（1）促进沟通与交往

讲话就是一种极好的信息传播，是实现沟通交流与加强往来的重要形式。通过讲话，彼此可以增进了解，相互启发、相互帮助、相互支持、相互激励，从而达到思想、精神、行动等的一致，在各种交往中加深联系，提高交往的质量。

（2）强化指导或指示

讲话稿可以通过讲话传达或宣传自己的主张，讲话者常常以相关的内容、步骤、程序等展示讲话的重要性与必要性；以相关的资料、数据、背景等，突出讲话的指导或指示作用。讲话目的明确，用意清楚，指导或指示性明显。

（二）讲话稿的特点与类型

1. 讲话稿的特点

（1）真实性

真实反映讲话内容是讲话稿的根本要求。讲话也是一项具有综合性特征的活动，会产生相当的反应或影响。讲话稿必须依靠真实的人、事、情、理，才能使人信服，产生共鸣。讲话真实，才有个人形象和威信的真实。

（2）通俗性

无论怎样的讲话，都要力求做到讲话的深入浅出、通俗易懂。精彩的讲话往往事例生动、内容实在、易懂中听，感召力特别强。

（3）情感性

讲话可以通过情感交流，进而达到信息、思想、精神、认识等的互动。讲话的亲切感和渲染力，最容易在潜移默化中实现沟通，引发共鸣，形成默契。

（4）鲜明性

讲话稿个性鲜明，富有创意和特色。与一般讲话不同，它多是以实际表达效果的质量来影响听众，因而鲜明性特别利于表明观点、阐释道理，明确目的。

（5）针对性

讲话常常要受到会议的主题、场合、听众等要素的很大影响。所以，向谁讲话、怎样讲话、效果怎样，都要做到专一、集中，有的放矢。

（6）时效性

讲话是有时间限制的，必须考虑其时效性。因此它对篇幅有特定要求，不能长篇大论。尤其是对时间有特定要求，不能随意讲来，信口开河，滔滔不绝。

（7）鼓动性

讲话就是一种有效的鼓动。听众受到讲话者的情感、表情、动作等的鼓动，会引起共鸣，更富有亲和力和感染力。

2. 讲话稿的类型

（1）从内容分，有政治类讲话稿、经济类讲话稿、法律类讲话稿、行政类讲话稿、社会问题类讲话稿等。

（2）从性质分，有个人讲话稿、集体讲话稿、部门讲话稿、单位讲话稿、代表地区的讲话稿、代表国家的讲话稿、特定的讲话稿等。

（3）从形式分，有即兴讲话稿、撰文讲话稿、录音讲话稿、录像讲话稿等。

（三）讲话稿的结构

讲话稿形式自由，种类繁多，一般由标题、称谓、正文三部分构成。

1. 标题

讲话稿的标题一般有五种情况：一是直接以文种表示，如《讲话稿》即可；二是由会议名称加上文种构成或讲话者无标题，而由相关媒体编辑等在发稿时冠以标题，如《×××在全国交通会议上的讲话》等；三是直推讲话主旨、中心、内容等作为主题，同时以副题形式加以阐释的讲话稿，如《创新发展 面对未来——在××经济发展座谈会上的讲话》等；四是讲话者提示主题，将标题形象化以吸引听众，如《美感是艺术的灯塔》等；五是不推讲话全文而摘取要点的标题，如《×××在××会议上的讲话要点》等。

2. 称谓

称谓即对听众的称呼。称谓一般有：一是以礼貌性称谓表示对听众的重视或尊重；二是在不同场合与不同对象的前提下，称谓的用语有所不同；三是称谓常常可以在讲话稿新的段落之首反复出现，意在强调，引起注意，或暗示讲话内容的转承，或再示对听众的尊重，或意在加强效果，或为了突出主题。

3. 正文

讲话稿一般包括开头、主体、结束语三部分。

（1）开头

讲话稿开头简明扼要，一般有概括中心、展示主题、介绍背景、点明目的等内容，是围绕讲话的正文而对听众做出的必要交代与铺垫，话题比较专一。

（2）主体

讲话稿紧紧围绕讲话中心，论点、论据、论证应充分到位，尤其重视条理、层次的安排，使论据充分、论证严密，观点鲜明突出。从展示主题需要看，讲话稿基本有以下的层次安排：

①并列式。并列式指把讲话稿分成几个有机部分，各自冠以小标题等，分别进行议论阐述，再提出意见看法或结论，使讲话内容排列有序，重点清楚，关键所在，一目了然。

②演绎式。演绎式指以概括的方式，从一般性结论演绎出个别性结论，即先综合后分析的方法。它常与对多项事物进行分析并从中归纳出一般性结论的归纳法组合运用，从一般到特殊，或从特殊到一般，从而使听众有所选择，把握正确结论。

③渐进式。渐进式指按讲话主旨，把中心逐层展开，由浅入深安排讲话内容，形成梯形或连环式，进行逐一阐述，使主旨脉络清楚，议论重点赫然在目。

④对比式。对比式指将同一问题或同一事物等进行比较，以不同的看法、不同的结果来影响听众，使听众明辨是非曲直，从而受到启发和教育。

⑤反证式。反证式指倒证式，就是运用对反面论点、事件等的否定，来证明自己论点或结论正确的方法。它与对比式有一些联系，但概念不同。这种方法可以使听众通过极为鲜明的对比论证，从而把握讲话者的思路、观点，等等。

⑥例证式。例证式指举例，就是用典型的人或事来证明自己论点、议论、结论

的正确，使听众明晓事理，知其所以然。

（3）结束语

讲话稿的结尾方法较多。可以直截了当地宣布讲话或会议结束；可以简单概括、简要回顾或简洁总结以结束全文；可以振奋听众，展望未来；可以提出贯彻落实的意见或安排；可以引喻或引用名言、成语、典故等启发听众，强化讲话的效果；可以祝愿式，即以祝愿、关怀等语句进行结尾。

（四）讲话稿与讲演稿的区别

二者的区别有：一是讲话稿重在突出中心，讲清原由，求得理解，得到支持。演讲稿则注重选材立意，常常以听众关心和迫切要解决的问题为据，有的放矢，主动性、鼓舞性极强。二是讲话稿用语力求清晰明白，陈述直接，阐述注重条理性，存在一定的口语表达。讲演稿多用短句，强调节奏，兼用幽默、比喻、双关等修辞手法，活泼生动，富有号召力。三是讲话稿以表达叙述为主，行文平顺，情感起伏不大。讲演稿在表达上有较多议论、抒情，情感性及感染力比较强。

（五）讲话稿的写作举要

1. 突出主题，用语生动

讲话稿不同于一般的文稿，讲话者的讲话带有相当的综合性，对主题要求较高，要有针对性，不宜过度强调某些内容或旁征博引转移思路而出现离题的情况。

讲话是一门艺术，在主题的限定范围内，通过生动的语言来感染听众，引发共鸣，可以取得良好的讲话效果。要注意用语贴切、表意准确，以书面语言的大众化，突出其感染力，并恰当运用口语增加语言通俗色彩，利于听众接受。

2. 结构有致，注意篇幅

讲话稿的结构是以讲话的主体要求来进行设计的。结构类似于一个富有活力的模块，构成讲话的有机结构。结构要按主体要求进行组合与调配，突出其实用性，要注意不为文体所限，贯穿讲话主线，使讲话稿点线结合，整体性强。讲话稿是通过声音作为媒介展示内容的，现场性和随意性都非常明显，且有时限要求。所以，篇幅长短要适度。讲话要力避冗长而呆板、枯燥、乏味。讲话稿太长，讲话就可能偏离讲稿，造成离题，听众也不可能在短时间内大量接受和消化信息。

七、述职报告

（一）述职报告的概念与作用

1. 述职报告的概念

述职报告是指各级机关、团体、企事业单位担任一定领导职务的干部、工作人员或专业技术人员，向所在工作单位群众、上级领导、上级授职机构等，陈述自己在一定时期内履行职责的情况、个人能力以及综合素质情况等，进行自我评述的一种事务性文书。

2. 述职报告的作用

（1）考评监督

述职报告是管理和考核干部的重要形式，对述职者的理论水平、道德品质、文化修养、业务能力等进行全面细致的考核和评议，这样才有利于人才的选拔和培养，减少或避免使用干部中的主观性和盲目性。同时，述职者通过述职报告汇报履行岗位职责的情况，让上级领导、单位群众进行监督，必然会倾听群众意见，将监督具体化，并始终贯彻于考评监督过程中。

（2）培养人才

述职过程也是通过审查和评议来发现、培养、选拔人才的过程。人们对述职者德、能、勤、绩、廉履行情况的全面了解，对其综合素质与能力的深入考察，有利于述职者自我认识、自我学习、自我提高，更有利于进一步开发和培养人才。

（二）述职报告的特点与类型

1. 述职报告的特点

（1）确定性

述职报告的确定性非常明显。它要确认实绩，即报告人在一定时期岗位责任的要求下，实绩究竟怎样，要有肯定性意见；确认能力，即能力的具体表现如何，必须有实在的反映；确认述职报告的内容必须真实，即工作事实清楚可信、可评。

（2）真实性

真实是述职报告的灵魂。对自己任期内履行职责做自我评价和鉴定，必须严肃认真，事实确凿无误，必须有依据、有事实，真实地反映述职者的全面情况。决不允许避重就轻，浮夸政绩，弄虚作假。

（3）自述性

自述性是述职报告的最基本特点，即述职者述说自己在一定时期内履行职责的情况。述职者按照岗位任职规范等要求，自述具体工作指标、效益、个人成就和贡献等，可以反映个人内外形象，增加与听者等的亲和力。

（4）庄重性

述职者述职是一项非常严肃的工作，述职者必须严肃庄重。庄重性表现在用语得体，陈述准确；行为举止礼貌谦逊、诚恳朴实；内容真实，不夸夸其谈，浮夸掩饰；严肃、认真、慎重，自我评议实在、可信。

（5）呈现性

用事实说话，是述职报告的一大要求。把自己的工作实绩、实际能力、综合素质和潜能呈现出来，不回避问题、困难，不推脱自己应该承担的责任，不隐藏自己的希望和要求，要体现报告的价值和述职者敢于正视现实的正确态度。

2. 述职报告的类型

（1）按述职者分，有个人述职报告、集体述职报告、领导班子述职报告等。

（2）按内容分，有综合述职报告、专题述职报告、单项述职报告等。

（3）按时限分，有任期述职报告、年度述职报告、特定述职报告、个人或集体应急性述职报告、定期例行性述职报告、不定期指定性述职报告等。

（4）按表达形式分，有口头述职报告、书面述职报告等。

（三）述职报告的结构

述职报告由标题、正文、结尾与落款、附件四部分组成。

1. 标题

述职报告有四种标题：一是公文式标题，又称完全式标题，由单位名称、述职者职务、述职者姓名、任职时限和文种构成，如《××省××厅××厅长年度述职报告》等；也有不要时限的，如《××市×××市长述职报告》等。二是新闻式标题。由正副标题构成。正标题提示内容主题，副标题由人称、文种组成，如《恪尽职守，深化经济改革——我的述职报告》等。三是由时限、文种构成，如《2010年度述职报告》等。四是仅由文种构成，如《述职报告》等。

2. 正文

述职报告的正文一般由前言、履行职责情况、存在的问题、今后努力的方向几部分组成。

（1）前言

述职报告的前言部分一般有述职者身份、职责、述职期限、范围、自我评价等，是述职报告的提纲式表现。前言部分要求提纲挈领，简明扼要，高度概括。

（2）履行职责情况

这是述职报告的核心部分，即报告的主体。此部分主要写个人的政绩，即交代自己在任期内的主要职责，担任的具体工作，有何主要政绩和具体的成果、有何经验等。由于行业、职务、主管或分管的工作等不同，个人能力和实绩不同，因此述职报告的写法各异，内容有所不同。这部分内容，或按时间顺序排列，或按工作内容排列，或按由此及彼、由表及里、层层推进的逻辑顺序排列，可以不拘一格。这部分的内容要力求观点鲜明、事实确凿、分析合理、归纳精辟。

（3）存在的问题

述职报告必须要指出存在的问题、缺点、失误和教训，要实事求是，有理有据，对自己有真实的分析和恰当的评估。同时，要提出明确的改进意见，做到态度端正、意见中肯。

（4）今后努力的方向

表明自己今后的决心、打算、愿望、努力方向等，并对今后的工作提出建议、意见，表示自己的真诚和信心。这部分应简洁明快，表意真实诚恳，内容实在。

3. 结尾与落款

一般用几句表态语结束全文。也可用“特此报告”、“专此述职”或“以上报告，请领导和同志们批评指正”等语句结束全文。落款写明述职者的单位、姓名、职务、述职时间。如果标题下已经写明这几项，此处可以不写。

4. 附件

附件是述职报告必要的附属材料，即相关的证明材料、统计表、补充文件等，一般写在报告末尾左下方。

（四）述职报告与个人总结的区别

二者的区别有：一是目的不同。述职报告以述职者德、能、勤、绩、廉等为主要内容，为上级和有关部门选拔、培养、使用、调配、奖惩干部提供依据，目的多种多样。个人总结在于肯定成绩，改正不足，以利于今后工作，目的明确。二是范围不同。前者陈述的范围在述职者的职权范围内，有明确的规定性。后者陈述范围则非常宽，业务、学习、工作等，都可以单独成篇。三是内容不同。前者重在围绕述职者工作职责范围内的各个具体事项进行陈述，有明显的特定性；后者重在陈述工作的得失，内容更为宽泛，更重视总结归纳经验与教训。四是写法不同。前者只限于履行职责的范围，就事写事，就事论事，立足实绩、问题等的考核与评价，中心内容的确定性要求很高。后者则有时间、空间的优势，可采用不同的方法和角度来写，写法比较自由。五是形式不同。前者注重动机和效果，叙述清楚，陈述严谨；后者关注的是通过总结找到得失，常常采用夹叙夹议的方法，议论多于述职报告。六是评价不同。前者限于有职有责者，最终考核的结果，常常涉及述职者的升迁、调整等；后者谁都可以写，其反馈结果或是表扬，或是批评，不涉及个人职务的升迁。

（五）述职报告的写作举要

1. 把握写法

常见的写法有三种：一是条款式，即将工作分为多个部分或层次，具体以分条列项的形式来陈述工作。在具体写作时，要选择最适合自己写作习惯的形式，再从详略、条理等入手写好述职报告。二是重点式，即充分反映自己在任期内的有创造性和开拓性的重点工作和重要实绩，写出重点，突出中心，其余的点到为止。三是顺时式，即按工作进程，以时间为序，逐一写出自己的工作情况。

2. 注重表达

述职报告的表达方式常常关系到述职的成功与否。要实事求是，真实表达，把握分寸，不说大话、假话、套话、空话，回避矛盾。要比较实绩，突出价值。有具体陈述和分析，突出创造性、开拓性特征以展示自己的能力。要注意展示能力，注意形象，增加亲和力和内聚力。要表述清楚，用语通俗。即以叙为主，议不过头，陈述不冗长累赘。语言简练、严谨朴实，有凝聚力和表现力。

3. 突出个性

述职是个人的一种特别行为，在相当程度上，也是展示自己能力、塑造自己形象的机会和过程。写作上要抓重点、抓关键，以最能显示自己实绩的闪光点来写，突出写作特色。具体述职时，应注意自己的着装、肢体语言的运用、自己的表情特点等。这样可以集中突出自己独有的气质、风格，展示自己的人格魅力。

八、规章制度

（一）规章制度的概念与作用

1. 规章制度的概念

规章制度是国家机关、社会团体、企事业单位在一定的范围内要求有关人员共同遵守的，为规范人们的行为而制定的一种具有法规性和约束力的文书。

规章制度是一个总称，它包括章程、规定、条例、规定、办法、细则、守则、公约等不同文种。

2. 规章制度的作用

（1）指导管理

规章制度体现着法律、法规精神，为人们提供了细化的行为准则，要求人们遵守相关制度，规范自身行为，履行职责和义务，增强工作责任心、社会责任感、公共道德感，其指导作用非常明确。此外，规章制度是依法制定的，人们可以依据它进行有效的综合性管理，保障有序的学习和工作，指导性非常明确。

（2）规范运作

规章制度的规范作用就在于它成为人们共同的行为准则，能够防止管理的任意性，确保人们的合法权益，并能为制定新的规章制度提供经验和教训。规章制度还必须要严格运作方式以促进规章制度的贯彻执行，进而取得实际效果。

（二）规章制度的特点与类型

1. 规章制度的特点

（1）约束性

规章制度是带有法规性或行政约束力的事务性文书，一经颁布，相关行为人就要遵照执行，不能有任何的消极态度和抵触情绪，否则将会受到相应的处罚或处分。

（2）鲜明性

规章制度的条款具体而清楚，如何理解、怎样执行、应当做和不能做的界限非常清楚，态度鲜明。人们只能统一认识，统一行动，以共同的理解来坚决执行。

(3) 针对性

规章制度总是从实际出发，因事而定，有备而来，立足于解决实际问题。它必然要有的放矢，针对性非常强。有了针对性，才能准确无误地解决问题。

(4) 严谨性

规章制度具有法规的效力，代表了法律、法规的权威和尊严，它目的明确，制定细致，内容具体，格式规范，条款清楚，用语准确，非常严谨。

(5) 法规性

规章制度是法律、法规的具体化表现形式和内在精神的延伸和细化，它必须符合国家法律的规定，不能自作主张，各行其是，法规性要求很明显。

2. 规章制度的类型

规章制度常用的有章程、条例等七种。

(1) 章程

章程是政党或社会团体等组织用于规定自身的性质、宗旨、组织机构、活动形式和行动准则等内部事务的文书。如《中华人民共和国总工会章程》等。

(2) 条例

条例是指导某些工作、重大事项、重大活动的原则性规定与要求的法规性文书。它带有指令性，一般要经国家权力机关或行政机关重要会议通过，并经国家权力机关颁布，是具有长期执行效力的法规性文书。如《住房公积金管理条例》等。

(3) 规定

规定是针对某一具体事项、工作或活动做出的规范性要求及措施，用以统一人们行动，要求有关人员贯彻执行的专用文书。与条例一样，规定也用于一些较稳定的工作或活动；但内容上，条例大于规定，更为全面，规定更具体和详尽。

(4) 办法

办法是行政机关就某项工作或活动所提出的具体做法、制定的相关要求的专用文书。它具有行业法规性质，应用范围更为广泛。

(5) 细则

细则是对某些条例、规定中的部分条文进行解释或说明所制定的详细规定。如《国家行政机关工作人员贪污贿赂行政处分暂行规定实施细则》等。

(6) 守则、须知

守则即共同遵守的规则，是相关部门单位为规范所属成员行为和提高道德规范水平，创造更好的工作、学习环境所制定的文书。如《高等学校学生守则》等。

须知是有关部门、单位为维护正常的秩序，对所从事的活动必须知道的事项、为安排好某项具体活动、完成某项工作而制定的具有指导性、规定性的文书。

（7）公约

公约是广大群众、社会组织、系统、行业成员等，在自愿的基础上，经过广泛的讨论，达成一致的意见而制定的行为准则和道德规范。如《文明公约》等。

（三）规章制度的结构

规章制度的一般基本格式相同，包括标题、正文、落款三部分。

1. 标题

规章制度的标题大体上分为六种：一是由发文单位名称、事由、文种构成，如《国务院关于进一步扩大国营工业企业自主权的暂行规定》等；二是由事由、文种构成，如《工伤保险条例》等；三是由发文单位名称、文种构成，如《四川经济学会章程》等；四是由适用对象、事由、文种构成，如《河北省人民调解工作规定》等；五是由适用对象、文种构成，如《中学生守则》等；六是只有文种，如《公约》等。如果制定的规章制度是草案或暂行、试行的，可在标题内写明，也可在标题后加括号注明。

2. 正文

规章制度种类不同，正文结构与写法存在区别。常见的有章条式、条文式两种。

（1）章条式

章条式又称繁式，其结构方式适用于表述内容比较复杂的规章制度，如条例、章程、办法等。其内容可分为总则、分则、附则三部分。每一部分均可按内容的多少分列若干章或若干条款，用序数表明。

①总则

总则一般列为第一章，可用小标题写明“总则”，再分若干条，是全文的开头部分。规章制度的总则类似于文章的前言，对全文起统领作用。

②分则

分则指第一章后的部分。它是规章制度的主体部分，一般是一个问题为一章，分若干章，每章一般设有小标题，表明本章的主旨。每章再分若干条来具体写明规章制度的方法、步骤、措施、要求等。

③附则

附则指规章制度的结尾部分，列为最后一章，一般用小标题注明“附则”。主要用来说明该规章制度的生效日期、批准权限以及相关的补充说明等。

（2）条文式

条文式又称简式，适用于内容较单一、篇幅较短的规章制度。条文式不分章，而是分条列项加以阐述。条文式一般可分为两种：一是三分条文式，由缘由或根据、主体部分、执行说明三部分构成。缘由或根据的内容一般在第一条和第二条，简要说明制定规章制度的目的、意义、依据。主体部分具体说明规章制度的具体事项、要求、措施等。执行说明的内容一般在最后的一两条，说明规章制度的施行时间、解释权限等。二是主体条文式。这种形式分前言和主体两部分。前言不设条，用简明扼要的文字概述制定的目的、依据、性质、意义。主体部分则分若干条款写作。

3. 落款

规章制度的落款分为两种情况：一是在正文末尾右下方写明制定本规章制度的单位名称，名称下再写明发文日期。二是直接写在规章制度的标题下，包括通过日期或批准日期、发布日期，并用小圆括号括起来。

（四）规章制度的写作举要

1. 依法制定，联系实际

规章制度必须以国家的法律、法规和政策的要求为基础，制定的规章制度不能与上述法规有任何的违背和抵触。必须联系实际，因地制宜，按现实的情况、要求，有针对性地确定内容，制定条款，做到切实可行。

2. 条文具体，用语简洁

制定规章制度有明确的要求，在结构及谋篇布局上带有一定的格式化特点，容易把握。在具体写作时要注意保证规章制度的内容全面具体、准确无误；层次分明，条款清楚，条理明确，表达充分；语言表达严谨、简洁、规范。

3. 征求意见，切实可行

规章制度要有可操作性，得到人们的支持和赞同，经得起实践的检验。从写作的实践看，要符合国家相关法律法规的要求，不能与之相违背；所制定的规章制度必须要与其他同类的规章制度没有内容、条款上的冲突和抵触；必须与上级机关、部门的有关要求口径一致；认真分析执行的条件、效果、人们的接受程度，突出法规性、规范性、约束力和公认度；坚持上下结合，发扬民主，多修改调整。

第二部分　财经文体

第一章　经济考察报告

一、经济考察报告的概念与作用

（一）经济考察报告的概念

经济考察报告就是对经济领域内有关经济情况、现象、事件、问题、成果等进行深入细致的考察、研究和分析后所写成的真实反映考察结果的书面报告。

考察报告的概念有广义与狭义之分。经济考察报告是考察报告的一个分支或系统，属于狭义的考察报告，也称“经济调查报告”、“经济考察纪实”。冠以“经济考察汇报”、“经济情况反映”、“经济调查与思考”等命题的文章，也属于经济考察报告的范畴。经济考察报告运用广泛，虽然不是公务文书，却常常作为公务文书的重要附件，也是公务活动中的一种重要工具。

（二）经济考察报告的作用

1. 考察与研究

经济考察报告就是以考察为中心，有目的、有计划地通过观察和调查的环节，获得直接材料，进而在研究与分析相关的经济情况后，得到真实的考察结果。考察是考察报告的第一要素，是形成报告的关键所在。经济考察报告的研究亦必不可少。它主要采用专题研究和综合研究方式，提出研究目的、计划、方法和基本步骤，确定主要的研究方法，利用逻辑关系和思维规律，真实客观地反映研究的情况以确保研究的价值。没有考察与研究就没有报告的形成。

2. 指导决策

经济考察报告也是一种经济研究的模式，必然会对经济决策施加重大影响，其中最为明显的就是指导决策。政府经济部门、企事业单位等，都把它作为重要的参考决策依据，它所反映的经济事件、现象、成果、问题等，对政府经济部门和相关的企事业单位正确决策有极大关系。经济考察报告对经济的指导和决策作用，还表现在报告的结果具有重要的参考价值；报告具有前瞻性，有预测性和可比性及可行性；文本质量高，有创新特色，利于他人借鉴和学习。

3. 信息传播

经济考察报告本身就是信息的载体，必然要体现信息的价值。体现价值的手段之一，就是它的信息传播。考察报告蕴含的信息多、质量高，除反映经济事件、现象、成果、问题的信息外，它还包含有具体的人文信息、实地考察的地理信息、市场信息、产销信息、消费信息等种种信息，并能通过书面、口头、网络、传真、电话、电子文本等进行传播，实现对信息的利用。

4. 反映供求

市场是指商品交易的场所或商品行销的区域。经济考察报告必然要反映市场供求的现状。它可以反映市场供给这种市场的重要指标和流通的直接动力，可以反映需求的形态和范围，即数量、质量、品种等，成为国家经济部门进行宏观经济规划、经济项目投资与建设、地区经济发展、经济学家研究经济运行态势等的重要依据和必要的参考指标。经济考察报告反映市场的供求关系，体现人口、购买力、购买动机等要素内涵，已成为报告的重要内容。

5. 促进经营

生产是为了满足市场需求，市场需求的大小决定了生产规模。生产为市场服务，市场为生产开路，是市场经济的重要特征。经济考察报告对促进经营的作用十分明显。它提供需求信息，帮助生产者决定近期和远期的生产计划、方式和生产规模；它反映市场营销形势，提供新的消费模式，可以为经营提供强大动力。经营是管理的一种形式。报告可以对强化经营、促进销售、扩大市场占有率等提供新的模式；在产品、价格、分销、促销上进行综合反映等，其作用不可小视。

二、经济考察报告的特点与类型

（一）经济考察报告的特点

1. 针对性

考察是有目的、有计划并按一定步骤进行的，必然要紧紧抓住考察对象和经济情况进行考察，展开研究，得出结果，进行运用，针对性极强。如有关针对顾客忠诚度与企业利润关系的调查表明：提高顾客对企业的忠诚度，可以保证企业的市场占有率稳定和发展，进而保证企业的销售与利润，企业每减少5%的顾客流失率，所带来的利润就可以增加25%以上，最高可达85%。

2. 真实性

经济考察报告要反映经济运行的各种情况，提供大量的考察信息，要为政府经济部门等提供重要的参考信息和决策的依据，就必须要真实反映相关内容和考察结果。没有真实性作为考察的原则，报告写得越好，其危害越大。

3. 借鉴性

借鉴性是经济考察报告的一个特点。进行经济考察的上级经济部门或单位、被考察的相关地区或单位，都要把握相关信息，注重研究过程，牢牢抓住结果，并依据报告，进行纵向或横向的对照以取长补短。上级经济部门可以通过借鉴来指导工作，相关单位可以通过借鉴来促进自身发展。

4. 实用性

经济考察报告要反映很多经济内容，有研究、决策、指导等明显的实用性和很大的运用空间以及现实的可操作性，并经得起实践的检验，决定了它实用、可用、好用的特性和优势。是否实用，也是衡量经济考察报告价值的一个标尺。

5. 文本性

经济考察报告的文本性非常鲜明。它突出了应用文本的专用性特色，具有相当明显的个性特点。记叙与议论双管齐下、观点与材料互动支撑、考察与研究同时并举、议论与结构高度统一、用语与表达强调严谨，等等，都体现出这种文本的现实与潜在优势，其客观性、准确性与实用性潜能极大。

（二）经济考察报告的类型

1. 经济考察报告的分类方法

经济考察报告的类型多，分法可以与调查报告基本相同。常用的经济考察报告有以下两类五分法等分类方法：

（1）两类五分法

此分类即把考察报告两类进行对应，包含五种不同的考察报告文本。它们是：一类有经济经验考察报告、经济问题考察报告、综合经济考察报告；另一类有经济专题考察报告、经济典型考察报告、综合经济考察报告。

（2）四类八分法

此分类即将经济考察报告分为四类，含有八种不同的考察报告文本，并且各类型有较明显的交叉和链接关系。第一类有经济专题考察报告和综合经济考察报告；第二类有经济评述性考察报告和经济资料性考察报告；第三类有经济评述性考察报告和经济报道性考察报告；第四类有经济典型考察报告和经济经验考察报告。

（3）五步平行法

此分类即不分小类，按考察的面和被考察对象的这个点，来决定采用的类型。它们主要有经济基本情况考察报告、经济问题考察报告、经济经验考察报告、经济新事物考察报告、经济历史考察报告。

2. 常用的经济考察报告类型

(1) 经济情况考察报告

经济情况考察报告又叫经济资料性考察报告或经济基础考察报告，其主要作用是客观、真实地提出相关经济情况，为有关经济部门、企事业单位了解情况、分析问题、指导决策和制定措施等提供依据。它围绕经济反映情况，没有深入的分析，只是对经济情况进行选择、归纳，将自己的观点寓于其中，不需要作者去阐述看法、见解，提出明确的意见和措施。它不是经济资料的汇集与上报，必须以最新的经济情况作为报告的立文之本。

此外，经济情况考察报告与经济情况报告、经济情况通报内容上相似却有区别：一是经济情况考察报告不是公文，而后两者是公文；二是经济情况考察报告和经济情况通报一般只汇报自己管辖范围内的情况，其中经济情况通报还有自己的评价和要求。经济情况考察报告反映范围大，内容丰富，表达方式更灵活。

(2) 经济经验考察报告

这种报告又称经济典型考察报告，与经济经验考察报告极相似，有的又将它们合二为一进行使用。经济经验考察报告主要作用在于介绍和推广经济工作中的新经验、新见解、新突破、新规律，同时又带有比较明显的指导性和政策性。

经济经验考察报告与经济性总结不同。经济性总结用第一人称，经济经验考察报告是第三者所写；经济总结的作者一般是本单位的人员，经济经验考察报告的作者是外来人员；经济总结写于经济工作完成之后，经济经验考察报告可以边考察边写。

(3) 经济问题考察报告

经济问题考察报告是反映经济某一方面或某个问题的报告。它针对性很强，有具体的考察分析，并在分析中表现出作者的观点。这种报告一是反映带揭露性的问题；二是反映带澄清性的问题。其中带揭露性问题的报告使用频率很高，反映深刻，分析透彻，常引起社会的广泛关注，价值极大，有深刻的现实意义。

(4) 单位经济考察报告

单位经济考察报告是反映单位经济状况的考察报告。这种报告是经济类考察报告体中的新成员。这种报告文体不大，篇幅不多，反映的经济情况相对较小，单一而不复杂。但随着经济发展的不断深化，以单位作为一个经济单元从事经济活动的越来越多，这种报告的地位和作用将进一步增强。

三、经济考察报告常用的考察方法

(一) 普遍考察

普遍考察也叫普遍调查或称“普查”，是在一定范围内对所有对象进行逐一考察的方法。这种方法在科研和经济考察报告中经常使用，获得的结果比较全面、真实，带有普遍性。

（二）典型考察

典型考察是对典型的经济情况和经济人物的考察。这种方法能以小见大，可以细化出走访考察、个别考察、口头咨询、开会考察等多种形式，显示其深刻性和影响力。在具体展开时，它尤其注重考察的对象所具有的典型意义。

（三）抽样考察

抽样考察是在正确的范围内选出部分考察对象进行考察的方法。这种方法有座谈会、电话、问卷、网上设问抽样等形式，以部分反映全体，以点带面，投入少，见效快，但要注意其真实性和可信度。

（四）现场考察

现场考察是更为直接深入一线的考察方法，具体方法有现场询问和笔录、现场巡回和蹲点、现场多点观察等，比通常的考察更细、时间更长，目的在于通过多看、多问、多听、多记录，详细把握第一手材料，加深认识，提高考察质量。这种考察比较真实、可靠，容易把握考察的本质。

（五）书面考察

书面考察就是以书面形式围绕经济情况进行的考察。它的方式有两种：一是收集书面材料进行考察；二是使用考察表、考核意见表、列表格填写等传统考察方式。这种考察比较真实、客观，被广泛用于考察民意、经济人员考核、经济项目考察等。

（六）询问配套考察法

询问是面对面的考察。它直接、真实，表现突出，加上表情、姿态、语言的巧妙使用，考察效果比较快、真、准。常用的有座谈会、走访、网上交流等。

（七）组合考察法

组合考察法就是组合多种方式进行考察的方法。定点考察与多点考察、对比考察与比较考察、专项考察与多项考察等，都是具体的表现形式。运用组合考察法应分主次，注意此方法和彼方法的组合，注意平衡，不能此消彼长。

（八）实验论证互动考察法

在考察中，无论采用哪一种方法，都离不了求证的过程。通过实验辅助考察结果非常必要，它是提升报告价值的有效手段。市场暗访、审核指标、评判分析、消费详查等，就是其表现形式。它的基本方式和原则就是应用不同试验对象进行多样论证分析，从中把握数据、指标来求得考察结论。

四、经济考察报告的结构

经济考察报告的结构大体上同调查报告，但它的结构更灵活，无限定的格式或结构程序，在使用中要加以注意，多用一般的常用型结构。

（一）标题

标题一般包括考察对象、内容范围和文种名称等内容，也可以直接揭示主题，标题有正副标题组成的多行标题等。常用的标题有以下形式：

1. 公文式标题

这种标题格式稳定，一般用于范围较大的经济考察报告，如《我国西部资源考察报告》、《北京市经济考察报告》等。

2. 新闻式标题

有单标题，正、副标题构成的多行标题。这种标题醒目、活泼，有表现力。单标题的，如《部分小学收费情况的考察分析》等。双标题的，如《经济协调发展的新思路 ——上海浦东开发区经济情况考察》等。

（二）正文

1. 开头

开头又称前言、导语、总述。开头有说明式、引用式、对比式、比喻式、提问式等。它可以偏重于提出问题或主旨；可以偏重于说明考察的目的、时间、方法、对象、过程等概貌；可以偏重于介绍概要情况，点出行文的根据等。

2. 主体

主体是经济考察报告的核心。这部分重点在考察基本情况，要围绕被考察的对象展开：一是在基本情况之上进行分析评价；二是提出对策、建议，表达作者的看法、意见。经济考察报告常见的表达结构有纵式结构、横式结构等。

（1）纵式结构

纵式结构是文章常用的结构之一，即按照事物发展的先后顺序安排材料以确定叙述的次序。使用这种结构，可以体现事物的阶段性特点，脉络比较清楚。

（2）横式结构

横式结构，即按照事物的性质和特征对材料加以归类，从不同角度反映问题和说明问题。它可以较好地体现逻辑关系和条理性，根据材料从不同侧面、角度分成几个部分来阐述，适于内容较丰富、涉及问题较多的经济综合考察报告。

（3）纵横交叉式结构

这种结构是纵式结构和横式结构的混合结构。它常以一种结构形式为主，兼用另一种结构形式，既考虑事物的发展脉络，又照顾事物的分类特征，因而层次更清楚，表达更充分，表现更灵活、完美。具体说来，可以用纵的顺序结合横的材料，反之亦然。无论采用哪一种结构形式，都要重视“结构死、内容活”的基本要求，做到用好结构、用活结构，从而写好主体。

3. 结尾与署名

结尾又称尾部，是全文的结论部分。结尾可以不拘一格。常见的结尾，有总结式结尾、指导式结尾、启发式结尾、号召式结尾等。结尾要照应开头，使之首尾明朗，主旨夺目，如画龙点睛或锦上添花。

个人署名或单位署名均可在文尾右下方或报告的标题之下。报告时间，则放于文尾右下方。

五、经济考察报告与相关文种的区别

（一）经济考察报告与调查报告的区别

二者的区别有：一是文体不同。经济考察报告是应用型文体，调查报告是机关事物类文书，具有一定的行政效力。二是内容范围不同。前者报告范围和内容在经济领域，后者不只限于经济领域，内容更广，范围更大。三是人称相同但有差别。两种报告都用第三人称，但经济考察报告的作者多是经济学家、学者、相关领导，调查报告除以上人员外，还有记者和其他人。

（二）经济考察报告与考查报告的区别

二者的区别有：一是文本不同。经济考察报告是指实地观察，面大文丰，材料丰富，事务性的应用特征非常突出。考查报告是指考较查验，主要是对某人、某事进行调查，做出结论。二是目的不同。前者主要是实地观察与了解，后者主要是对某事进行实地观看，验证资料正确与否。三是内容不同。前者重在把握事实，真实反映被考察对象的相关情况，带有综合性。后者则注重对某人、某事具体实际情况的表现状态进行核查，通过动态考查获知情况，进行对比。四是指向不同。前者是实地观察了解，指向的对象是相关地区、行业、系统和单位等。后者是用一定的标准以考核、检查的方式来对相关人或事进行查核评价，做出结论。

六、经济考察报告的写作要求

（一）深入考察，广收材料

没有深入的考察，就难以获得大量材料进行写作，“考察不易动笔难”就形象地说明了深入考察的必要性和重要性。考察有深度，就能得到有价值的第一手材料，实现与写作的互动。还要注意用多种考察方法多收材料。材料丰富，可以拓展思路，扩大写作的空间，驾驭写作的能力则更强。

（二）分析整理，提炼主旨

使用材料是为主旨服务。要对到手的材料进行必要的筛选、分类、选择和安排。直接材料要多，才有利于分门别类，提高筛选精度。材料质量如何，要深入分析，心中有数，才可能用材料提炼主旨，使之主旨更鲜明、突出、集中。

（三）用语平实，表述清楚

经济考察报告通常用第三人称进行叙述，语言除了具备公文式语言的简洁、准确之外，还要注重语言的平实，在平实中见朴素，让人感到亲切、自然，不掩饰、不造作，有亲和力。同时，要注意表述得体，逻辑明晰，语意准确，叙述清楚，让人一看就懂、懂了就用、用之有效。

（四）突出真实，建议得体

经济考察报告对真实性有严格的要求，是全文的重中之重。如果反映的内容不客观不真实，出现虚假、伪造，将贻害无穷。报告提出的建议、意见、对策等要具体清楚，写法要合文体，行文要合主题，提法要合事理，操作要合实际。

第二章　经济预测报告

一、经济预测报告的概念与作用

（一）经济预测报告的概念

经济预测报告是在对一定时期的客观经济活动过程进行深入调查的基础上，运用各种科学的方法和经济理论，对掌握的经济信息、状况、数据、资料等进行分析研究后，所写出的评估、判断和预测未来经济活动发展状况及变化趋势的书面报告。

（二）经济预测报告的作用

1. 宏观经济的依据

预测就是预先推测或测定，是根据过去与现在的资料，运用科学方法，探索某事物可能的发展趋势，做出评估以调整自己的行为的方法，也是经济预测报告显著的特征。它为制定宏观经济战略提供重要依据。宏观经济战略涉及国民经济发展前景和庞大的行动规划，必然要依靠预测的广度、深度，来科学地预测经济战略的走向或发展趋势、应该具备的战略性决策及相应的配套政策，等等。预测报告的作用十分明显，已被广泛地应用于各种宏观经济战略的制定中。

2. 经济决策的动力

在制定宏观经济战略基础上，经济预测报告为科学的经济决策提供动力所表现出的能动作用非常明显。它可以为科学的决策提供具有实践价值的各种经济运行的新思维、新定律、新模式、新标准；提供大量重要的相关数据和参考资料；提供存在或可能出现的经济变异状况、经济指数走向、经济绩效趋势等；提供具体的经济发展理论与实践的互动效应方式，等等。

3. 经济跨越的参考

信息的优质利用，是经济预测报告的一大特色。它含有大量信息，涉及生产、营销、管理、供求、流通、价格、消费等各个领域或系统，对经济实体实现跨越非常重要。它带有系统性的多样性预测，还可为各种经济实体提供综合经济分析、综合经济评价和综合预测数据内容，推动经济实体根据现状和未来发展，及时调整生产与销售结构，保证经营绩效，切实提高竞争能力，实现经济和社会两个效益的整体跨越。

4. 供需平衡的参照

反映商品的供需关系是经济预测报告的又一功能。它可以直接反映出生产与消费的关系，体现市场、商品、价格、消费的现实情况和潜质，促进和保证商品与消费的供需平衡，从而在激活内销、扩大外贸两个节点上发挥更积极的作用。特别是它反映出的市场供大于需，造成消费萎缩、商品积压、阻塞流通，以及需大于供，消费失常、商品虚空、通胀明显的互动、互为因果关系，对实现二者的平衡发展有着极其重要的现实意义。

5. 现代管理的助手

经营、管理和企业文化是现代企业发展的三大要素和标志。其中管理是经营和企业文化的中枢，是绩效的最直接源头。经济预测报告所提供的带有管理内容的相关预测真实可靠的程度极高，对促进管理的价值特别大，内容非常丰富，带有系统化特色。它以预测为龙头，对管理的方法、措施、制度、决策、执行、绩效、考评等的多元化的立体参考性、完备性、可选性和科学性优势非常明显。

二、经济预测报告的特点与类型

（一）经济预测报告的特点

1. 科学性

经济预测报告的科学性是指它反映的经济本质的特征，在特定的时间和空间范围内具有普遍的指导意义。它的科学性表现在预测的材料是真实的、结论是经分析论证的、预测的方法是科学的，因而是经得起实践检验的。

2. 预见性

经济预测报告以预测经济活动未来状况和趋势为目的，预见性是其根本属性之一。它以预见事物的发展规律推导将来，对经济未来的发展趋势做出判断，并对发展和变化趋势进行科学的阐述和预测，揭示种种经济现象及其运行规律。

3. 系统性

经济预测本身就是一种综合性的研究系统，是一门新兴的综合性研究学科。它所预测的经济发展和变化趋势等，可以构成相应的预测系统。没有预测的系统性，经济预测报告无法构成完备的预测手段来实现科学的预测。

4. 智能性

智能性又称智力性。经济预测报告的知识智能含量特别高，表现在知识的多样化和创新化之上，也是智慧应用的极好平台。它特有的多智能要素，极具新颖性和前瞻性，对知识创新、预测创新、手段创新的引领作用非常显著。

5. 时效性

经济预测报告的预测存在时效性要求。它的时效性主要表现在预测的调查、研究、分析、判断、结果及实践验证等全部过程。没有时效性要求，预测则会时过境迁，丧失其预测性和价值性。

6. 陈述性

经济预测报告多采用报告的形式，陈述性特点比比皆是。陈述是表达报告的最好手段，在众多的经济预测报告中，如何展开相关陈述性内容尤为重要。没有陈述性就没有高质量的报告。

7. 综合性

经济预测报告的综合性包含着基础理论、课题开发、资料应用、研究方法等各种要素，可以凭借多学科的互动，依赖假设、模式、预测、分析等，综合性地体现对客观经济规律的认识和把握，并可以反映出作者的学识、经验、智能、信息、判断与分析的能力。

（二）经济预测报告的类型

经济预测报告的分类方法多，常见的报告类型有以下基本类型：

（1）按范围分，有宏观经济预测报告、微观经济预测报告等。

（2）按对象分，有经济需求预测报告、市场预测报告、商业销售预测报告等。

（3）按时间分，有长期经济预测报告（预测期限超过5年）、中期经济预测报告（预测期限2~5年）、短期经济预测报告（预测期限1年左右）、近期经济预测报告（预测期限不到1年）等。

（4）按方法分，有调查分析预测报告、数据分析预测报告等。

（5）按行业分，有工业经济预测报、农业经济预测报告等。

（6）按空间分，有国际性经济预测报告、全国经济预测报告、地区性经济性预测报告等。

（7）按内容分，有生产预测报告、销售预测报告、经济发展预测报告等。

三、经济预测报告的预测方法和一般程序

经济预测方法多，目前国内外使用的预测方法、模式等已达几百种。常用的预测方法和一般程序有以下内容：

（一）预测的方法

常用的预测方法有定性预测法、定量预测法和综合预测法。

1. 定性预测法

定性预测法也称判断预测法、直觉预测法、经验预测法。它是凭借预测者掌握的知识、专业工作的丰富经验和分析判断能力，对仅有的资料进行综合性判断、演绎推理，从而测定和推断预测对象未来发展的性质及趋势的方法。这种定性预测法又有三种情况：一种是调查预测法，即通过调查市场、产品销售、用户座谈会等形式进行。这种调查不求深度，属于概况式的调查。另一种是专家预测法，即以问卷、采访、专家到会等形式进行预测。第三种是营销人员估计法。它包括营销策划人员意见法、销售人员意见法等。它对经营人员、销售人员等所掌握的第一手资料进行统计、归纳，提交营销的相关决策层进行分析比较，取其中间值作为预测值，具有很好的直观性。

定性预测法常用于长期、中期性预测报告和宏观经济预测报告。它能综合各种因素，分析复杂情况，速度较快，简便易行，但容易带有主观性，精确度较差。

2. 定量预测法

定量预测法又称客观分析预测法、统计预测法或数学分析预测法，是对预测对象的量化分析。它是运用一定的数学方法，对掌握的大量历史和现实的资料、信息以统计公式或数学模型进行定量分析或图解，模拟预测对象，揭示变量之间规律联系的方法。这种方法的目的在于预测未来经济发展变化的趋势，揭示发展变化的规律。定量预测法又可分为时间序列预测法、回归预测法、相关分析预测法、对比预测法、经济计量分析预测法等。我们常用的是时间序列预测法和回归预测法。

（1）时间序列预测法

时间序列预测法又叫动态数列预测法。它是以时间顺序为准，把构成时间关系模式排列起来的一组某项经济统计指标的具体数据记录下来，根据数据从过去到现在的变化，分析、推算、预测经济的某一方面的变动情况和发展方向。同时，变动情况和发展方向可以从现在最新数据的分析、预测上延伸，连接过去和未来，构成过去、现在、未来的整体性预测。时间序列预测法细分起来，还有简单算术平均法、算术移动平均法、指数平滑法、直线趋势延伸法等。

（2）回归预测法

回归预测法是与时间变化无直接关系的预测，是一种根据所收集到的有关经济方面的实际数据资料运用数学模型。它利用客观现象的因变量与自变量之间的一般关系，对事物发展变化的相互关系进行预测，即根据已知现象的自变量的数值，推算出预测对象因变量的数值，然后对未来经济发展变化的情况进行预测。回归预测法是因果关系模式，类型较多，如一元线性回归分析法等。

3. 综合预测法

综合预测法就是将定性预测法和定量预测法结合起来使用的预测方法。它先进行定量预测，根据定量预测计算所获得的结果，再进行定性分析。这种预测以取长补短的手段，使预测的可靠性、真实性明显增强，减少了不可控因素的影响。

（二）预测的一般程序

预测程序表现的方式较多，呈多样化特征。常用的有以下程序：

1. 确定目标

预测的第一步是确定预测目标，即确定要表现的目的和主张，并通过目标显现预测的核心。确定预测目标是基础，决定了预测的步骤，预测才具有可操作性。

2. 把握原则

（1）连续性原则

预测同客观事物符合规律的连续性一样，对过去、现在和未来的变化，都要进行关联性的预测，用连续性保证预测的整体性，突出预测的重点。

（2）相关性原则

预测总是相互联系、依存、制约的，一种因素的变化，会引起其他因素的变化。预测就是在相关因素的变化中进行因素的判断、分析、筛选来实现预测。

（3）类推性原则

预测总有一定的模式，人们可以根据模式类推某个预测目标，模式的多样性也决定了类推方法的多样性。没有类推就无法进行预测。

（4）评估性原则

预测之后对预测结果要进行评估，目的是总结预测经验，吸取教训，为今后的预测做更好的准备，是提高预测水平的必要手段。

（5）综合性原则

预测过程及结果都离不开综合性的计算、分析、评估等手段支持。这样的预测可以扩大预测选择的范围，更加明晰目标要求，在比较中提高预测的质量。

（6）筛选性原则

预测没有筛选就没有可靠的结论。它始终存在于预测的各个环节中，在不断的选择与筛选过程中，最后得到理想的结果。

3. 注重运用资料

收集整理资料是预测的必备手段。无论获取第一手资料或第二手资料，都要拥有数量与质量优势。整理资料要注重归类与精选和加工整理，力求精益求精。

4. 精选方法

在预测目标明确、掌握材料完备详实的基础上，要选择恰当、实用性强、表现有力度的预测方法进行预测。这就要求选用最能表现预测目标的方法；选自己常用的方法；选用读者熟悉并且有创意的预测方法。

5. 强调实效

有效的预测能真实反映情况，精确度高，可信度会大大增强，决策者可以举一反三，做到决策正确。著名经济学家、中国国际经济研究会副会长、成都大学教授张其佐撰文指出，即将来临的第六次产业革命是以生物技术为核心的技术革命，将是延长人类生命周期相关的生物产业和基因产业，生物能源将是新能源的重要发展方向。他预测：一是人类的生活方式及质量要求改变；二是人类更关注其生命周期；三是生物关键技术的创新能力强，生命周期长。这种预测得到了国内外不少科学家、经济学家的高度评价，认为是当今最有挑战性和最具吸引力的预测，因而成了著名的预测典范。

6. 搞好分析评价

分析评价是对预测结果的验证。常用的有互相验证、对比验证和专家验证。

（1）互相验证，即用不同的方法对一个预测对象进行验证并将其不同的结果进行对比印证。

（2）对比验证，即利用相同的预测对象，将自己预测的结果和他人预测的结果进行对比，从中分析评判预测结果的不同之处并找到共同点。

（3）专家验证。专家验证又称“德尔菲法”或专家意见法，是美国兰德公司在20世纪40年代末创立的一种定性预测法。这种方法对预测结果的验证具有权威性、可靠性，表现形式常为座谈会、讨论会、专门的专家鉴定等。

四、经济预测报告的结构

（一）标题

1. 完整式标题

它由预测时限、预测范围、预测目标和文种四要素构成，如《2010—2020年中国经济发展的预测》等。

2. 新闻式标题

新闻式标题又称消息式标题，可分为单标题、双标题（主标题、副标题）两种形式。单标题如《抑制房地产过热势在必行》等，双标题，如《轿车发展油挡道——2011年国内轿车市场供求预测》等。

3. 准齐式标题

准齐式标题的要素不全，或只有目标和文种，或只有目标、文种、时限，如《2011年旅游经济预测》、《多种经济发展趋势预测》等。

4. 省略式标题

这种标题，不必要素俱全，它重在强调某一方面，有的强调时间，有的强调范围等，但目标和对象不能省略。如《西部经济开发预测》等。

（二）开头

开头又叫前言，就是运用准确、全面的情况和数据，对预测对象的历史和现状做简要的回顾和说明，作为下一步预测分析的基础；或者交代写作的目的和动机；或者初步揭示出预测的结果；或者介绍预测的方法与过程。

常见的开头可以说明预测目的、原因（背景）、方法、时间、地点、范围、对象等。也可以不要开头，即不要前言部分，直入主体。

（三）主体

主体是经济预测报告的核心，是展开现状、预测、对策内容要素的部分。

1. 说明现状

现状是预测的依据。要运用有代表性的资料和数据回顾过去，说明现状，为下面的预测打好基础。要重点突出，资料真实，去繁就简，择要而言，清楚可信。

2. 预测分析

这是预测报告最核心的部分。其中要展示三个基本内容：一是要对资料进行分析、综合、比较、评判和预测经济的发展趋势，要重视分析计算，充分利用数据做好定性、定量分析；二是分析推导要清晰，综合比较要合乎逻辑；三是预测要力求准确，言之有据，从中找出经济发展变化的趋势和规律。

3. 对策分析

对策主要是为决策机关和相关经济实体决策提供重要参考。对策和建议一般采用条列式，要体现两个基本点：一个是提议、设想要切实可行；另一个是提出的对策要具体化，有措施、方案或行动计划，有利于决策。这部分要有针对性，内容要具体、明确、简洁，并力争有所突破和创新。

（四）结尾

结尾又叫尾部，主要在于归纳，对正文的观点进行强调和重申。结尾也可以不要，直接用报告的对策部分收尾。要注意的是，现在有很多经济预测报告已经没有专门的结尾，写出建议后就结束全文。

五、经济预测报告与经济考察报告的区别

二者的区别有：一是目的不同。经济预测报告通过分析过去和现状，预测未来的变化和发展；经济考察报告是通过调查分析掌握经济的过去和现在的状况。前者是分析过去、综合现状、预测未来；后者是了解过去、考察现状、强调应用。二是方法不同。前者有调查，但主要是用科学方法建立预测模式，是对有关资料和数据进行研究和预测；后者则采用抽样调查、典型调查的方法去收集资料写出报告。三是要求不同。前者在调查的基础上，通过预测提出对策或建议供他人决策之用，提示预测之后有如何行动的内容；后者则无严格要求。

六、经济预测报告的写作举要

（一）资料丰富，分析周密

写作靠材料，材料靠分析，分析靠周密。预测必须要有大量的材料，即直接材料（第一手材料）和间接材料（第二手材料），共同形成资料优势。还要对资料进行周密的分析，哪些资料最好用或最能说明问题，都要经过分析，做出判断，以真实可靠的资料供预测使用。

（二）预测准确，措施可行

经济活动不确定性或突发性的因素较多，加上预测者不易改变的预测习惯、思维方式等，都将影响预测的精度。在写作时，预测首先要准，要考虑它的相对性和绝对性，尽力克服自己的主观臆断，力争做到全面、周密、合理、科学。好的预测必然就有好的措施。措施就是对策、建议、方案、计划等。必须结合实际，多方听取意见，在方案制定上狠下工夫，才能写出好的经济预测报告。

（三）语言严谨，文风朴实

经济预测报告使用各种专业术语、数据很多，写作的用语一定要严谨、准确、朴实。严谨，指用语谨慎，行文紧凑，使用数字和一些模糊语言不能带有随意性。准确，指表达的词句意思要清楚明白。文风朴实，指用语干净，结构自然，层次清楚，表达不夸张，提法不张扬。

第三章　可行性研究报告

一、可行性研究报告的概念与作用

（一）可行性研究报告的概念

可行性研究报告，是对拟建项目或科研项目等可能采用的实施方案进行反复研究、论证和评价，从而确定方案是否可行所写出的书面报告。

可行性研究报告是比较新的文种，最早出现在20世纪20年代的美国。我国从20世纪70年代开始可行性研究报告的应用，20世纪80年代确立文种并成为建设项目审批的依据，也把它作为专项制度规定下来。目前，可行性研究报告的应用已扩大到政治、军事、商业、科学、文化、经济等各领域，成为基本建设、外资引进、技术开发、经济管理、商务往来等工作的必用文种。

(二) 可行性研究报告的作用

1. 有利于编制国民经济计划

可行性研究报告的显著价值，就在于可以从多方面分析条件、听取意见和深入论证，以可行性研究最后形成报告，为国民经济战略实施和决策提供重要依据。没有可行性研究就没有报告的形成与应用。

2. 有利于投资决策和项目审批

任何项目建设都离不开投资。可行性研究报告提供的重要依据表现在对投资决策和项目审批的规模、等级、条件、技术、实施、效益、时限等要素进行整合，由此提供是否可行的条件，为投资者提供此类信息，促进投资决策。反之，项目审批的决策者可以依靠相关数据与结论进行可行性研究分析，推动决策或审批。

3. 有利于申请贷款和多渠道融资

项目建设投入离不开可行性研究报告。国家机关、上级部门、银行等是否拨款、贷款，要对可行性研究报告进行审核、评估，要从全局上分析项目的经济效益和社会效益；要综合项目投资数额及建成后带来的效益回报情况；要考虑项目执行者的信誉和资金偿还能力等。没有报告做支撑，就难有正确的决策。

4. 有利于设计与实施项目

有了可行性研究报告就能对项目进行论证设计。无论是报告前的初步设计，还是报告后的最终设计，都要按可行性研究的结果来引导设计，达到投资合理、技术先进和绩效明显的目的。项目实施后，还可以凭借可行性研究报告对项目的实施全过程进行监督以保证项目的圆满完成。

二、可行性研究报告的特点与类型

(一) 可行性研究报告的特点

1. 科学性

可行性研究报告的科学性表现在集中了经济学、预测学、社会学、信息学等多学科的研究优势，形成了独立高效的应用体系和系统；建立在科学的调查、研究、分析、预测等可行性分析基础上，其研究手段、分析原理、运用理论、资料数据等极具科学性、先进性、前瞻性和可操作性。

2. 论证性

无论证则无报告。可行性研究报告集思广益，有宏观的和微观的、有现实的和长远的、有政治的和经济的、有全局的和局部的、有一般的和特殊的等论证依据和论证手段。报告的最终完成，就是论证性的集中体现和运用的结果。

3. 预测性

可行性研究报告的经济预测是可行性研究的必备要素和重要的研究手段。它的预测性不同于经济预测报告中作为主旨的那种预测。它依据的是实在的项目，预测更准、更具体，预测的条件更为充分。这种预测的可变因素和不可控因素较少，容易推导出具体而准确的结果。

4. 系统性

可行性研究报告涉及多学科、多领域、多部门、多单位，决定了它多系统协作和组合的特性。它的系统性，可以提供最好的创新模式，形成系统运行优势，并延伸系统价值，使之综合化、多门类化，显示了高质量的系统化特质。

5. 综合性

可行性研究报告在具体的拟建项目中，要从规模、资金、设计、技术、实施、评估等多方面进行分析和研究，涉及建筑、金融、财务、管理、人口、医卫、教育、生活设施等部门或单位的通力协作，综合性要求非常高。

6. 真实性

可行性研究报告决定项目是否可行，要作为决策者的依据，其真实性是最基本的保证。要求资料与数据的真实、研究与分析论证的真实，报告才能成为可靠的依据，为决策者出谋划策。

7. 及时性

可行性研究报告有时限要求。明确时限可以减少费用，节约人力、物力，提高运作效率，还可以促使项目尽快完成，实现效益回报，促进经济更快发展。因此，报告要研究及时、编写及时、审批及时，落实更要及时，不能有任何延误。

8. 可行性

可行性研究报告的可行性主要体现在六个基本方面，即投资的可行性、技术的可行性、财务的可行性、组织的可行性、绩效的可行性和社会的可行性。它们充分说明了报告的可行性特点。

（二）可行性研究报告的类型

可行性研究报告应用范围广，类型多，有以下常见的类型：

（1）按内容分，有高铁建设可行性研究报告、新技术可行性研究报告、政府近期规划可行性研究报告等。

（2）按地区分，有国外经济发展可行性研究报告、国内经济发展可行性研究报告、地区经济建设可行性研究报告、本地经济建设可行性研究报告等。

（3）按目标分，有单目标可行性研究报告、多目标可行性研究报告等。

（4）按范围分，有国民经济规划实施可行性研究报告、重点项目建设可行性研究报告、地区经济发展可行性研究报告等。

三、可行性研究报告的主要研究方法

（一）比较研究法

把两个或两个以上的研究对象在同一基础上进行分析比较从而择优选择的研究方法就叫比较研究法。即我们通常说的“多选一”。这种研究法运用极为广泛。我们可以进行方案对比、经济指标比较、国内外同类项目对比、数量质量比较、上下级差比较、左右对比、纵横对比，等等，运用非常灵活。

（二）系统研究法

系统研究法即运用系统的理论来分析、综合事物，利用事物整体动态性和多方联系性功能来进行研究的方法。它具有学科的多样性和内部的系统性，可以独立形成相对完整的研究体系或系统，并由主要系统、次要系统进行链接式的研究。通过互动、协调、整合等，这样的研究法更容易发挥整体效用。

四、可行性研究报告的结构

（一）标题

标题有两种形式：一是建设单位名称、项目名称及文种，如《上海市地铁建设可行性研究报告》等；二是项目名称加上文种，如《文化开发可行性研究报告》等。

（二）正文

正文包括总论、主体、结论三部分，一般还带有附件。

1. 总论

总论又叫前言，即项目的基本情况，是全文的总括和大纲。项目报批、贷款申请等是否成功，主要靠这一部分来画龙点睛。总论包括的内容有概括拟建项目的背景和投资的必要性及经济意义，项目概要及项目承办者情况，简单说明可行性研究工作的依据、范围、要求等，概述要调查研究的方面或研究结论。

2. 主体

主体是可行性研究报告的核心，是对项目可行性的分析论证，最终要得出项目是否可行的结论。主体由以下五个部分构成：

（1）经济调查

调查是可行性研究的重要工作。调查主要对经济现状及未来的发展进行调查，包括对国内外经济需求、营销、价格、竞争力等的情况做出分析判断。调查的结论如何，常常决定着拟建项目是否可行，作用极其重要。

（2）技术研究

技术研究主要从项目实施的技术角度设计方案，进行比选和评价，目的在于说明技术的可行性。它的主要内容有原材料及资源配备；技术装备和工艺流程；组织机构设置和人员培训；项目的实施方案、工程设计、设备订货、施工和验收、试生产等；正式投产的时间安排和环保目标与环境评估等。

（3）资金来源分析

资金来源分析涉及项目是否能如期实施并顺利进行，关系重大，必须要认真对待。在实际运作中，特别要突出财务可行性和组织可行性两个要素。它具体表现在银行贷款等资金来源途径、投资数额估算、资金到位情况、资金偿还办法、流动资金安排等具体的实施中。

（4）经济效益分析

经济效益分析又称盈亏可行性研究、财务可行性分析或经济可行性分析。这部分主要研究项目盈亏的情况和评价项目应用后的经济效益情况。它对收支平衡、盈利、亏损等一系列问题有透彻的分析，有事前准备、事中调整、事后汇总的完备计划。它可以从项目价值、经济效益、资源配置、创造就业等方面的实效分析做比较，做出完整分析。

（5）社会影响研究

项目建设总会有社会影响，是积极影响还是消极影响，已是项目最终评审的一项硬指标。项目对所在地区可能造成环保问题、资源紧张、经济失衡、法律道德等社会性冲击，稍有不慎，就会出现负面效应。

3. 结论

结论是对可行性研究报告的概括和总结。它强调搞好经济的总体可行性评价是国民经济规划中的根本要求，重在指出项目在国民经济中的地位和作用；地区性项目要指出在地区经济中的推动作用以及在财税收入中的重要作用；要突出项目的社会效益和经济效益的和谐；要突出周全的财务评价，指出项目投资回收的方式、时限及项目收益的增长幅度；要突出评价的真实性来提升结论的价值。

4. 附件

附件是可行性研究报告正文结束后，附带的如论证材料、数据、表格、图表资料、试验数据等附件。附件具有很强的说服力和参考价值。附件多时，可加注编号，并在正文部分有关位置加括号说明。

五、可行性研究报告与其他文本的区别

（一）可行性研究报告与项目申请报告的区别

二者的区别有：一是可行性研究报告是由具有资质单位完成的用于批准立项的书面依据，对项目的市场、进度、规模、财务、风险等方面进行全面的分析。项目申请报告是拟增上项目单位向有关项目管理部门申报的项目申请。二是侧重点不同。前者注重建设方案和投资，是要国家相关部门进行评审批准的。后者注重对环境、

资源、社会、国民经济、区域经济的影响，一般属于自建自投的项目。三是二者的具体内容不同，有明显的差异性。

（二）可行性研究报告与调查报告的区别

二者的区别有：一是时效要求不同。可行性研究报告带有期限性，调查报告强调及时性。二是内容侧重点不同。前者分析经济运行指标，重点在分析某种经济情况的产生，有对策。后者内容广泛得多，更为灵活多样，涉及的面更大。三是表述方式不同。前者一般与数据有关，有表格、数据的分析说明，要运用数学演算。后者语言生动，以事实说话，阐明道理，观点表述常常以叙述为主，兼有说明与议论。

（三）可行性研究报告与市场预测报告的区别

二者的区别有：可行性研究报告侧重对过去与当前经济发展进行分析，立足过去、眼前，重在预测未来，尤其突出可行性特征。市场预测报告以调查为主，拥有大量数据，重在对眼前实际现状的认识、分析与把握，进而反映出相关问题，为相关部门或相关群体等提供重要依据或说清楚某个事实。

六、可行性研究报告的写作举要

（一）注重调查，深入分析

可行性研究报告行文的第一个要求是调查。只有通过深入细致的调查，才可能获取全面、准确、可靠的相关资料。调查必须深入，有高度的责任心，注意把握重点，将项目、投资、选址、建设、步骤、技术、要求、效益等作为调查的基本内容。从深入分析看，要细化所得的材料，进行分类、筛选来搞好分析。分析要突出项目是否可行、整体优势所在，做到万无一失，最后得出科学的结论。

（二）材料真实，论证充分

为保证项目的顺利实施，材料必须真实是一个重要的基本原则。保证材料质量要靠深入的调查，还要对材料进行可靠性分析并进行选择，去伪存真，去粗取精。事理结合以增强说服力是论证充分的前提。要证明自己的结论正确，就要注意选好不同的论证方法，进行恰当的议论；要在论证中用好论证的材料，推敲重点，说明问题；要议深议透，突出观点的正确性，进一步取得正确的结论。

（三）结构完整，表达准确

可行性研究报告论证性、专业性强，一般常用的结构模式有“总分结构”、“总—分—总式结构”、“分论总提结构”、对比和递进套用的结构等模式。不论用什么结构，都要结构清楚，框架完备。论证要表达准确，充分而不臃肿，恰当而不夸张，说明不顾此失彼，定义不模糊，诠释不含混。

（四）讲究用语，简练清晰

可行性研究报告用语的基本要求就在于鲜明、准确。要注意专业术语和数字的诠释、说明等要正确无偏差、无堆砌；用语要简练，意思明确，多用短句和常用语句；要多举例、多比喻，使论证深入浅出、通俗易懂、鲜明生动。

第四章 经济决策方案

一、经济决策方案的概念与作用

（一）经济决策方案的概念

经济决策方案又称经济决策方案报告，是有关部门、智囊团、咨询机构、秘书部门为实现经营目标，依据科学资料和可靠预测，提出若干个切实可行的实施方案，供决策者决策时选出最佳方案的书面报告。

（二）经济决策方案的作用

1. 决策的依据

从经济学的角度看，决策的最大功能是选用最佳方案，以最少的投入获得最大的效益，也是经济决策方案的根本属性所在。作为决策依据，就要立足于问题、目标、评估、试验等环节，提出具体的实施过程，为决策提供必要的前提。依据前提，就可以凭借决策条件对实施时间、对象、范围、步骤和具体内容等进行动态性的监控，使决策始终贯穿于整个决策行动中。

2. 科研的条件

科学决策是现代管理学的重要概念和重要内容。没有决策方案就难以展开科研，就难以实现真正意义的决策。经济决策方案中的科研要素非常充分，它以多元化、多空间和多门类优势，为决策提供了最重要的质量保证，使决策定性化与定量化，极大地优化了决策报告的科学含量，提升了方案的决策水准和利用价值。

3. 管理的动力

美国哈佛商学院教授、世界著名管理大师西蒙认为：管理的中心是经营，经营的中心是决策。决策贯穿于管理的全过程，管理就是决策。决策的过程，就是创造性地优化管理的过程。经济决策方案对实现管理的科学化、信息化、智能化和网络化的能动作用十分明显。它为管理者提供优质决策方案来积极推动管理；在管理运行中推动新理论、新技术、新发明、新产品、新市场、新营销的管理新模式，提高管理的创造力，优化和扩大了管理体系。好决策就有好方案，好方案就有好管理，这在经济决策方案中处处可见。

二、经济决策方案的特点与类型

（一）经济决策方案的特点

1. 真实性

依据经济现状进行经济决策、方案制定、具体实施，必须要以真实的经济状况作为前提。没有真实的经济事实和数据，经济决策方案就没有生命力，形成的方案也会内容虚假，难以执行。这已被无数的经济事实所证实。

2. 指导性

决策得以实施，其指导性必然会贯穿于整个过程之中。指导性是方案的重要标志。指导可以保证决策的可信度，提高决策质量，可以及时抓住问题，解决矛盾，用最佳实施方案干预经济活动，取得最佳的经济效益。

3. 基础性

经济决策方案的基础性作用非常大。它有决策的背景、现实、数据与事实等多元基础性要素，借此可以进行有价值、有目标的科学决策。它还可以凭借基础性作用研究经济活动现象的本质与规律，使决策活动始终处于较高层面。

4. 针对性

决策方案有备而来，方向明确，主旨清楚，目的性极强，有非常突出的针对性。依靠科学原则和经济规律，决策方案紧紧抓住相关对象，有的放矢，分析得失，“一对一”特征明显，并富有深度，反映了决策方案的纵向深化优势形态。

5. 严谨性

制定决策方案是一项极为严肃的工作。它特别强调严谨性。环节偏差、内容欠缺、措施不全，都会导致方案与实际不符、与决策者愿望不符而出现严重错误。

（二）经济决策方案的类型

经济决策方案范围广，类型多。常见的有以下类型：

（1）按目标分，有单目标经济决策方案、多目标经济决策方案等。

（2）按范围分，有宏观经济决策方案、微观经济决策方案等。

（3）按内容分，有科技决策方案、金融决策方案、商业决策方案、城市建设决策方案等。

（4）按性质分，有确定型经济决策方案、不确定型经济决策方案、风险型经济决策方案、竞争型经济决策方案等。

（5）按时限分，有长期经济决策方案、中期经济决策方案、短期经济决策方案、近期经济决策方案等。

（6）按特性分，有特殊型经济决策方案、普通型经济决策方案等。

三、经济决策方案的结构

（一）标题

标题有两种形式：一种是目标加文种，如《信息化建设决策方案》等。另一种是公文式标题，由单位、时间和事由构成，如《中国近期能源规划的决策方案》等。

（二）正文

正文是经济决策方案的主体，有确定决策目标、研究决策资料、制定实施方案、比较论证、推导结果、基本步骤和基本原则几部分内容。

1. 确定决策目标

决策目标自成一段，居正文开头。目标要求明确具体，有可操作性。目标要达到的结果或标准要清楚；时限要求要明确；有明确的具体责任人或执行者。

2. 研究决策材料

决策的材料可以具化出数据材料、统计、计划、综合、文献材料等。决策就要对这些材料进行归类、整理、研究，从中提炼出自己的决策材料。研究材料，一要按决策目标的量化标准决定研究的方法；二要按方案的形成要求来选择材料；三要按分析问题的关键来确定研究材料的范围。材料不拘一格，可广收精选。

3. 制定实施方案

实施方案是主体中的核心，为经济决策方案的关键所在。制定方案必须与实际相结合、与决策者的要求相结合，要体现四个要点：一是掌握大量信息，运用资料充分；二是选好决策的类型，推出制定方案的要求与标准；三是写出提纲，明确制定方案的步骤，抓住要素，制定方案；四是运用系统分析的方法，构成两个以上的系统方案，供决策者选择使用。

4. 比较论证

比较论证是对已制定的两个或多个可供预选的方案进行分析、对比、论证，对各方案进行权衡，从经济效益和社会效益的角度考虑各方案的优势与不足，以选出最佳方案的过程。它要运用数据和事实来证明其正确性，要真实、客观地反映方案内容以减少风险。投资少、见效快，可获取最大经济利益的方案应是首选。

5. 推导结果

方案选定进入实施后，制定方案者和决策者还要注意在实施中推导尚未实现的决策结果。推导是一种预测，应从实际出发，估计出最终实现的结果是怎样的结果。推导必不可少。在实施方案的过程中可变性因素比较多，如政策突变、资金不到位、人员配备调整等，要有全局性的考虑。同时，方案制定者也可以从推导结果中总结经验，吸取教训，从而制定出更好的方案。

6. 基本步骤

（1）对象与要求

经济决策方案是为决策者服务的，因而要充分了解决策对象的情况。要了解决策对象的性质、特征、状态、发展趋势及要求等基本情况；要明确决策的缘由，因何事、何种原因要求决策，从而确定策略并制定出符合要求的具体决策方案。

（2）问题和目标

要善于发现问题、研究问题。问题应有代表性、典型性，又具有一定的普遍意义。确立目标要量化并有标准，以利于解决问题。

（3）资料与分析

实现目标要依靠大量资料的支持，完成方案要选取和运用必要的资料。从资料多到资料精、死资料变为活资料，全靠对资料的分析。分析资料要在资料的广度、深度、可信度、使用度上下工夫，做到见解独到。

（4）方案和完备

方案完备，内容则一目了然，决策则条目清楚，表意明确，富有吸引力和可行性。完备，指方案应有的要素要齐全，整体一定要完整，从内容到形式有高度的集中和统一。同时，供预选的方案不能少于两个，这样才有优选的余地。

（5）论证与比较

论证就是运用科学方法对多个预选方案进行实事求是的分析、比较，从中找出最佳方案供决策者使用。论证就必须用多个方案进行比较，甲方案好在哪里、乙方案长在何处，谁最实用、谁最创新等，都要通过论证比较来实现。

（6）推导和结果

在正文中，我们对推导结果的作用、意义已做了讲解。这里需要强调的是，要从推导到结果之上更进一步运用创新思维，推出更多新型的方案，实现决策的网络化、交流化，使决策报告更新鲜活泼，富有生机。

7. 基本原则

原则即法则、标准。经济决策方案的基本原则主要有：坚持整个方案真实的原则；坚持可行性的论证原则；坚持目标、方案、论证、实施等的系统性原则；坚持决策的科学性、指导性、严谨性和绩效性的原则。

（三）结尾

结尾包括习惯用语、具名、日期。常用结束语有“以上请领导参考”、“以上方案，请领导裁定”、“以上方案请选择”等。

四、经济决策方案与其他文本的区别

（一）经济决策方案与工作方案的区别

二者的区别有：经济决策方案与工作方案文种不同，目的不同，运用的方法也不同。工作方案属于工作计划范畴，是领导机关向所属单位布置一定时期的工作、提出要求等的书面材料。

（二）经济决策方案与提案的区别

二者的区别有：经济决策研究与提案性质不同，提出者不同，提出的内容及目的也不相同。提案是各级人民政协会议、职工代表大会等的代表们提交会议讨论决定的建议。

（三）经济决策方案与议案的区别

经济决策方案是一种出谋划策的“计策”，由咨询机构、智囊团体等提出，用于决策者决策。议案是“议事原案”，是由《全国人民代表大会组织法》第九条和《地方组织法》第十四条规定的政府机关、人民代表，向全国人民代表大会和地方各级人民代表大会提出的“议事原案”。

五、经济决策方案的写作举要

（一）主旨合法，目标明确

经济决策方案涉及不少相关法规，撰写方案必须要符合当前国家的相关法规和经济政策的要求，应在提法上、写法上予以相当重视。写作必须要明确目标，把握主旨，才能进行撰写。

（二）注重调查，选好材料

深入调查是为了务实求真，即调查要认真、深入，点面结合，确定好范围，杜绝浮躁、轻率，尽可能获得真实的、充分的、最能反映经济活动本质的材料。调查深入才可能材料实在，二者必须要紧密结合，不要厚此薄彼。

（三）创新思维，优化模式

决策是一种比较独特的思维创新。创新就要大量吸收信息，丰富大脑存量，以智力化来启发灵感，进行超常开拓。要依靠新思维推出新概念创新现有决策模式，并利用这些模式来践行决策的新理论与新实践，推动方案的不断创新。

（四）观点鲜明，论证有力

观点鲜明是经济决策报告是否具有公信度、感召力和可行性的关键所在。它主要通过目标、方案、论证等来表达观点，突出主旨，展示内涵，做到观点鲜明。论证有力表现在目标明确、决策具体、方案全面等重要环节上的充分论证。要用不同的论证方法或手段来证明决策的必要与正确。

（五）突出预测，完美设计

决策中有预测的影子，预测中有决策的形象。预测对决策有潜移默化的作用，因此要善于预测，使用要恰当而有分寸。在设计方案时，要利用预测的结果，考虑多方因素，从构思到拟制方案，要精心选择，悉心对比，推出最佳设计方案。

（六）注重用语，比较方案

语言表达水平关系着决策方案是否层次清楚，立意是否稳妥。写作的选词用语就要特别注意准确，意思明白，句子妥帖。方案的比较也很重要，要对多个预选决策方案进行评价和对比，选用最好的决策方案。

第五章　经济活动分析报告

一、经济活动分析报告的概念与作用

（一）经济活动分析报告的概念

经济活动分析报告，是财经部门、相关企业、经济科研单位和某些事业单位依据党和国家的方针政策，利用计划指标、会计核算、统计资料和经济调查等，针对所掌握的情况，对本部门、本单位或某一部门、某一单位一定时期的经济活动情况进行分析后所写出的书面报告。

作为一种常用的专业文书，经济活动分析报告又称经济活动总评、经济活动分析、经济状况分析、经济情况说明。

（二）经济活动分析报告的作用

1. 传播信息

经济活动分析报告利用计划指标、会计核算、统计资料和经济调查等进行分析，本身就是极其重要的信息传播形式。在当今强调知识经济社会发展的条件下，信息化建设已经成为发展的三大要素之一。经济活动分析报告可以为之提供巨大的信息平台，促进信息的进一步交流，成为信息的巨大仓库和积极媒介。

2. 预测未来

经济活动分析报告还是预测经济变化趋势的晴雨表，能真实地反映经济现状和动态，揭示其发展趋势。它可以激活各种经济要素，特别是可以和当前经济活动的对策、形式、方法、过程等相互融合，取长补短，对经济活动的未来进行有效预测，更有实感，更直接，模式更实用，更容易突出预测的中远期或近期效果。

3. 揭示规律

把握经济规律，依据经济理论或原理，为经济活动提供手段与方案，是经济活动分析报告重要作用的体现。它可以为相关经济问题、方案选择、组织实施等提出多种方法或标准，揭示规律，创新理论，为经济活动提供可靠的保证。

4. 创新管理

经济活动分析报告的创新度和活动质量对创新管理效应明显。在强调管理智能化条件下，它必然会创新思维模式，反映管理进程，提示现代管理的新模式、新体系，使管理多元化、立体化和科学化。

5. 助推经济

财税、金融、统计等部门可以通过经济活动分析报告掌握国民经济现时的运行状态，采取措施，求得国民经济协调平衡发展；可以为相关政府部门充分发挥职能作用，对国民经济的监督管理和宏观调控提供了重要依据；可以了解各经济实体的现状，生产经营、技术改造等情况，做出宏观性经济分析。

6. 导向突出

经济活动分析报告的综合性导向作用非常突出。根据经济活动状况，它可以针对经济活动的各种问题、现象等进行分析，提出相应的对策、措施，制订相关的计划或方案，提供相应的运作模式来保证经济活动的健康发展。

二、经济活动分析报告的特点与类型

（一）经济活动分析报告的特点

1. 针对性

经济活动分析报告旨在阐释经济活动的各种问题，有明确的经济活动形态，有具体的分析对象、分析的手段和措施，以及分析评价的科学体系，主旨清楚，目的明确，针对性非常强。

2. 指导性

经济活动分析报告交流性、互补性极强，对经济行为、经济计划等的指导性明显。它可引导经济实体改善经营管理，引导金融、财税等部门和政府部门进行有效的监督和管理，还可引导对国民经济运行、发展状况的进一步分析。

3. 时效性

时效性是确保经济活动分析报告价值的又一关键。经济活动分析报告的目的是在于分析一段时间内相关经济活动的特征和本质，揭示规律。它必然要强调时效性，有明确的时段性要求，有时效的具体指标。

4. 说明性

经济活动分析报告的主旨、内容、结论、方案和理论等，离不开必要的说明。同样，它还必须对所涉及的经济现象、特征、指标、数据等进行详细的分解式阐述，使之明白无误，条理清晰。

5. 评估性

分析经济活动本身就是一种对经济的评估，也是对所涉及的主题、内容、分析等的综合评估。它所具备的评估性，是反映经济活动的必备手段，是报告中不可缺少的环节。没有评估，报告仅仅是一种经济情况的汇编而已。

6. 目的性

经济活动分析报告目的在于准确地指出经济活动的得失，分析其现实及未来的发展趋势，从中寻找提高绩效的最佳途径，使经济活动沿着正确的方向发展。它的目的性非常明确，始终贯穿于整个报告中。

7. 综合性

依靠大量的信息进行分析、综合、判断来反映经济活动的本质，揭示一定的经济规律，涉及大量经济数据、指标等，且本身也需要用不同的方法、手段、数据、经济事实来完成分析研究，综合性始终贯穿于整个经济活动分析报告中。

8. 准确性

经济活动分析报告必须在经济活动相关要素的互动、依存、制约中分析问题，准确揭示活动的变化过程，全面、深刻地反映其客观规律。准确性还可以保证分析研究、决策措施等的实施，有突出的科学性、可行性。

（二）经济活动分析报告的类型

1. 经济活动分析报告的分类

（1）按要求分，有专门的经济活动分析报告、特殊的经济活动分析报告、指定性的经济活动分析报告等。

（2）按范围分，有宏观经济活动分析报告、微观经济活动分析报告等。

（3）按阶段分，有事前分析报告、事中分析报告、事后分析报告等。

（4）按密级分，有绝密级经济活动分析报告、保密级经济活动分析报告、一般性经济活动分析报告等。

（5）按行业分，有工业经济活动分析报告、农业经济活动分析报告、商业经济活动分析报告等。

（6）按时限分，有长期经济活动分析报告、中期经济活动分析报告、短期经济活动分析报告、近期经济活动分析报告等。

（7）按级别分，有上级的经济活动分析报告、下级的经济活动分析报告、平级的经济活动分析报告、部省级经济活动分析报告等。

（8）按内容分，有财务活动分析报告、经济动态分析报告、销售情况分析报告、商品促销活动分析报告等。

（9）按形式分，有“前文后图”式经济分析报告、“文中插图”式经济分析报告、“数字图表说明”式经济分析报告、“文图递进”式经济分析报告等。

2. 常用的经济活动分析报告

（1）简明经济分析报告

简明经济分析报告简称简明分析报告，又称定期分析报告。它多用于基层单位，一般是围绕几个主要的经济和技术指标，或抓住一两个重点问题进行分析以观察经济活动的趋势和工作进程。这种报告多在年终、季末、月底进行编写。

（2）经济综合分析报告

经济综合分析报告，又称系统分析报告、全面分析报告、综合分析报告。它是以某一部门或某一单位一定时期内的经济活动作为一个整体，根据各项主要经济指标进行综合分析和全面总结所写的书面报告。它常用于年度或季度经济活动的定期分析，根据各项主要经济指标及完成情况进行综合分析，做出评价，提出设想。具体的综合分析，主要依据会计报表和有关资料，通过对资金、费用、成本、利润等关键环节的重点分析，抓住关键问题，进行分析总结，从而写出报告。

（3）经济专题分析报告

经济专题分析报告简称专题分析报告，是对经济活动中某个突出的专项问题进行调查分析后所写出的书面报告。它紧扣当前经济中心工作，以业务上的重大变化、工作中的薄弱环节、重要经济措施或政策的变化等为目标，抓住问题进行专项分析。它有两个不同的侧重点：一是以当前中心工作中的业务变化、薄弱环节等作为专项分析对象；二是经济实体内部职能部门的专题分析，如销售、利润、成本、资金等的单项分析。前者无期限，发现问题随时分析；后者有时限要求，可以是定期的。专题分析报告内容专一，一事一议，针对性强，内容具体，分析透彻，重点突出，形式灵活。它涉及的内容和范围不大，却应用广泛，无明显时限要求，又常常是综合分析报告的基础和材料来源，其作用非常明显。

三、经济活动分析报告常用的分析方法

（一）因素分析法

因素分析法即连锁替代法。它是利用某一经济指标是否完成的诸多原因进行分析，找到根源，进而解决问题。它可以选取各项因素变化的数据，了解它对综合指标所产生的影响；可以在各项因素分析中找到主要因素，再进一步找到问题的关键所在。运用因素分析法要注意三个要素：

1. 预测分析倾向性因素

倾向性因素是指有明显倾向性，有可能发展成为主要因素的因素。对它的预测分析，目的在于引起领导和有关部门的重视，以利于制定对策。

2. 重点分析主要因素

在众多因素中分清主次，抓住反映本质的、在诸多因素中起主导作用的因素进

行分析，由此把握本质，反映结果，并说明这个因素的根本成因。

3. 分析主观因素和客观因素

任何因素变动都不外乎主观原因和客观原因。对此进行分析，分清两个因素的互动状态：或相互掩盖，或相互交叉，或相互替代，并根据这些情况进行研究分析，进行相关的区分或选择，进而加以有效利用。

（二）比较分析法

比较分析法又称对比分析法、指标分析法。它是将两个以上具有可比性的数字资料加以对比，根据对比的结果来研究经济活动状况的方法。它在定量分析中最为常用，并且指标存在可比性。比较分析法的基本比较有八个方面。

1. 历史比较

比历史就是借经济活动的发展变化情况来进行对比。如本期实际完成数与上期完成数的比较；本期与去年同期完成数的比较；与同行或本单位历史上最好或最差的水平进行比较。

2. 计划比较

比计划就是把本期的实际完成数与计划数相比较，说明计划的执行情况，确定分析的主要方面，找出计划完成或未完成的原因。

3. 先进比较

比先进又称类比法，目的在于通过比较发现问题，找到差距，从而促进自身的转化。它的基本的比较有：一是以本期或其他时期的实现数与先进单位的实现数进行比较；二是与国外先进的同行、同类产品相比较。

4. 主次比较

主次比较即用总体经济指标与部分经济指标进行比较，用其比率来说明指标变化，如部分经济指标与总体经济指标的比较等。

5. 效率比较

这种比较主要用来反映生产效率等，即用性质不同却又相关的指标进行比较，如销售人员的人数与销售成果的比较。

6. 异同比较

它是将同类指标放在不同时期的状态中比较，从中计算出动态性的比率，借以反映这项指标的增减和发展方向。

7. 综合比较

这种比较主要用于经济指标总量的比较。即自身本期总量经济指标与去年总量经济指标的比较，从中分析数量与质量的互动关系或变量因素。

8. 创新比较

它是指实现相关经济指标所采取或依靠的措施、手段、方案、计划等的创新方法。即利用眼下或不同时期创新方法的比较，对经济指标绩效进行分析比较。

（三）预测分析法

按分析对象的特点和分析的目的，将有关经济指标或反映发展的动态指标，按时间顺序排列为动态序列加以分析，并通过对经济活动发展趋势的分析和判断，来研究某种经济活动或现象出现变化与未来前景（趋势）的分析方法叫预测分析法。它又称动态分析法、趋势分析法，关键在于积累和掌握各时期统计资料，编制动态数列，用增长量、发展水平、增长速度等有可比性的指标进行分析。预测分析法又可分为统计分析法、经验预测法、计划预测法。

1. 统计分析法

统计分析法是用过去的实际统计资料，分析其发展趋势，以此预测未来。

2. 经验预测法

经验预测法是用以前在经济活动中所取得的成就、经验和教训，对所遇到的新问题进行预测和判断。

3. 计划预测法

计划预测法是参照国民经济计划和上级主管部门制定的指标或指导性计划来预测经济发展的趋势和变化，或根据这种趋势和变化来制订计划。

（四）调查分析法

调查分析法是通过个别交谈、用户回访、专门座谈、现场销售、电话咨询、网上查询等形式，收集必要的数据资料结合实际情况进行分析研究的方法。

（五）综合分析法

综合分析法又称综合评价法，是对各项指标的执行情况进行对比、计算和评价的方法。这种分析法从整体上权衡得失，全面判断分析，然后得出高效、低效、无效、最佳、一般、低劣等综合性评议或选择建议。

四、经济活动分析报告的结构

经济活动分析报告一般包括标题、开头、主体、结尾、落款和日期几部分。

（一）标题

经济活动分析报告的标题比较灵活，常用的有新闻式等三种标题。

1. 新闻式标题

以新闻式标题作为分析报告的标题，醒目、简洁、吸引力强。标题有单标题、双标题之分。单标题，如《百姓期盼天天都是“3·15”》等。双标题，如《百姓说物价在涨，政府说物价在降——听专家道出个中缘由》等。新闻式标题中的双标题不同于论文式标题中的双标题，二者标题不能混同。

2. 报告式标题

这种标题与公文中的报告的标题相似，一般由单位名称、时限、对象、文种构成，如《中国西部地区 2010 年农村劳动力转移的情况分析》等。有时标题可以省去一两个要素，如《2011 年第一季度主要商品供求情况分析报告》等。这里要注意，标题中省去的要素，在正文中必须要交代清楚。

3. 论文式标题

论文式标题又称简要式标题。这种标题与论文的标题相似，常用于报刊上发表的分析报告，如《对扩大消费拉动经济增长的几点思考》等。为表明论文式标题的分析报告不是学术论文，还可以加上副标题，如《宏观调控重在践行——房价上涨与回落透析》等。

（二）开头

开头又称前言、导语、引言。经济活动分析报告开头部分是基本情况的介绍。这部分主要包括分析对象、目的、意义、内容等要素，要有针对性地提出问题，交代基本情况。

（三）正文

正文就是主体，是经济活动分析报告的核心，也是安排评估分析内容的部分。这部分可以按分析报告的类型、目的和要求来安排分析的内容。一般来说，要以总体指标完成情况、综合经济效益分析为主进行分析、比较和说明。在具体展开时，可以分出各项重要的经济指标，进行逐一的分析，形成一个分析的面。然后，在综合分析的基础上再抓住一两个主要指标进行重点分析，从而构成一个点。这种点面结合的分析，脉络清楚，重点突出，非常实用。分析的方法较多，可以一两个同时运用。对简要分析报告，一般只抓主要的指标进行重点分析；对专题分析报告，则抓住专题分析的对象，进行有针对性的分析。

（四）结尾

结尾是安排建议和对策的内容之处。大体有分析的结论、改进意见或建议、具体的措施、办法、要求等内容。这部分要清楚表明建议和对策等，以突出经济活动分析报告最后的落脚点。

这里要强调一下，经济活动分析报告为使层次清楚，可以采用小标题结构形式。一个小标题按内容构成一个部分，并与全文总标题照应，与上述的基本结构与有所不同。

五、经济活动分析报告与相关文种的区别

（一）经济活动分析报告与经济预测报告的区别

二者的区别有：一是内容侧重点不同。经济活动分析报告侧重于对过去和当前

的经济活动的分析。经济预测报告则重在预测未来。二是表达方式有所不同。前者重在分析，多议论、评价、说明。后者重在预测，多说明、测算、评估。应该注意的是，两种报告在文体上可以合二为一，称为“经济活动分析与预测报告”。

（二）经济活动分析报告与调查报告的区别

二者的区别有：一是时间要求不同。经济活动分析报告时间性较强，带有定期性，多在年终、季末、生产与经营告一段落后写成。调查报告则要求及时发现、及时调查、及时写出，时间可不定期。二是内容侧重点不同。前者专门分析经济活动情况，重在分析各项经济指标，提出建议和对策。后者的内容却很广泛，不仅仅限于经济活动；三是表述方式不同。前者有指标、数据、表格等分析说明，有特定的经济术语、数字演算、专业用语等。后者形式和内容更灵活多样，叙述为主，兼有议论和说明，语言生动，常用一些修辞手法。四是人称有所不同。前者可用第一人称或第三人称，对下属单位、财税、金融、统计等部门用第三人称，对各经济实体写自身的经济活动用第一人称；后者一般是站在第三者角度来写。

六、经济活动分析报告的写作举要

（一）把握情况，表现多样

经济活动分析报告依靠经济指标，以经济数据为主要分析依据，要深入调查，通过对指标数据和具体情况的相互印证和补充，才能去粗取精，去伪存真。所谓表现要多样，就是要注意文字说明、分析表格列示、文图并存等表现方式，使文字、表格、图形相辅相成，浑然一体，清晰明了，集中直观，便于观察、对比、分析，易看易懂。

（二）目的明确，计划完备

经济活动分析报告始终要注重明确目的到目的明确的转换。它要明确分析的内容、目的和要求，进行有效的组织分工等。同时，必要的调查准备、资料准备等，都要有完备的计划。否则，分析报告就会成为只见材料不见观点、罗列现象而无实质、分析之中不见分析、建议对策不见重点的报告。

（三）运用资料，掌握数据

运用资料主要有计划资料、统计资料、会计核算资料、相关原始记录、定额资料、上年同期资料等的准确利用；还要注重财务报表与单位实际财务状况、资金真正的分流等新情况。运用资料在于把握数据，要把已有数据筛选、归类、综合，建立数据资料文档。反映的数字还要准确、客观、真实，有代表性。

（三）提出措施，研究结果

提出措施，就是提出意见、建议、看法、对策等，是经济活动分析后的结果。分析深、分析好，提出的措施才能切实可行。提措施，要有意见、建议、具体对策、具体方案；还要对结果进行分析和研究，如结果是否达到了目的、是否经得起实践的检验等，都要做综合性的考虑。

（四）结构明晰，语言简明

结构明晰有利于安排材料，表达主旨，具体格式一定要清楚简洁，一目了然。报告用语要在简要中见准确和朴实。由于它运用平均数、百分比、绝对数、相对数、长语句和专用术语等来说明情况，进行分析的频率较高，易造成表意不清、意思不明。这些都要靠语言手段来解决。语言要言简意赅，表达鲜明。

第六章　市场预测分析

一、市场预测分析的概念与作用

（一）市场预测分析的概念

市场预测分析又称市场预测报告、市场决策总评，是在充分调查的基础上，运用科学的方法对未来某个时段和一定范围的市场供求状况及发展趋势进行预测，提出建议或对策的应用性文书。

市场预测分析有广义和狭义之分。这里所讲的是狭义的市场预测分析，即对某个市场的发展进行预测分析，随之提出决策建议的书面分析材料。

（二）市场预测分析的作用

1. 发展市场，活跃经济

对市场进行预测的根本目的就是为了发展市场，搞活经济。预测分析立足于此，紧紧抓住市场现状，通过资料、调查等进行充分的分析研究，最后进行预测，指出市场发展的优势所在或存在的不足，由此在市场的发展和活跃经济上真正反映出市场供求关系等的现实或未来的真实情况。

2. 辅助决策，积极指导

决策是根本。怎样决策是市场分析的核心和价值所在。它必然要以实地的调查和相关资料为基础，对市场的发展进行科学的预测，并在预测之上具体提出决策方案或措施，对市场进行积极指导。这样的指导，以充分的数据、事实、举措等，进一步明确市场发展方向。预测报告的根本作用就在于此。

3. 促进营销，强化管理

决策就是一种管理，管理可以转化为具体的营销。市场预测分析对促进营销有极大的影响和潜在的催化作用。它可以出谋划策，提出措施，改进模式，以营销促进管理，以管理推动营销，从根本上提升营销的质量。推动管理的创新，在综合性现代管理中发挥积极作用，是预测报告的属性之一。

4. 创新市场，满足需求

在预测引导下，市场可以进一步发展，扩大规模，激活各种市场要素，充分发掘市场发展的各种可选性和创新性潜在动能，增加设施，扩大供应，增加商品，充分发挥市场的调剂功能，进行自我完善，以全方位服务满足社会需求。

二、市场预测分析的特点与类型

（一）市场预测分析的特点

1. 可行性

市场预测分析必须具有可行性，才可能有运用价值，进一步增加经济绩效。预测没有可行性，就没有执行的基础，也就没有实际有效的预测和举措。

2. 科学性

预测市场就是一门学科，充满科学要素。这样的分析概念先进，创新力度明显。可以利用相关经济原理或模式来指导市场发展，正是其科学性的集中反映。

3. 预见性

预测就是预见。预测是分析的核心和灵魂，预见性的支撑作用越大，预测则越有保证，质量才会越高，预测绩效也才会更明显，质量也才更高。

4. 综合性

市场是一个综合性极强的经济实体，要素繁复，涉及方方面面的工作。对此进行预测，没有综合性要素的强力支撑，则难以反映市场的全貌与发展前景。

5. 时效性

对市场的预测过程有明显的时效要求。它突出在调查、分析、预测、决策、执行的及时等环节上。时效性好，实施才会优质高效，绩效突出。

（二）市场预测分析的类型

（1）按范围分，有综合市场预测分析、单一市场预测分析等。

（2）按时段分，有市场近期、短期、中期、长期预测分析等。

（3）按内容分，有市场发展预测分析、市场销售预测分析等。

（4）按产品分，有综合性产品预测分析、单一产品预测分析等。

（5）按地区分，有全国市场预测分析、地区性市场预测分析等。

（6）按方法分，有市场调查预测分析、市场经济指标预测分析等。

（7）按性质分，有普通市场预测分析、特定市场预测分析等。

三、市场预测分析的预测方法

（一）预测的一般程序

从一般预测程序看，基本程序有四个。

1. 确定目标

确定目标就是确定预测的目标。目标要依据市场具体情况进行确立。它要求从实际出发，突出目标可选性好、可行性强，具有代表性和相当的典型意义。具体说，目标要新，层次要高，符合实际，带有创意，引领性比较突出。

2. 收集资料

预测离不开大量的资料与相关调查。资料收集通过选择、过滤、审视、利用，才可能夯实预测基础，促进决策尽快形成。收集资料方法极多，现场的调查、座谈会、消费咨询，等等，都可以获得相关资料。资料真实、详尽、可选性好，是搞好预测与决策的基础。没有真实可靠的资料是不可能形成预测的。

3. 选择方法

预测方法很多，已经具有预测系统化优势。依据市场特性，选择怎样的预测方法尤为重要。无论定性、定量方法还是其他方法的运用，都要求方法得当，可以对号入座，运用自如，进程快速，质量才有保证，绩效才会明显。

4. 预测措施

在分析判断的基础上，预测的具体方式、内容、成果是预测的中心所在。这个中心的重点体现在经预测后，具体决策措施、决策条件与预测实施等的制定之上。经测定、举证、分析、运作，最终形成实用性极好的市场预测分析方案。

（二）预测的主要方法

常用的预测方法主要有两种：

1. 定性预测法

定性预测法也称判断预测法、直觉预测法、经验预测法。它是凭借预测者掌握的知识、专业工作的丰富经验和分析判断能力，对仅有的资料进行综合性判断、演绎推理，从而测定和推断预测对象未来发展的性质及趋势的方法。这种定性预测法又有三种情况：一种是调查预测法，即通过调查市场、产品销售、用户座谈会等形式进行。这种调查不求深度，属于概况式的调查。另一种是专家预测法，即以问卷、采访、专家到会等形式进行预测。第三种是营销人员估计法。它包括营销策划人员意见法、销售人员意见法等。它对经营人员、销售人员等所掌握的第一手资料进行统计、归纳，提交营销的相关决策层进行分析比较，取其中间值作为预测值，具有很好的直观性。定性预测法能综合各种因素，分析复杂情况，速度较快，简便易行，但容易带有主观性，精确度较差。

2. 定量预测法

定量预测法又称客观分析预测法、统计预测法或数学分析预测法，是对预测对象的量化分析。它是运用一定的数学方法，对掌握的大量历史和现实的资料、信息以统计公式或数学模型进行定量分析或图解，模拟预测对象，揭示变量之间规律与联系的方法。这种方法的目的在于预测未来经济发展变化的趋势，揭示发展变化的规律。定量预测法又可分为时间序列预测法、回归预测法、相关分析预测法、对比预测法、经济计量分析预测法等。

四、市场预测分析的结构

市场预测分析一般由标题和正文两部分构成。

（一）标题

标题主要有两种：一是单标题加文种，如《2011 年中国纺织品市场预测分析》等；双标题，主标题点明报告主题，副标题写明对象和文种，如《房地产整顿 观望者不少——2011 年商品房销售市场供求预测》等。

（二）正文

一般由前言和主体两部分构成。

1. 前言

常见的前言一般概括交代行文的时间、地点、对象、方法、动机、目的、方法、结果等基本情况。它语言简练，用语不多。

2. 主体

主体一般包含基本情况、分析预测、提出对策建议三个部分。

（1）基本情况

基本情况主要是选择具有代表意义的相关历史数据、资料等来说明市场运行现状，进行多项对比，突出重点，并以此作为预测的依据，由此展开下文。

（2）分析预测

在资料、数据对比的基础上，这部分即展开对比性预测，是报告的核心所在。它包含两个方面的内容。

①现行市场运行情况分析。现行的市场运行情况分析主要立足于五个方面：一是借经济活动的发展变化情况来进行历史分析与对比。它可以运用市场本期实际完成数与上期完成数的比较、本期与去年同期完成数的比较、与历史上最好或最差的水平进行比较等来进行分析。二是对市场的主次结构、运作手段、效果等进行分析比较。三是对市场历史与现实存在的异同情况进行分析比较。四是综合效果数据、事实等进行综合性分析比较。五是对市场存在的发展潜质进行分析比较。为突出重点，根据预测要求，可以选择具有代表性的一个或几个面来作为预测的重点。

②市场发展预测。预测是报告的核心。它主要是依据调查情况、对比资料等，运用定性、定量的预测方法进行科学的预测并提出预测的结果。具体来看，要情况清楚、资料真实、分析恰当、判断正确、推导明晰。要充分运用最新数据、运行成果、运用绩效等事实来增强预测的可行性和可信度。这样的预测不同于经济预测分析报告、营销分析报告、市场调查报告等文本，重在突出预测，突出未来发展趋势，以及实现经济绩效需要的各种条件等。预测要注重三个方面：一是预测的方法或模式要正确可靠，操作简洁，运用方便；二是预测要从实际出发，力求预测准确可信，有较好的操作性，执行有保证，运作见实效；三是要围绕预测结果进行必要的准备，及时考虑方案，为促进市场发展提供相关的物质等基础性的支持。

(3) 提出对策建议

根据预测提出建议或对策是预测分析的终端部分。它主要在建议或对策上提出明确的意见或措施，并将其具体化、指标化，操作起来有据可依、有章可循。建议要中肯，对策要具体，可采用条款式加以具体说明。

五、市场预测分析与市场调查报告的区别

二者的区别有：一是目的不同。市场预测分析的目的在于以调查分析为基点，以历史和现实的市场状况为依据来展开预测。市场调查报告重在调查市场的现实状况，反映市场当前的相关情况。二是要求不同，前者重在提出意见或对策，后者则重在调查情况和提供处理依据。

六、市场预测分析的写作举要

(一) 积累资料，准确分析

资料充分才有预测的基础。积累资料对于预测过程非常重要。没有资料如无米之炊，不积累资料就进行预测则容易挂一漏万，预测可能就离题万里。同样，没有对资料的准确分析，就难以明确预测目标和预测过程，更不可能进行有效的预测。

(二) 措施恰当，目的明确

措施指整个预测过程所采用的方法、手段、看法等的具体表现形态。这里强调措施，更多的指经预测推出的具体条款或预测的具体内容。制定措施是为预测目的服务的，因而要围绕预测主旨进行。措施鲜明突出，目的也才更集中。

(三) 表意明晰，语言朴实

进行市场运作预测，形成最终预测分析文本，特别要注意表意清晰，意思通畅，目标容易接受，利于领会，便于执行。尤其对预测的措施等要阐述清楚、说明具体。用语要简洁朴实，表意准确，意思明确，条目清楚，通俗易懂。

第七章 产品说明书

一、产品说明书的概念和作用

（一）产品说明书的概念

产品说明书是一种常见的说明文，是生产者向消费者全面、准确地介绍产品名称、用途、性能、原理、构造、使用、维护等内容所写的使用非常广泛的准确、简明的文字材料。

（二）产品说明书的作用

1. 宣传产品，指导消费

宣传产品在于引起消费者的购买欲望，实现购买，促进商品更大流通，是产品说明书的基本属性。它的目的在于突出产品特色、质量、式样、价格等，扩大品牌的知名度。但无论产品怎样宣传，都是为了让消费者认识产品，进行对比，指导消费。所以，任何产品说明书都具有指导消费的重要功能。

2. 扩大信息，促进销售

产品说明书在生产过程中实现了生产、交换、分配、消费四个环节中交换和消费两个环节的必然连接，并在此基础上普及科学文化知识，促进了信息的传播、复制、交流、利用。作为一种有意义的反馈，生产者和销售者也利用消费者了解和掌握的大量信息，扬长避短，有的放矢，促进了自己的销售，繁荣了市场。

3. 传播知识，创造品牌

产品说明书的内容涉及不少知识，容易被人们传播、吸收，是创造品牌的一个不可缺少的要素或构件。生产者为实现销售而制作产品说明书，消费者为实现消费而阅读产品说明书，产品可以借此塑造品牌的直观形象，创造品牌绩效。

二、产品说明书的特点与类型

（一）产品说明书的特点

1. 真实性

科学使用产品关系到消费者的切身利益。产品说明书在产品的名称、商标、使用、性能、特点、质量、实效、价格、服务、安全、诚信、责任等方面的介绍必须要真实可信。

（二）科学性

产品是科技与生产实践的代表或产物，会体现当前的一定的科技水平。它的科学性表现在产品说明书上的内容准确、明了、介绍实事求是，对有关特征、操作、注意事项等表达无误，以及产品的科技含量及领先水平等的显示上。

（三）条理性

陈述产品，必然要考虑因文化、地理、生活、环境等的不同。产品说明书一般由浅入深、循序渐进地对产品的性质、特点、用途、使用方法、注意事项等进行富有条理性的说明，对产品进行完备的介绍，从而促进消费者消费。

（四）通俗性

通俗易懂是产品说明书的又一特征。很多消费者没有专业知识，就有必要用通俗浅显的语言清楚明白地介绍产品，以消除消费者认识和购买产品的误区。

（五）实用性

突出实用性是产品说明书不可缺少的内容。很多产品，特别是一些同类产品，它们的功能、特性、用途等常常大同小异，产品的替代性很强。强调产品的实用性，有利于突出产品优势，有利于扩大产品的销售。

（二）产品说明书的类型

产品说明书应用广泛，类型多种多样，基本的分类有五大类。

（1）按行业分，有工业产品说明书、农产品说明书、金融产品说明书等。

（2）按形式分，有条文式产品说明书、图表式产品说明书、条文和图表结合式说明书、网上购物产品说明书、音像产品说明书、口述产品介绍等。

（3）按详略分，有详细产品说明书、简要产品说明书等。

（4）按用语分，有中文产品说明书、外文产品说明书等。

（5）按性质分，有特殊产品说明书、一般产品说明书等。

三、产品说明书的结构

产品说明书的结构通常由标题、正文和落款三个部分构成。

（一）标题

标题通常由产品名称或说明对象加上文种构成，如《移动电话用户手册》等。标题可省略文种，如《雀巢咖啡伴侣》等。标题可以有不同的形象设计。

（二）正文

正文是产品说明书的主体部分，是介绍产品的特征、性能、构造、用途、使用方法、注意事项等内容的核心所在。其说明或介绍的内容有不同的侧重点。

1. 概述

概述又称“引言”、“前言”、“致用户”等。其主要内容有：企业简介，如历史、生产、设备、技术、产量、质量、获奖情况、经营状况等。产品概述，如产品、指标、性能、成分、规格等。市场前景，如销量、市场反馈、发展前景等。

2. 指标

指标即用数据说明产品的各种规格、技术范围、各种型号、具体性能、各种成分、各种参数等。这部分说明清楚，具体突出产品的严谨性、科学性和实用性。

3. 结构

它用于说明产品的总体结构、部件名称、示意图等。它常以图文并茂的形式进行说明，力求增加产品的直观性、可比性来突出其优势或特性，突出视觉印象。

4. 特点

这是对产品优势、特征等进行直接说明或介绍的部分。它主要突出产品的功能状况，如省时方便、用途广泛等，意在提升消费者的购买欲望，促进购买。

5. 方法

它用于说明产品的使用方法，突出方便易学的特点。如使用程序、使用步骤的逐一介绍，如何使用以及怎样实现正确的使用等，都有准确无误的说明。

6. 配套

它是指与本产品配套的其他产品或部件，并有明确无误的名称、数量、规格、配套的文字说明。

7. 事项

在使用过程中应注意的事项，是产品说明书的重点。如产品适用范围、最大负荷、禁忌、有效期限、保存方法等。

8. 保养

它是指清楚、简洁地说明产品的保养、维护、维修的注意事项。如基本方法、一般故障等。产品的保养介绍或说明，也是产品说明书的一个重点。

9. 责任

它主要说明售前、售中、售后服务配套；产品退换的前提和条件；具体维护和维修地点、维护和维修条款和保证；生产者或商家销售本产品所要承担的赔付责任等内容。

（三）落款

最后需写明生产者或经销单位的名称、地址、电话、邮编等内容，为消费者联系、咨询等提供方便。

四、产品说明书与广告的区别

二者的区别有：一是目的不同。产品说明书对产品的名称、性能、用途等进行全面的综合性说明和介绍，属于“就事说事”，告诉消费者怎么用。广告也有产品的说明，但属于“就事说理”，重在突出产品质量、价格等某些方面的特点，告诉消费者“怎么买”。前者重在说明产品，后者重在推销产品。二是内容不同。前者内容全面具体、细致完备，后者则内容简明扼要、形式多样。前者强调科学性、实用性、普及性，后者强调传播性、艺术性、感染力。三是形式不同。前者形式比较单一，后者形式多样，不拘一格。四是用语不同。前者语言平易朴实，清楚明白，呈平面性。后者强调创意，善用修辞，巧妙构思，形象新颖，富有立体感。五是表现形式不同。前者一般依附在产品上，与产品配套，消费者在购买时才阅读。后者则可以利用音乐、画面、语音等手段，在巨大的时间和空间范围内进行广泛的宣传和艺术渲染。前者还可以由生产者、销售商在一定的范围内赠送和散发，后者则一般通过媒体介绍产品和塑造形象，表现的手段也不同。

五、产品说明书的写作要求

（一）内容真实，突出个性

产品说明书具有科学性，必须客观、真实地反映产品的使用价值，不能夸大其词，弄虚作假，要将消费者需要了解的事项全部写入，不能有任何遗漏。要善于强调产品的独特之处，突出它“不同凡响”的实用价值。可以侧重介绍用法、保养方法、使用安全等；对质量易变的，侧重于介绍保存时间和保存方法等内容。

（三）准确简明，图文并重

产品说明书使用的概念要准确简明。产品知识往往专业性强，种类也不计其数，用途千差万别，这就要求说明书写得深入浅出，有助于读者理解和消化。写作说明书有时要图表文字并重，使形象更简洁醒目。这样可以增加直观感，可以表现文字无法说清的内容，还可以纠正文字冗长呆板的毛病。

第八章　商业广告

一、商业广告的概念与作用

（一）商业广告的概念

商业广告又称产品广告，是为了某种需要，商品经营者或服务提供者承担费用，有计划地通过各种媒介和形式直接或间接的介绍，向社会公众传播商品等各种信息，并推销商品或提供服务以扩大销售的广告。

广告有广义和狭义之分，广义的广告泛指目的明确的公众性传播活动，如公益广告等；狭义的广告即指以获取利润为目的商业广告。

（二）商业广告的作用

1. 突出信息与需求

广告的根本作用是传达信息。通过广告对商品的品牌、成分、用途、质量等信息的广泛传播，消费者可以获取大量信息，做出能动性反应，选其所需，择其所好，实现商品的购买；生产者也可以通过广告了解市场，把握商品的需求和流向，用以指导生产。广告能加快商品流通，对繁荣经济、活跃市场作用极大。

2. 彰显表达与功能

广告的物质文化、精神文化、行为文化等功能非常突出。它传播速度快、范围广、频率高、可选性强，其表达、形式、种类等日新月异，与社会发展、知识经济、生活风貌、文化心理等无不息息相关。它的功能互动性极强，可以反映某些思维模式、消费行为、价值追求等内涵，表达与互动性的实效非常明显。

3. 明确消费与市场

广告深入千家万户，核心是倡导消费。广告以形象化手段指出各种消费方式，消费者可以了解市场的一些经济动态和商品信息，了解购买及各种服务项目情况。可以从认知广告到认知消费，变被动消费为主动购买，从一次购买到多次购买，扩大了需求，促进了流通，活跃了市场。

4. 提升兴趣与消费

广告表现力强，生产者可以通过真实、新颖、生动、形象的广告宣传产品，吸引消费者的注意，引发消费者浓厚的消费兴趣，激发需求，实现购买。消费者在消费观念指导下，广告内容所体现的价值追求，会对消费者构成心理暗示和意念引导，使消费者在潜移默化中接受商品广告所宣传的观念，改变自己的消费习惯。

5. 注重竞争与形象

广告宣传是生产者对消费资源的占有。生产者和经营者大量进行广告宣传，除了扩大销售外，还要通过广告竞争，实现自我包装，塑造形象，加深消费者对生产者和产品的印象，扩大市场的占有率。

6. 协调生活与审美

广告是一种形象化的媒介性产品，它不是艺术，但带有明显的艺术元素，创造美的能动作用突出。出色的广告可以美化生活，给消费者带来身心愉悦感和精神享受。在丰富生活情趣、构建和谐社会之时，广告有利于培养文明消费观念，对提高生活质量具有积极的现实意义。

二、商业广告的特点与类型

(一) 商业广告的特点

1. 真实性

真实是广告生存的基础。它必须真实可靠，不得误导和欺骗消费者。广告的制作者要对消费者高度负责，遵纪守法，以真实性作为广告的立足之本。

2. 审美性

广告是一种艺术性极强的应用文体，是一门现代综合性学科。广告必然要采用描写、抒情、幽默、对比等手段，结合音乐、美术、影视等表现形式，赋予广告形象性、生动性和审美性，给人以美的享受。

3. 简明性

“浓缩精华”是广告简明性的形象写照。在现代知识经济社会，广告高速传播的信息，在有限的时空内，得到最佳传播效果，必然会简明扼要地推出主题，达到以少胜多，以精动人。同时，突出广告的简明性，也可有效节约费用。

4. 创造性

从广告的策划、构思、设计、制作、剪辑到广告的发布过程，就是创造性提升广告价值的过程。它以创造性的发挥，使人们过目不忘，并不断地创新形式和内容来吸引公众，以崭新的广告形象来唤起人们潜在的消费意识和审美意识。

5. 通俗性

人们之间存在文化、生活、环境等差异，广告要做到雅俗共赏，乐于接受，就要在语言、内容、表现、发布等所采用的形式和手段上，做到通俗易懂，易于解读、认识和欣赏，尽快认知广告的蕴涵所在。广告通俗性能提升传播效果的特点已越发明显。

6. 综合性

广告的艺术性、审美性、生动性等充分揭示了广告的综合性特征。广告学涉及音乐、舞蹈、美术、影视、美学、文学、心理学、信息学、营销学等；有描写、抒情、比喻等多种表现手段；涉及制作者、代理人、代言人、发布单位等；有不同的时空、背景要求等。这种综合性使它显得新颖别致，表现得淋漓尽致。

(二) 商业广告的类型

（1）按目的分，有商品广告和公关广告等。

（2）按媒介分，有电视广告、报纸广告、杂志广告、广播广告、网络广告、户外广告、邮寄广告等。

（3）按表达分，有陈述式广告、问答式广告、证明式广告、描写式广告、幽默式广告、抒情式广告、说明式广告、故事式广告、戏剧式广告等。

三、商业广告的定位策略

广告实体定位是指在广告宣传中，突出产品的新价值，强调产品的不同之处所带来的功用而进行的一种广告策划。这样的基本定位有功效定位策略、市场定位策略等。

（一）品质定位

它是以产品品质定位为目标，依据其良好品质，进行有一定创意的广告宣传，就是品质定位策略。它是产品谋求市场的基本手段，也是创造并展示一个产品优秀品质的最基本要求。这种常见的宣传，意在引起和增加消费者的兴趣。

（二）功效定位

它是指以同类产品的定位为基点，突出其的某些独特功效，即它与同类产品有明显区别的功效以增强竞争力。它选择有别于同类产品的优越性能，从功效出发，突出它在同类产品中的品质优势，从而引起消费者的注意。

（三）市场定位

它是指在市场细分后，对产品固有或特有的目标市场进行定位，通过广告宣传，突出它在目标市场的各种优势，将其定位在有利的市场位置上。

（四）价格定位

它是指为扩大相似的同类产品销售或市场占有率，通过广告宣传进行的价格定位。它以价格优惠等手段，使产品具有竞争优势，借此吸引更多的消费者以扩大潜在销售市场。

（五）质量定位

以产品质量进行定位，就是质量定位策略。它包括产品的品质再现、技术、性能、期限、实用、安全、保障、维修等内容。这种策略在产品具有质量保证的基础上，用生动形象化的语言，给消费者真实的感受。

（六）商标定位

它又称品牌定位策略，是在广告中突出商标的名称、设计图案、内在含义、象征意义等，突出该产品与同类产品或生产者的区别。商标的内涵丰富，质量、信誉、企业形象等都包含于其中，整体宣传效果较明显。

（七）造型定位

它是指突出产品的造型优势，以产品别致新颖的造型吸引消费者，引发其对生产者的情感倾向和产品的视角享受，激发消费者的购买欲望。

（八）色彩定位

它是指利用不同地区、不同消费者对色彩的认识差异，来促进消费者的购买行为。它明确色彩在不同目标市场的功效与作用，突出色彩对消费者的潜在影响，由此促进产品销售。

（九）服务定位

强调生产者的产品具有优质的服务体系或措施，可以提供完备周详的服务来解除消费者的后顾之忧，就是服务定位策略。

（十）心理定位

心理定位策略着眼于产品带给消费者的某种心理满足和精神享受，从而产生心理愉悦，引发购买欲望。

（十一）逆向定位

它是指借助于有名气的竞争对手的声誉来引起消费者对自己的关注、同情和支持，以便在市场竞争中占有一席之地的广告产品定位的方法与策略。逆向定位通常反向宣传，故意突出自己的不足之处，以换取同情与信任。

（十二）是非定位

是非定位策略是从观念上人为地把产品市场加以区分的定位方法。

四、商业广告的结构

商业广告的结构一般包含标题、正文、结尾三部分。

（一）标题

商业广告的标题分直接标题、间接标题和复合标题。

1. 直接标题

直接将商品的名称、用途、特点等重要情况清楚明白地介绍给消费者，使消费者实现购买。如“中国的五粮液，世界的五粮液”（五粮液）、“理解就是沟通”（爱立信）、“科技以人为本”（诺基亚）等。

2. 间接标题

用委婉迂回的手段表达广告的内容，以很强的吸引力，激起消费者的求知欲和兴趣去阅读广告正文。如银器广告：“发光的不全是金子”、“人类精神的动力”（梅塞德斯奔驰）、“拥有东芝，拥有世界”（东芝电子）等。

3. 复合标题

把直接标题和间接标题结合起来，互补互动，广告清晰明白，新颖风趣，增强吸引力。如“出差旅行的必备食品，统一方便面”前一句是间接标题，后一句是直接标题。

（二）正文

正文是广告的核心部分，要对标题所揭示的主旨或概括的基本内容做出简要而又具体的说明，一般具体地写明商品名称、用途、特点、产地、价格等。它内容灵活自由，目的在于引起消费者对商品的兴趣，使之产生购买欲望。

1. 正文的构成

（1）发端语

发端语的作用在于紧接标题，对标题概括的商品内容或提出的问题做扼要的解说，以便引出后文。

（2）中心语

主要说明有关商品信息的特殊细节和事实依据，用最有说服力的材料来宣传本商品的优点和特征，从而激发消费者产生购买动机。

（3）结束语

结束语通常是用简洁、生动、形象的语言来激发消费者产生购买心理，敦促消费者采取购买行动。

2. 正文的主要表达方法

（1）直陈法

它又称陈述法，即直接介绍商品情况。这种方法自然朴实、清楚明白，增加了消费者对商品的信任感和宣传效果。如印刷公司："除了钞票，承印一切。"

（2）对话法

它通过人物之间的问答来介绍商品。它平易近人，形式活泼，解说明白，给人以亲切感，使人在不知不觉中接受了宣传内容。如高露洁牙膏的对话式广告等。

（3）证书法

证书法又称证书引证法，利用曾获得的荣誉称号、专家鉴定以及名人见证来强调商品质量的可靠。

（4）幽默法

用风趣幽默的语言在谈笑风生中宣传商品，这种方法引人入胜，使人过目不忘。如伦敦地铁广告："如果您无票乘车，那么，请在伦敦治安法院站下车。"

（5）报道法

它是用类似新闻报道的形式来宣传新产品。它向消费者提供最新事实，提供新鲜的、大家感兴趣的、想了解的东西。但这种方法容易出现违规的"有偿新闻"。

（6）描写法

它是运用文学笔法对广告进行生动描写，寓知识、趣味于广告形象之中的表现手法。其中细写式，以生动细腻的描绘和刻画见长；白描式，则描写不加修饰和烘托，文字简洁，抓住特征，淡淡几笔，勾勒出形象。如美国著名广告大师李奥·贝纳曾为"绿巨人"罐装豌豆设计的广告："月光下的收成——无论日间或夜晚，'绿巨人'豌豆都在转瞬间选妥，风味绝佳……从产地至罐装不超过三小时。"

（7）论说法

它偏重于以道理说服与动员消费者实现购买，是针对消费者的理性购买行为而使用的一种广告表现方法。如中国台湾地区“米其林”轮胎的广告：“任阁下的坐驾如何先进不凡，要使汽车性能发挥得淋漓尽致，仍需依赖优秀的轮胎。享誉世界车坛的‘米其林’，素以性能卓越、安全耐用而赢得车主垂青，独领群‘轮’”。

（8）抒情法

抒情法是针对消费者的情感性购买行动而采取的广告表现方法。如某名牌涤棉蚊帐广告：“如烟似雾，玉洁冰清。飘飘然使你如入仙境，甜蜜蜜伴君美梦。借问蓬莱何处寻？就在那‘荷花’蚊帐中！”

（9）故事法

故事法就是用一个情节较为简单的故事来显示广告信息，以故事情节引发读者兴趣，以故事内容来显示商品特性和加深读者印象，从而把读者转变为消费者。

（10）对联法

对联法就是运用对联传递广告信息。它用词贴切，对仗工整，新颖别致，常用于商店、餐馆、茶楼等。如酒店的对联：“酿成春夏秋冬酒，醉倒东西南北人。”

广告的表现方法很多，还有戏剧法、曲艺法、诗歌法等，在使用时要注意分清方法，巧妙运用。

3. 广告语

广告语又称广告标语、广告口号，是为了加强公众对企业、商品或服务的印象，在相当长的一段时期内反复使用的固定宣传语言。它的主要作用是概括地介绍商品特点或企业经营的指导思想，加强公众的记忆，树立企业的信誉或某种消费观念。广告语力求简短新颖、优美易记、富于表现力和感召力。例如：“挡不住的诱惑！”（可口可乐广告语）、“味道好极了！”（雀巢咖啡广告语）等。

4. 随文

随文是广告的补充说明，主要包括企业名称、品牌、商标、厂址、电话、传真、电报、邮政编码、银行账号、E-mail 地址等。

五、商业广告的写作举要

（一）主题形象鲜明

广告必须有一个集中而鲜明突出的主题，从标题到正文都要围绕主题来考虑内容和形式，做到有的放矢，塑造完美的形象，给消费者留下鲜明而深刻的印象。

（二）内容形式真实

撰写广告必须坚持实事求是的原则，不得以任何形式做虚假宣传，蒙骗消费者。广告的语言文字要规范、健康、易懂、新颖。要吸引大众，广告必然还要用生动活泼的多种表现形式，以多维空间展示内容，充分体现广告的内容。

（三）新颖通俗易懂

写广告要有较强的综合能力。广告一般采用文学、戏剧、音乐、美术、电影等形式，可以新颖别致、形象生动地表达内容，以增强宣传效果来抓住人心。同时，通俗易懂，利于大众接受、消化和吸收广告，成为真正意义上的消费者。

（四）语言短小精妙

广告一般在特定的场合、短暂的时间给人们留下深刻的印象，因此应力求文字简洁，篇幅简短，使人们迅速获得有关信息。广告用语精妙、篇幅短小、精彩动人是人们认识广告的重要条件，也是消费者实现消费的重要因素。

第九章　招标书与投标书

一、招标书

（一）招标书的概念与作用

1. 招标书的概念

招标书也称招标通告、招标广告、招标公告、招标启事等，是招标单位（业主）在进行建设、商务、合作、合营等项目时，按规定条件将有关项目、标准、实施条件等进行公布，通过投标者之间优胜劣汰的竞争，并履行一定程序，最终选出合适的承包者或经营者的文书。

招标书是应用性文书，带有明显的契约性、约束性、专业性和专用性。

2. 招标书的作用

（1）提供依据

没有招标书就没有投标者，招标书是投标者进行投标的依据；有了招标书，投标者才有投标的对象或目标，从而可以按招标书的要求编制内容，制订计划，提出方案，进行有效投标。

（2）促进竞争

招标可以打破垄断，促进公平、公开、公正竞争机制发展。招标单位可以择优选用投标单位，节省开支，降低成本，保证质量，实现既定目标；投标者可以通过招标的竞争，改善经营管理，提高综合实力，获取更多效益，促进自身发展。

（二）招标书的特点与类型

1. 招标书的特点

（1）可靠性

可靠性就是保证性。招标可靠性表现在招标的相关文本依据、依法合法的依据、运作的保证依据，由此才可以按程序进行招标以提高其公信度和真实性。

（2）竞争性

招标就是竞争。通过考察、评价、审核等，最终确定投标的最佳人选与方案，实现效益的双赢，就是竞争的最大体现。在这一过程中，必然有不少的投标者要扬长避短，力争脱颖而出，体现了招标书固有的竞争性特点。

（3）具体性

招标书的内容非常具体，要求明细可靠。它有详细的项目指标、招标要求、实施标准、完成时间等内容，投标者才可以依据内容进行准备，积极参与竞争。

（4）契约性

所谓契约性是指招标书的一种基本特性。招标书本身就是一种书面契约，各方当事人应履约的内容或相关条款，应该承担的责任、义务等都非常清楚。

（5）真实性

招标书必须以公平、公开、公正原则为基础，内容必须真实可靠，条款必须详实可信，不得虚夸，不得弄虚作假。更不能在内容真实、条款充分的情况下，招标者与投标者利用某些特殊关系，名义上招标而实质上进行“暗箱操作”。

（6）时限性

招标有明确的时限要求，一是及时制作招标书的时间要求；二是及时进行招标的时间要求；三是对投标者为获得项目制作投标书进行竞争的时间要求；四是有明确的项目实施的具体进度要求；五是有最终完成项目的时间要求。

（7）专用性

招标书属于带有极强专业性的专用性文书，有比较固定的格式，行文规范，目的明确，内容专一，条款非常清楚。

（8）约束性

招标书要体现相关的法规精神，有契约性的特征，并且是某种合作的合法依据，其中的内容对当事人都具有非常明显的约束性。一旦生效，任何人不可以随意延伸或修改，约束性体现极为充分。

（9）广告性

招标书告知性强，一般要通过大众传媒公开，也被称为招标广告，具有公开透明的广告性特点。

2. 招标书的类型

（1）按发布分，有公开招标书、内部招标书、特邀招标书、网上招标书等。

（2）按计价分，有固定总价项目招标书、单价不变项目招标书、成本加酬金项目招标书、特殊计价项目招标书等。

（3）按内容分，有商业招标书、建设项目招标书、生产招标书、交易招标书、药业招标书、科技招标书、劳务招标书等。

（4）按范围分，有国际招标书、国内招标书、地区招标书、系统招标书等。

（5）按性质分，有合资招标书、独资招标书、股份制企业招标书、国有企业招标书、个体招标书、集体招标书、全员招标书等。

（6）按称谓分，有招标通告、招标广告、招标公告、招标启事、招标文件汇总、招标函件等。

（7）按形式分，有表格式招标书、文字式招标书、表格文字兼有的招标书等。

（8）按作用分，有招标方案、投标履约书、招标细则等。

（三）招标书的结构

现行的招标书格式比较固定，一般有标题、前言、主体和落款四部分。

1. 标题

一是直接由文种组成，如《招标书》；二是招标单位加上文种组成，如《中石油集团招标书》等；三是招标单位、招标项目加上文种构成，如《中石油基建招标公告》等；四是广告性标题，如《地铁工程让你施展本领》等。招标书标题编号可有可无。重要的招标书需要长期存档，利于查对，应设置编号。

2. 引言

引言亦称前言、导语、基本说明、绪言。基本内容有招标的项目依据、原因名称、招标根据、招标目的和招标范围。引言简洁明了，提示性作用比较强。

3. 主体

主体即招标书的内容核心，一般用横式并列结构来详实交代招标方式。它具有明确的招标项目、招标范围（公开招标、内部招标、邀请招标）、招标方式、招标程序、相关要求、注意事项等内容。此部分内容，即双方签订合同的原则、权利和义务、组织领导及其他注意事项等内容必须详实无误，条款清楚。招标书主体内容要紧紧依据内容程序条款、技术条款、商务条款，并且要注意其基本内容的表达。它包括合同条件（合同的一般条款及特殊条款）、技术标准与规范、投标保证文件、投标企业资格文件等重要内容。

4. 落款

落款即写上招标单位名称（加盖公章）、制定日期、单位地址、电话、网址和邮编等。若是两个以上单位联合招标，应依次写明。落款单位不一定和标题中的招标单位一致，它可以是招标单位的上级主管部门，也可以是某一承办部门。

（四）招标书的写作举要

1. 周密详实

招标书使用广泛，招标内容繁多，常常涉及多专业、多技术、多学科知识的运用，存在较大的差别性。撰写招标书就要深入调查，知己知彼；注重环节，减少失误；细拟条款，清晰可靠；形式得体，规范科学；用语准确，数据准确。

2. 表达清楚

招标书的表达非常重要。要做到条理清晰，字句明晰，准确无误，实事求是，内容干净，条款清楚，重点突出，讲究一定的程序和表达形式，不能产生歧义，不模糊相关内容，不漏掉一些条款，更不能有意提高要求造成失误。

3. 突出诚意

招标专业性极强，有明显的商业性、操作性和可变性，往往有洽谈、协商等空间。所以招标要遵循平等、诚信、公开、公平、公正的原则，促进合作，共同发展，利益双赢。写作时要注意合理、合法，立文规范，讲诚信，显真诚。

二、投标书

（一）投标书的概念与作用

1. 投标书的概念

投标书又称标函，是投标单位参加竞标，在接受招标条件后所撰写的回应性文书。它是对招标书提出的整体招标要求的回应与承诺，有具体的相关指标、要求、事项等回应性内容，目的在于通过竞争而中标。

投标书同招标书一样，也带有明显的契约性、约束性、专业性和专用性。二者关系极为密切，即没有招标就没有投标，两者相互的依存性、互补性极强。

2. 投标书的作用

（1）回应与承诺

投标书根据招标书提出的具体内容，按其要求、条件等来制定自己的投标方案，互动性极强。它对招标书所提出的各种事项、要求等进行具体细致的回复，回应与承诺是其必备的基本要素，是具体运作的首要条件。

（2）竞争与比较

投标就是竞争。在相关投标单位对招标内容都十分清楚的条件下，投标者之间必然要进行竞争。竞争表现在投标人员的组成、调查、方案、程序等诸多方面来展示自身的优势。此外，招标单位也要注重其他投标单位的相关情况，要进行必要的要素对比，从中选出自己最佳的投标合作单位。

（3）合作与双赢

投标是对招标的回应与承诺，是招标的结果，极利于双方真诚交流，诚信合作，从而实现经济携手，利益双赢，这是投标书的又一功能。

（二）投标书的特点与类型

1. 投标书的特点

（1）真实性

投标书同招标书一样，要真实地反映投标内容，即投标的具体条款、自身的相关情况等，从而加强沟通，密切合作，取得招标单位的信任，使投标获得成功。

（2）竞争性

投标人依靠投标书展现实力，塑造形象，目的在于战胜竞争对手，竞争性尤为明显。它要展示方案整体优势，高度重视参标、成标等各个环节的有效操作，大量收集和利用相关信息，还要利用公关手段，扬长避短，强化竞争。

（3）针对性

投标、招标两者相互的依存性和互补性极强，无招标即无投标。投标书针对招标书而来，所具有的内容是对招标书提出的具体条款的一一回应，因此针对性非常强。

（4）互补性

招标与投标本身就是一种互利性的经济活动。投标意在中标，投标人必然要综合双方要素，兼顾双方利益，留有一些商洽余地，寻找利益的共同点来实现双赢。揭示利益双赢点在投标书中已不鲜见，成为了现代经济运作的新模式。

（5）保密性

它是指标底在公布前不得泄密，否则要承担法律责任；投标书在开标前也要保密，在规定的开标时间之前不得启封。未密封、未盖印及过期的投标书无效。

（6）约束性

招标书是招标单位以法人的名义向投标单位提出的要约，一经发出就不能更改，如违约就要承担法律责任，并赔偿由此给投标单位造成的损失。投标单位则要对投标书提出的条件和要求做出承诺，接受约束，送达后不能反悔或更改。

2. 投标书的类型

（1）按内容分，有商业投标书、工程项目投标书、装饰（装修）工程投标书、生产投标书、商品交易投标书、科技项目投标书、劳务投标书等。

（2）按计价分，有固定总价项目投标书、单价不变项目投标书、成本加酬金项目投标书、特殊计价项目投标书等。

（3）按方式分，有公开投标书、内部投标书、特邀投标书等。

（4）按性质分，有合资投标书、独资投标书、股份制企业投标书、国有企业投标书、个体投标书、集体投标书、全员投标书等。

（5）按称谓分，有投标通告、投标广告、投标公告、投标文件汇总等。

（6）按作用分，有投标申请书、投标履约保证书、投标方案、投标细则等。

（7）按范围分，有国际投标书、国内投标书、地区（区域）投标书、系统（行业）投标书、单位内部投标书等。

（8）按形式分，有表格式投标书、文字式投标书、表格兼文字投标书等。

（三）投标书的结构

投标书一般由标题、抬头、前言、主体、落款和附件六部分构成。

1. 标题

标题有三种形式：一是直接写文种，如《投标书》等；二是由投标项目加文种组成，如《道路工程投标书》等；三是投标单位加文种组成，如《中铁集团地铁工程投标书》等；四是由投标单位、投标项目加上文种构成，如《北京建筑工程集团××项目投标书》等。

2. 抬头

抬头即署名，一般为招标单位或评标机构名称，如“××省建筑工程集团有限公司××评审（评判）委员会（组）”等。

3. 前言

前言即导言，主要写明投标的态度、思路和看法。其内容简要、提纲挈领、清晰明确，是主体的铺垫部分

4. 主体

主体是投标书的核心，是整个招投标过程中最重要的一环，为投标是否成功的关键所在。主体部分基本内容有：一是投标的具体内容；二是相应的投标步骤或措施；三是说明自身的应标条件；四是补充或说明应标的其他事宜；五是对投标做出必要的保证。主体要突出自身投标的优势，还有必要的资料说明、数据的可靠分析、投标的结果预测等内容。同时，还要突出编制投标书的四项原则，即全面反映使用单位需求的原则；科学合理的原则；公平竞争（不含歧视性条款）的原则和维护本企业商业秘密及国家利益的原则。

5. 落款

落款即单位名称、法定代表人姓名、投标人的署名、地址、电话、网址、邮编、投标书制发日期等。落款还须加盖单位公章。

6. 附件

附件即随投标书附上的相关担保书、必要的表格、相关证明材料、单位资质证明等。附件是对投标书内容的必要补充或说明，其作用非常重要。

（四）招标书和投标书的相关链接

1. 招标、投标活动应遵循公开、公平、公正的原则

公开原则，即招标活动透明，信息、程序等应公开；公平原则，即所有投标人应有平等的竞争机会，享有同等权利及义务；公正原则，即要求招标、投标双方务

求诚信，正确行使权利、履行义务以维护双方的利益。

2. 实现招标和投标的基本程序

（1）准备

一是招标单位经有关部门审批后，设立招标机构；二是确定标的（招标项目），按规定办法测定标底并保密；三是进行必要的调查研究，做到心中有数；四是编制招标文件；五是围绕招标、投标工作进行必要的其他准备。

（2）招标

招标的主要程序有：招标单位（招标人）实行公开招标或邀请招标，在相关媒体刊发招标公告，并向相关单位发出招标邀请函；招标单位（招标人）对参加投标的单位（投标人）进行投标资格、状况、实力、诚信等审查；发文前要对投标人的概况和过去履约的情况进行审核；为投标单位（投标人）提供招标文件、资料，解答相关问题等，进行投标接待或咨询，使该工作进入实质性运作阶段。

（3）投标

投标单位（投标人）在获得投标资格后，以自身投标书（包括填写的相关表格或方案等）参加投标。这里要注意：一是投标单位（投标人）在递送投标书后，可在投标的最后截止日期前进行修改或补充；二是投标单位（投标人）向招标单位递送的投标书（包括填写的相关投标表格或方案等）要按程序密封，不得泄露内容。

（4）开标

招标单位（招标人）开标，是指招标单位（招标人）以标底为依据进行评标的过程，即在参加竞标单位（中标人）中选出若干预选中标单位（中标人）。

（5）中标和订立合同

它是指招标单位（招标人）确定最后中标单位（中标人），选定最佳合作者；双方签订相关经济合同；中标单位（中标人）缴纳履约保证金，双方就进入实质性的履约阶段，招、投标工作基本结束。

3. 招标与投标关系对应，两者密不可分

招标通过投标，选择最佳合作伙伴；投标回应招标，提出最佳合作方案，签订中标合同，实现经济合作；无招标则无投标，无投标则招标不成立。两者互补、互利、共存、双赢，是根本和最终目的。

4. 注意相关保密要求

在招标、投标工作中，招标书标底、投标书回应内容在正式开标之前要求保密。必须要坚持法规原则，防止暗箱操作，才有利于提高招标、投标运作质量。

（五）投标书的写作举要

1. 真实完整，突出优势

真实完整的投标书是投标之本，必须真实地反映投标单位或投标人的相关情况，内容真实可信，条款清楚。这是撰写投标书时首先要注意的。要依据招标内容而扬长避短，突出方案，展示优势。要在实事求是的基础上，突出自身优势以吸引对方，拿出方案，投其所好，以强调其可行性与科学性，使自己脱颖而出。

3. 有的放矢，注重时效

投标书是针对招标书内容进行撰写的。因此，投标书要突出其针对性，根据招标书内容进行逐一回应，才可能突出要旨，发挥最大作用。投标书的时效性要求明显。出于竞争的需要，投标时不我待，机会可能稍纵即逝。投标书必须要做到及时撰写、递送、补充或修改，及时已是必然要求。

第十章 合同

一、合同的概念与作用

（一）合同的概念

合同是平等主体的自然人、法人、其他组织之间设立、变更、终止民事权利与义务关系的协议。

（二）合同的作用

1. 切实保证合法权益

合同最基本的是主体适格，内容合法，权利与义务关系明确。保证合同签订者各方（当事人）的合法权益是经济合同的基点，受到国家法律的保护。其合法权益表现在：依法签订合同，就有了法律保证的依据；经济合同一旦成立就具有法律效力，各方当事人都必须履行合同，行使相应的权利，明确相应的义务，并承担法律责任。

2. 规范市场行为

依法签订合同，使当事人依据合同进行的各种活动有了基本保证和履行的前提。它可以聚合并规范市场各种经济实体或要素，实现跨行业、部门、地区等的各种合作，并对各种经济主体及经济行为进行法定监督，保证当事人各方依据法律效力履行合同，防止自行解除或擅自变更内容，进而提高合同的执行质量。

3. 促进经济发展

通过合同明确各方当事人的权利和义务，从而促进经济发展，是合同的又一重要作用。从客观上看，合同保证和规范了各种经济活动，可以促成经济的交流与联合，在宏观上扩大经济活动的数量，提高质量，培育和促进市场经济发展，提高现代经济规模，促进对外开放，加强地区、国家之间的经济贸易往来。

二、合同的特点与类型

（一）合同的特点

1. 合法性

合同是当事人之间的协议，合法性是执行合同的最基本要素。合法性体现在主体、内容、签订程序、表达方式等方面，内容非常完备，规定明晰规范。合同一旦成立，就具有法律效力。对此，合同必然有清晰、准确无误的阐述与规定。

2. 平等性

当事人地位平等、意愿一致、公平协商、互利互惠、诚信守约是签订合同的基本原则。只有当事人各方在此基础上，通过协商，达成共识，才可以实现平等互利、等价有偿、诚信合作，因而合同才能成立。

3. 规范性

它表现在有统一的文本，在形式上有规范的表述方式，包括用语、数字、简称、计量单位等都有相关的标准。在使用上，合同有相应的法律法规的约束和具体应用的实际要求，使合同规范性相当鲜明。

4. 强制性

订立和履行合同是一种法律行为，签订后即具有法律效力，受到法律的保护，必须承担相应的法律责任，具有非常明显的约束性与强制性。所以，当事人各方不得以自己的主观意愿来违反、终止经济合同。

5. 诚意性

它是指合同当事人本着利益双赢的原则，在签订合同、履行合同的整个过程中，都要真诚互动，实事求是，利益携手，讲究信誉，坦诚相待。

6. 互利性

遵循公平、自愿协商一致、平等互利、等价有偿、诚信、合法的原则，是合同互利的一个基本原则。任何合同都存在平等互补、等价有偿的内容，都是为了实现自身特定的目的而来，互补性表现得非常充分。

（二）合同的类型

1. 合同的基本分类

（1）按时间分，有长期合同、中期合同、短期合同等。

（2）按表达分，有书面合同、电子文本合同等。其中书面形式合同又可以细化为合同书、信件、电传、传真、电子邮件、数据电文等合同形式。

（3）按表达分，有条款式合同、表格式合同、条款和表格组合式合同等。

（4）按业务分，有购销合同、供电（水、气、热）合同、赠与合同、租赁合同、加工承揽合同、建设工程合同、运输合同、财产保险合同、出版合同等。

2. 常用的合同

(1) 购销合同

购销合同指供方将产品或商品出售给需方，需方应接受产品或商品并按规定支付价款的协议。它包括供应合同、采购合同、预购合同、物资协作合同、调剂合同等。

(2) 工程合同

工程承包合同是承包人进行工程建设、发包人支付价款的合同。合同包括工程勘察合同、设计合同、施工合同等。此类合同应当使用书面形式。

(3) 承揽合同

加工承揽合同是承揽方用自己的设备、技术和劳动力按照定做方提出的要求完成工作，从而获得报酬的合同。这种合同包括加工合同、定做合同、修缮合同、修理合同及其他加工承揽合同等。

(4) 科技合同

科技合同是国家科学研究机构或学校、企事业科学研究等为企业完成科学技术协作项目并获得报酬，而明确相互之间的权利与义务关系的协议。

(5) 技术合同

技术合同指当事人就技术开发、转让、咨询或服务等事项签订的明确相互权利和义务的合同。它包括技术开发合同、技术转让合同、技术咨询合同和技术服务合同等。

(6) 运输合同

运输合同是承运人将旅客或者货物从起运地点运输到约定地点，旅客、托运人或者收货人支付票款或者运输费用，明确相互之间权利与义务关系的协议。它包括客运合同、货运合同、多式联运合同等。

(7) 保管合同

保管合同是存货方为保管货物、明确相互权利与义务关系而签订的协议。保管合同的标的是能够搬运移动的特定物或特定化的种类物。不能移动的建筑物、设备等不能成为此类合同的标的物。

(8) 仓储合同

仓储合同指保管人储存存货人交付的仓储物，存货人支付仓储费所使用的合同。

(9) 借款合同

借款合同指借款人向贷款人借款，到期返还借款支付利息时所使用的合同。

(10) 融资合同

融资合同指各专业银行和其他合法的金融机构，根据国家的信贷计划和信贷政策，向企业单位、个体经营户及个人等发放贷款的业务活动中所使用的合同。

（11）租赁合同

财产租赁合同是出租人在一定时间内，将财产出让给承租人使用，承租人支付租金的协议。包括服务租赁合同、房屋租赁合同等。

（12）保险合同

财产保险合同又称财物保险合同、损害保险合同，是以补偿财产的损失为目的，确立双方权利与义务的书面协议。有形财产保险是指将有形的物资财产作为保险标的的保险。无形财产保险是指以无形利益为保险标的的保险。

（13）医疗合同

医疗合同是指为补偿疾病所带来的医疗费用的一种保险协议。它以合同的方式预先收取医疗保险费，当被保险人患病并去医疗机构就诊而发生医疗费用后，由保险机构给予一定的经济补偿。它包括健康合同、一次性医疗补偿合同等。

（14）赠与合同

它是赠与人将自己的财产无偿给予受赠人，受赠人表示接受赠与的合同。

（15）供电（水、气、热）合同

供电（水、气、热）合同是供给人在一定期限内供给用户相应种类、品质和数量的电、水、气、热，用户支付费用的合同。

（16）联营合同

联营合同是企业、生产单位和其他单位联合投资兴办工厂或服务行业，开设商店等，为明确相互之间权利与义务关系所签订的合同。

（17）承包合同

它是基层经营管理部门为实现责、权、利三者结合，进一步完善经营责任制，同上级主管部门签订的合同。

（18）行纪合同

行纪合同是行纪人以自己的名义为委托人从事贸易活动，委托人支付报酬的合同。行纪合同又称信托合同。

（19）居间合同

居间合同是居间人向委托人报告订立合同的机会或者提供订立合同的媒介服务，委托人支付报酬的合同。

（20）委托合同

委托合同是委托人和受托人约定，由受托人处理委托人事务的合同。写作委托合同时要注意做到明确委托的权限、费用与报酬和损失赔偿等。

三、合同的结构

合同主要由标题、当事人名称、正文、附则、落款五部分组成。

（一）标题

合同的标题一般有三种形式：一是直接由合同种类充当标题，如《承包合同》等；二是由标的加文种构成，如《机电产品购销合同》等；三是由当事人名称、标的再加上文种构成，如《××公司购车合同》等。

（二）当事人名称

在合同标题的左下方上下分两行，或左右平行分行写明签订合同当事人的全称，并用括号标明甲方、乙方，如“（以下简称甲方）”或“（以下简称乙方）”字样。如果合同是借款合同，则可写明“（以下为借方）”或“（以下为贷方）”字样。

（三）正文

1. 开头

开头又称缘由，一般写明签订合同的目的、依据或简单经过。

2. 主体

主体即合同的具体内容和相关条款，为合同核心所在。一般是按照合同法规定的主要条款以及签订合同的主次关系顺序进行表达，即逐条逐款地说明双方协商并一致确定的条款内容。经济合同的主体有标的、数量和质量等内容。

（1）标的

标的指劳务、货物、工程项目等，是当事人各方权利与义务指向的对象。标的是签订经济合同的前提，没有这样的前提，合同不能成立。

（2）数量和质量

数量和质量是标的的具体化形式，关系到当事人各方的权利与义务的具体划分与认定。数量是指标的的数目，即以度、量、衡为单位进行计算；标的质量是指产品（商品）的内在质地和外表形态的统一，即产品（商品）的成分、作用、大小、品种、规格、等级等。标的质量可以参照国家规定的相应标准来制定合同各方协商认可的标准。

（3）价款或酬金

价款或酬金指取得合同标的物一方向对方支付的代价，即用货币形式付给另一方的完成过程。价款之称用于以货物或工程为标的的合同中；酬金之称用于以劳务为标的的合同中。货币应写明币种、标的单价、总金额、结算方式等。

（4）履行的期限、地点和方式

履行期限是指提交货（款）或完成劳务的日期，即合同中规定的实现权利和义务的限定时间。期限有明确的年、月、日等时限要求。履行地点是指交货或完成劳务的地方，即完成经济合同内容的所在地，如交货地点、付款地点等。履行方式是指当事人采用怎样的方法来完成交货或劳务，即用什么方式履行合同的义务。标的不同，其履行方式亦有所不同。

(5) 违约责任

违约责任是指合同当事人一方不履行合同，或不适当履行合同，出现违反共同确认的权利与义务时应当承担的经济和法律责任。违约责任主要以违约赔偿金形式体现，其具体处理方式由各方当事人根据法律规定协商约定。

(四) 附则

附则即结尾，主要说明合同的有效期、条款未尽事宜的处理、合同份数等内容；随合同如有附件、标的样品、图表等，则要写明数量并与合同具有同等效用。

(五) 落款

落款即写清签订合同当事人单位全称、法定代表人姓名、代表人姓名（签字）、相关证件，并加盖公章或合同专用章，同时写明签订合同的时间、地点、电话号码、银号账号等。对于一些比较特殊的合同，还可以进行公证。

四、合同与意向书、协议书的区别

二者的区别有：一是主体不同。合同当事人各方必须是平等主体的自然人、法人和其他组织。意向书、协议书则无限制，国家 、单位、个人之间都可以签订。二是内容不同。前者要求内容较为全面、规范、具体、周密。后者内容比较单一，内容表述比较概括，一般只有原则性的意向性条款，没有细化内容。三是范围不同。前者使用范围多在经济领域，目的比较单一、清楚。后者几乎可以用于任何领域，使用范围极为广泛。四是时效不同。前者时限明确，要求严格，不可随意更改。后者则时限灵活，时效要求不严格，有较大的空间。五是责任不同。前者一旦签订，就具有法律的约束力，必须依法履行自己的权利与义务。后者不具备法律效力，只具有对当事人各方的信誉约束力。

但要注意，当事人各方经协商一致同意而签订的一些协议书（包括目前现行合同法里没有的合同文本而自行签订的特殊性合同），在各方认可并经公证后，其作用可以视为经济合同，即我们通常看到的“代合同”的文本形式。

五、合同的写作举要

(一) 知法合法

撰写合同必须符合国家合同法规定的三条基本原则：一是必须遵守国家的法律，符合国家政策；二是任何单位和个人不得利用合同进行非法活动，损害国家利益和社会公共利益，牟取非法收入；三是必须贯彻平等互利、协商一致、等价有偿的原则。因此，撰写合同要知晓有关法律法规，合同内容具有合法性。

(二) 规范有序

撰写合同，必须在国家法律法规和政策相关规定的基础上进行拟稿，使合同出之有据、行之有效。在形式规范上，合同无论采用条款式、表格式还是混合式等，都要依据固定形式进行撰写；注意用语严谨，规范；相关数字、数据或出卖物、货币等要详尽清楚；正确使用表述文字。

（三）结构清楚

国家相关部门已经制定有经济合同范（文）本制度，对各类合同的式样、条款形式等做了具体规定。不管采用哪种合同文本形式，结构都必须完整；主要条款、违约责任等不能遗漏；合同附则的相关内容、落款相关要求等必须周详完备。

（四）注重分析

出于对履行合同的周全性考虑，签订合同前必须考虑、分析当前自身情况，对合同可能出现的变化有充分准备。在特殊情况下，需要修改合同，就要注意提出怎样的意见或修改条款。要事先细致调查，对各方履行合同的实际表现或履行能力的实际状况有正确的认识。要考虑合同出现纠纷或违约责任时，各方可能会采取的措施以及可能的结果，预先做好准备。

第三部分　信息文体

第一章　经济新闻

一、经济新闻的概念与作用

（一）经济新闻的概念

新闻是对新近发生的事实的报道。经济新闻又称经济消息，是有关生产、流通、分配、消费等一切经济领域新闻的总称，是对经济领域新近发生的具有新闻价值的经济活动或经济工作事实的报道。

经济新闻有广义和狭义之分。这里所讲的经济新闻是指狭义的经济新闻。

（二）经济新闻的作用

1. 促进信息传播

在信息化、智能化、网络化三大形态已成为知识经济社会发展根本动力的前提下，经济新闻反映了经济的新观念、新思维、新思想、新浪潮，揭示了全球同一化、多极化经济飞跃发展的状态，揭示了新技术、新材料、新能源、新产品的进一步发展的新趋势。它信息量大，利用率高，传播快捷，内容丰富，对信息的收集、过滤、筛选、利用、交流和反馈所体现的信息终端价值十分显著。

2. 助推经济发展

经济新闻以大量的有效信息来影响、指导各种经济活动，反映经济走向、市场流通状况、供求现状等状况实效明显。它具有灵活多样的报道优势，可以大到对一个国家、地区，小到对一个市场、流通环节等进行报道，对促进经济优质发展的作用非常突出。它还可以反映经济实际状况，介入经济运作，进行适时助推，使经济发展具有强大的舆论动力来转换效益。

3. 提升宣传实效

经济新闻及时报道国内外经济领域的各种事件、情况、理论研究的动态和成果；宣传国家经济方针政策，反映经济发展，体现国家经济综合实力；报道热点问题，及时反映人民的意见、要求、呼声；揭露经济领域的腐败行为或经济市场的相关问题；宣传新事物、新理论、新人物、新成果，围绕经济建设中心，以别具一格的形式，对受众进行潜移默化的教育。它以舆论宣传、舆论导向、舆论监督为己任，启发、教育、鼓励、宣传作用独具一格，非常有特色。

二、经济新闻的特点与类型

（一）经济新闻的特点

1. 真实性

真实性是经济新闻报道的第一要素和根本原则。它必须真实、客观地反映报道对象，决不允许违反原则搞假新闻、伪新闻蒙骗大众。保证真实性，就是保证人和事的真实、新闻材料的真实、报道中的真实和新闻职业道德的真实。

2. 实用性

经济新闻的实用性，主要体现在丰富的内容表达上。它包括市场行情、物资供求、生产状况、经济决策、法规贯彻、管理创新、消费状态等，还包括自然资源、科技发展、规划布局等内容。这些丰富生动的信息传播，量大质优，包含的可行性、可选性与科学性要素十分明显。同时，它实用性的进一步扩大，极大地提高了新闻的综合利用率和绩效率。

3. 时效性

时效性也称及时性，是经济新闻的重要特征，也是与其他文种的显著区别。时效性反映出经济新闻传播必须争分夺秒，从而把握主动，赢得受众。现在信息飞速传播，沟通与交流层出不穷，客观上使经济新闻传播不断地提速。因此，时效性对提高作者和媒体的业务素质、扩大报道范围等具有举足轻重的影响。

4. 专业性

经济新闻报道专业性很强，尤其是一些带有深度的报道。它要求作者具有比较丰富的专业知识，包括新闻专业知识、理论知识、政策和法规知识、经济综合知识、金融知识等，并且紧紧依靠这些知识来提升报道质量，突出新闻价值。否则，就可能出现“内行不愿看，外行看不懂”的情况而导致报道失败。

5. 简明性

随着全球经济飞跃发展，人们交流、互动等更为频繁，经济新闻报道的简明清楚、言简意赅已是一种客观要求。它短而精，可以适应现代社会高速发展的需要，也是对经济新闻特质与内涵的一种体现。经济新闻主题鲜明准确，用语简单明了，一事一报，紧凑集中，利于编发、传播和提高读者的认知度和新闻的公信度。

6. 指导性

经济新闻带有突出的指导性。它所反映的具体新闻事实、新人新事、经济工作等内容，要突出报道主旨或目的，体现法律法规精神，表达政府或组织意志，宣传或阐释相关经济政策等，指导性无处不在。

7. 情报性

经济新闻传播大量有价值的信息，对经济走向、相关政策、产销状况、交易流通等信息的传播，有极大的情报价值，是生产者、经营者、消费者、经济工作者（领导者）、信息或经济情报研究机构、经济科研机构等迫切需要的东西。在全球经济高速发展的今天，经济新闻所具有的情报性，可以揭示出信息的价值取向，其情报客观、真实的表现形态，也是人们看重经济新闻的又一原因。

8. 生动性

经济新闻同样要以生动性来显示吸引力，被人们视为必读、必看、必听、必讲的“经济生活小百科”。它写法灵活多样，篇幅短小精悍，内容生动活泼，常常引人入胜。现在经济新闻更贴近生活和大众，主题更鲜明，标题更精巧，导语更精彩，内容更新颖，其生动性已赢得了人们的赞誉。

（二）经济新闻的类型

1. 经济新闻的基本类别

（1）按类别分，有动态经济新闻、简明经济新闻、综合经济新闻、经验性经济新闻、评述性经济新闻等。

（2）按时间分，有及时性经济新闻、发展性经济新闻、持续性经济新闻等。

（3）按内容分，有经济政策导向、经济技术见闻、市场经济动态、经济成果新闻、经济预测新闻、经济内参报道等。

（4）按计划分，有计划新闻、非计划新闻、无所谓计划新闻等。

2. 常用的经济新闻

（1）简明经济新闻

简明经济新闻又称简讯、短讯、快讯、一句话新闻、标题式新闻。它无完整结构、无具体情节、无细节描写，仅几句话或一句话就简要报道一件事实，或突出事实的某一个部分、某一个侧面。其中的标题式新闻，是以一句话既作为标题又是内容的新闻，与一句话新闻常常互用，合二为一。

（2）综合经济新闻

综合经济新闻是对若干个动态新闻进行综合报道的表现形式。它不受空间限制，将一地多事或多地一事综合起来进行报道，可以从不同侧面表现共同的新闻主题。它可以集多事于一地，进行横断面的综合和纵切面的综合；也可以将不同地区、不同单位进行的某项同类的经济活动情况、成就、动向、问题等综合起来，进行多地一事的报道，带“面”的特点。也可以是纵深度的综合，对某一时期经济活动中某一重大事件或某项成就，或某种动向等进行综合，反映其前因后果、来龙去脉、发展变化等情况。这些事件、成就、动向可以来自于一个地区，形成一地多事的形态，带有“点”的特征。如这样的报道：江苏省无锡新桥镇面积仅有 19.3 平方千米，户籍人口 2 万多人，却是全国著名的毛纺名镇，其高支精纺面料占全国总量的 85%，人均经济贡献率非常突出。接着，记者又写了浙江省诸暨市大唐镇成为全国袜业基地的情况，同时点到了嵊州的领带、海宁的皮革、永康的五金和义乌的小商品，以点面结合方式集中地报道商品经济一事，写出了很好的综合经济新闻。

(3) 动态经济新闻

动态经济新闻又称“纯新闻”，是最常见的经济消息类型。它迅速及时地报道国内外正在发生或新近发生的经济新闻事实，是反映经济领域新事物、新情况、新动向的主要的消息体裁，也是人们最常见、用途也最广的新闻文体。它反映及时，迅速准确，报道国内外重大经济事件，或一个部门、一个系统、一个单位经济活动中的新动向、新成就、新问题等，篇幅短小、内容单一、文字简洁，在报纸上占有重要地位。“西气东输”工程是我国宏观经济战略的重要组成部分。我们可以从报道中看到三大作用：可以激活沿途地区钢铁、水泥、机械、电子等行业，形成一条新的经济增长带，增加大量就业岗位；可以推动至少 100 个以上的中小城镇建设，营造新的经济市场；强化了东西部链接，跨越式经济建设将进入又一个新时期。这样的报道选一个点，说三个实效，简单明了，很容易引起读者的共鸣。

(4) 评述性经济新闻

评述性经济新闻又称评述性经济消息或新闻述评。它介于新闻和评论之间，以报道事实为主，以评述事实为目的。常见的类型有经济形势述评、经济工作述评、经济思想述评等。它既报道新闻又评述内容，即述评结合，边述边评，夹叙夹议，一方面报道新闻事实，一方面又进行分析和评论，叙事第一，评析第二，针对性强。叙事注重概括，评析讲究深度，富有思想性。

(5) 经验性经济新闻

经验性经济新闻又称经济典型新闻，是对某地区、部门、单位在经济工作中取得的经验进行的报道，如新经验、新做法、新体会等。它有一定的指导性，针对性强，引导作用明显。这种新闻有利于推广经验，借鉴、学习经验，重点突出，同一般的经验总结文体有明显区别。

三、经济新闻的五要素

新闻的五要素又称“拉斯韦尔公式”，出自《传播在社会中的结构与功能》一书。新闻五要素是新闻文体不同于其他文种的显著标志。五要素是指何时、何地、何人、何事、何故。因为这五要素英文单词的第一个字母都是“W”，于是人们便称之为“5W”。新闻事实的结果怎样是读者关心的，于是又用英文单词“HOW”来表示“怎样、结果”，便又出现了“5W”加上一个“H”的形式，称“5W1H”。

在一篇经济新闻报道中可全部使用五要素，也可部分使用五要素，应依据具体的写作和实际要求来确定。五要素放在何处使用，也要从经济新闻内容的表达上考虑。一般来说，五要素首先要用于经济新闻的导语中。

四、经济新闻的结构

经济新闻的结构主要有一般结构、“金字塔”式和“倒金字塔”式结构等。

（一）经济新闻的一般结构

1. 标题

经济新闻的标题是新闻的眉目，对读者具有重要的吸引力。标题写得好，新闻就成功了一半。标题容量较大，表现灵活多样，是经济新闻最易增色添彩的地方。标题可分为引题、主题和副题。引题又称肩题、眉题，一般用来交代背景、说明形势、烘托气氛以引出主题。主题又称正题、母题，是标题的中心，它对新闻主要事实或者观点进行概括。副题又称子题、辅题，用于对主题进行补充，或解释主题的含义，或说明主题的根据，或点明主题的结果，或交代主题的来源。

经济新闻的标题有三种形式：

（1）单标题

单标题又称单行标题，即标题中只有主题。这种标题常用于篇幅与内容都短小的经济新闻，如《我国钢产量居世界第一》等。

（2）双标题

双标题又称双行标题、虚实标题。双标题有引主式和主副式两种。

①引主式标题。例如：

智能化 信息化 网络化（引题）

全球现代知识经济社会发展加快（主题）

②主副式标题。例如：

战略性能源建设任重道远（主题）

国家能源机构战略性能源建设规划出台（副题）

（3）多标题

多标题又称三行标题，包括引题、主语、副题三部分，容量大，信息多，常用在对重大经济新闻的报道中。例如：

我国企业技改工作进入新时期（引题）

国债技改项目成效显著（主题）

近三年共安排国债专项资金 255.4 亿元，技改项目 880 项（副题）

2. 导语

导语是经济新闻开头的部分，即以简要的文句，突出最重要、最新鲜或最富有个性特点的事实，提示新闻要旨，吸引读者阅读全文。

导语是经济新闻特有的形式，有特定的含义，也是区别于其他文种的一个标志。导语常用一句话或一段话揭示主题，展示最重要的内容，以新颖、简明、生动的语言和灵活、精巧的形式吸引读者，是新闻中的精华部分，最容易让读者一见倾心。导语一般要写出时间、地点、何人、何事、什么原因，进行必要的交代和概述，可点出结果让人明白。好的导语一看便知内容梗概和新闻的始末，可以用不着再读全文，非常适应现代经济知识社会快速发展和人们快节奏生活的要求。

（1）导语的分类

①按元素分，有单元素导语、多元素导语等。

②按表达分，有叙述式导语、描写式导语、说明式导语、评论式导语、解释式导语、评价式导语、悬念式导语、数据式导语、设问式导语等。

③按文本分，有诗词式导语、歌曲式导语、散文式导语、故事式导语等。

④按要求分，有公告式导语、号召式导语、特写镜头式导语等。

⑤按特性分，有硬式导语（第一代导语、“晒衣绳”式导语）、软式导语（第二代导语）、点指式导语等。

⑥按内容分，有浓缩式导语、复合式导语、概述式导语等。

（2）一般常用的导语

经济新闻一般常用的导语主要包含直接性导语和间接性导语。

直接性导语是一种最常用的导语形式，它开门见山，表达明确，叙述直接，语言简练，简明扼要地突出表现最新鲜、最重要的事实，是最有个性特色、最有新闻价值的内容。它适用于时效性较强的事件性新闻。直接性导语又可以分为叙述式导语、结论式导语、总结式导语等。

间接性导语是相对于直接性导语的一种常用的导语形式，又称延缓性导语，风格与直接性导语不同。它或强调事件结果，或是用一段情节开头，或是引用报道对象的讲话以造成一种气氛。它的主要事实不是一开始就报道出来，而往往放在导语的后半部分。这种写法迂回、生动，曲径通幽，迂回舒展，引人入胜，给人以轻松、舒展之感。它能寻找一个比较新颖的叙述点，使几天、几周前发生的新闻事实仍具有新鲜感。同时，也更具可读性和趣味性。间接性导语可分为描写式导语、引用式导语、对比式导语、设问式导语等。

①叙述式导语

叙述式导语又称概述式导语，是最常见的基本导语形式。它直接概述最重要、最精彩的新闻事实，揭示实质性内容，开门见山，直截了当，简洁明了，读者容易认知事实的基本过程。如新浪科技于北京时间2011年3月20日发表的题为《PC发明人：个人电脑时代结束，已经被手机取代》报道的导语："来自IBM的个人电脑（PC）联合发明人马克·迪恩（Mark Dean）表示，PC的时代几乎已经结束。在重要性方面，PC已经被手机取代。PC未来的命运将会像曾经的打字机一样。"

②结论式导语

结论式导语又称论述式导语、评论式导语。它是对经济的某个观点、某个问题、某项工作进行评论或论述，表明立场，再做结论。它比评论式导语更肯定，观点更鲜明，针对性更强。如【法新社北京（2006年）8月15日电】的导语："中国小将薛飞今天在2006年世界青年田径锦标赛上意外夺得女子5000米冠军。这向世人敲响了警钟：在2008年奥运会之前，中国的年轻选手正在取得长足进步。"这样的导语言简意赅，叙事与结论简练突出，寓意深刻。

③总结式导语

这种导语主要在于对某个经济观点、问题、工作、事件等的评论或论述所得出的结果进行提示，即先在导语中交代结果，后在正文中说明原因的表现方法。它总结性展示结果，引发读者产生悬念，利用"知道这样"到"为什么会这样"的过程来提升导语价值。如中广网北京2011年3月20日消息（记者季苏平）据中国之声《全国新闻联播》报道中题为《财政部长：今年仍将坚持实施积极财政政策》的导语："尽管我国面临比较大的通胀压力，但是今年仍然要坚持实施积极的财政政策。财政部部长谢旭人今天在出席第十二届中国发展高层论坛时解释了其中的原因。"此导语简洁明快，直截了当，直接引发了读者去探究原因的兴趣。

④描写式导语

描写式导语又称描述式导语，有两种形式：一种是用于记叙、描绘比较大的场面，以叙事为主，穿插形象描写的见闻式导语；另一种是抓住人物的表情或一些事物的局部描绘，给人留下特写镜头般的印象，使人身临其境、如见其人的特写式导语。它是作者以自己目击到的情况为基础，写出主要经济新闻的事实或一个有价值、特色、意义的侧面（场景、细节），通过简洁、生动的描写以渲染气氛，增强其表现力和生动性，使读者有身临其境之感。如《季羡林95岁生日，三本著作送总理》一稿的导语："8月6日上午，解放军总医院，95岁的季羡林先生特意穿了一件红色的衣服，迎接一位第三次为他庆贺生日的特殊客人——中共中央政治局常委、国务院总理温家宝，并将特意准备的特殊礼物——《季羡林谈人生》、《季羡林谈读书治学》、《三十年河东，三十年河西》作为特别的礼物，很珍重地送给了温家宝总理。"（2006年8月10日《中国新闻出版报》记者 杨晓芳）

⑤设问式导语

设问式又称疑问式导语，是把要说的事实、问题用设问句提出来引起读者注意或兴趣，或关注或深思，然后再对事实或问题做出解答。它可在导语中一问一答，以示醒目；也可只问不答，放在主体部分解答，以造成悬念。如2011年3月20日9：10新浪健康论坛题为《三招巧选优质大米：新大米搓热有清香味》的导语：“如今市场上的大米品种繁多，更被赋予了各种营养功能，价格也不菲，让更加关注健康的市民看得眼花缭乱，也不免产生疑虑，大米真的是越贵越有营养吗？平时买米到底该怎么选？”这样的导语简洁明了，递进式设问富有吸引力。

⑥对比式导语

对比式导语又称比较式导语，即把两个不同的事实或不同的观点等进行比较，突出其中有个性的特征来增加吸引力，以引起读者兴趣。对比的方式很多，正反、大小、新旧、时间、数据、事件、问题、指标等都可以构成对比。如证券时报网2011年3月20日21：43题为《现金流背离营收 三峡水利业绩增长背后藏隐忧》报道中的导语：“伴随着水利建设类股票近日走势的低迷，三峡水利（20.54，-0.11，-0.53%）（600116）在周末悄然披露了2010年年报，公司2010年实现营业收入7.3亿元，同比增长17.8%，归属于上市公司股东的净利润6439.7万元，同比增长27.2%。在2009年净利润增幅只有5.3%的状况下，三峡水利交出的新成绩单看似亮丽，不过仔细观察就会发现，其背后却隐藏着某种隐忧。”这样的导语通过时间、数据的对比，内容明晰，表意清楚，叫人一目了然。

⑦引语式导语

引语式导语又称引用式导语。它通过引用权威人士、文件、名人语言、科学原理、诗词、典故等来增强导语效果，达到别开生面的效果，引人入胜，给人留下深刻印象。如新华社北京（2006年）5月29日电《新闻战线“三项学习教育”活动巡回报告 在新闻界引起强烈反响》的导语：“‘记者只有热爱祖国、热爱人民，有追求，用心采访、用心写作，才能在采访中感动自己，用新闻报道感动社会。’全国优秀新闻工作者、新华社高级记者张严平充满真情的演讲赢得现场阵阵掌声。”此导语引用了被报道者的话语，真实、形象，极富感染力。

3. 主体

主体是经济新闻的主要部分，紧接导语之后，更具体、详尽地表述内容，对导语概括的事实做进一步的展开和说明。主体要印证和展开导语，对导语提到的问题、事实详细化、细节化，并补充一些在导语中未提到，而对读者来说又需了解的材料深化导语。这部分要紧扣主题，展开的具体事实要充分、典型，要注意表现方法，避免出现对导语的简单复制和放大，使导语说过的话又在主体中重现。

经济新闻常用的主体结构主要有时序结构、空间结构等。

（1）时序结构

时序结构又称时间顺序结构，即按时间发展的先后顺序安排材料和层次，反映新闻事实的整体和发展过程。它适用于时间跨度小、事件发展快的经济新闻。

（2）空间结构

它以不同层面和角度来报道新闻事实，恰似影视作品中的“蒙太奇”分镜头表现方法，即让事实以一个层次连接一个层次出现，从而构成有机的整体。

（3）纵横结构

纵横结构又称纵横交错式结构，即以新闻事实的连贯性为纵，以新闻事实的各层面为横，进行交错写作的方法。

（4）逻辑结构

它是按新闻事实之间或内在的联系来安排层次，以增强说服力，反映其内在发展的规律。逻辑结构常用对比、因果、并列、递进、主次、点面等关系来表现。

4. 结尾

经济新闻结尾无严格要求。如需要结尾，可用概括式结尾、引语式结尾、展望式结尾、启发式结尾等不同方式进行结尾。

（二）经济新闻的“金字塔”式结构

“金字塔”式结构又称“逆转倒金字塔式”。它是按新闻事实发生始末，把最重要、最精彩的内容放在后面，按时间顺序，依次叙述，即依时间顺序安排材料的一种消息结构形式。事实的开始和结束，就是新闻的开头和结尾。它适用于前后时间跨度比较小或者有比较完整、曲折的情节或生动细节的新闻事件，多用于非事件性新闻。这样的结构刚好与“倒金字塔结构”相反，可以具化为时序式、因果式、并列式等结构形式。它把新闻事实的结果放在报道最后，旨在发人深省、耐人寻味。这种结构写成的经济新闻节奏平缓，一般用于较大篇幅的报道，但在突出现代生活快节奏、信息快传播的要求上不及“倒金字塔”式结构。

（三）经济新闻的“倒金字塔”式结构

“倒金字塔”式结构也称“倒三角”式结构，起源于美国南北战争和电报的运用，是最常用的一种结构方式，一直占据着新闻报道的主导地位。它以事实的重要性程度或受众的关心程度依次递减的次序，先主后次地安排消息中各项事实内容，就是把最重要的材料放在开头，比较重要的随后安排，再次的再向后排，最不重要的放在最后。这样的结构多用于事件性新闻，因犹如倒置的金字塔或倒置的三角形而得名。

“倒金字塔”式结构的优势在于便于阅读，可以让读者在任何地方停止阅读都能获得对经济新闻事实的较完整的认识；便于写稿，在写作时只需按重要程度将材料组织在一起，一篇新闻的结构就安排妥当，出稿更为快捷；也便于编辑，以这种结构形式写消息，删节起来也十分容易，不必大费周折。它符合经济新闻求快、求新、求短、求精的要求和适应社会快节奏发展的要求，一段只写一个事实，陈述事实清楚明白，记者不展开议论，内容更为客观真实。但这种结构形式构造单一，模式化明显，欠灵活生动，缺少文采，难以体现个性，结语力度不够。

（四）经济新闻的其他结构

经济新闻的其他结构主要有菱形式结构等。

1. 菱形式结构

这是一种“两头小、中间大”的结构。因新闻的主要内容比较复杂，导语中容纳不下，也不能概括表达，适于在主体中分段叙述。

2. 并列式结构。

把众多主要事实并列叙述。适合报道事实各部分的重要性相等或相似的新闻，多见于公报式新闻。

3. 车辐式结构

以一个中心事件或事物为纲，其他事实像车辐一样辐射出去。宜于报道比较零散的新闻事件。

五、经济新闻的背景材料

背景材料就是有关新闻事实的历史、环境和其他说明性的材料。背景材料可以贯穿于导语和主体之中，主要是对新闻事实发生的来龙去脉、前因后果进行必要的补充。比如谈到当今的电子媒介发展，这样的背景材料地位重要：1837 年莫尔斯发明了电报；1844 年第一条电报线路开通，莫尔斯发出了世界第一条著名的电报等背景材料。提到无线电及广播事业的发展，就有必要这样提示：1899 年意大利人马可民将无线电报技术带到了美国；1920 年，美国西屋公司收购了工程师康拉德的播音室和发射台，在匹兹堡创办了世界第一家无线电电台 KDKA，首次播出了美国总统的竞选消息。谈到“新媒体”概念，提及数据传播新技术发展，就要考虑到这样的背景要素：1946 年，世界第一台模拟计算机在美国宾夕法尼亚大学诞生；1971 年英特尔公司推出第一代电脑芯片，宣布了“集成电子新时代”的到来；20 世纪 60 年代提出的“新媒体”概念已深入人心，已经涵盖了通信卫星、光缆电视、移动电话、计算机及国际互联网等一切信息传播的新技术，为新媒体的数字化奠定了坚实的基础。

我们应该注意，也有人以“新闻链接”、“新闻附件”等形式将背景材料作为独立部分，放在新闻的最前头或全文的最后，对新闻内容进行补充、说明的情况。一般来说，背景材料有说明性背景材料等三种。

（一）说明性背景材料

它主要用于说明经济新闻事实产生的原因、条件、环境等情况。如政治背景、历史状况、社会习俗、物质条件等，有利于反映经济事实，使其更全面深刻。

（二）对比性背景材料

这种背景材料有正误对比、前后对比、左右对比、今昔对比等，运用这些材料，可以突出经济新闻事实的价值和意义。

（三）注释性背景材料

这种背景材料是对科技项目涉及的专业术语、产品的性能、特点、基础知识等加以注释和说明，可以帮助读者了解内容，解决疑惑，增长知识。

六、关于新闻的“新闻源”问题

经济新闻报道必须坚持真实性原则，对所报道的人和事必须客观、真实、公正，充分体现信息的公共性、共享性、客观性和真实性。新闻源作为新闻报道的信息来源应该是中立的、客观的，但实际情况常常不是这样的。媒介与消息来源常常产生共性关系：一是新闻活动具有高度的计划性、预置性，如预先约定的采访等，使新闻的新颖性、自发性和创造性难有更大发挥。二是信息提供者与媒介接收者存在不平衡现象。如提供者常利用组织的权威性、严密性等，运用组织完备、时机恰当等要素以提供比较完美的“新闻”来吸引记者。同时，一些强势媒介也因为其地位、影响而引起信息提供者的青睐，出现两者的不平衡。三是媒介的“鼓吹”必然与信息提供者或消息来源之间存在同化现象。如一些媒介与一些组织的关系密切、一些记者与一些官员比较接近，极容易出现利益相关或共同的情况，使客观发布信息的职业要求受到炒作、压迫或操纵。四是一些媒介组织混淆媒介市场生产的特殊性，过分强调或片面追求经济效益，出现“有偿新闻”的状况。五是客观存在一些政府部门对新闻的控制和干预，影响了新闻源的客观与中立。六是个别媒介从业人员存在职业素质、职业道德等问题，导致报道虚假，新闻失实。因此，在进行新闻采访、组稿、编发、发布的各个环节中，新闻源是新闻发布的最大“把关口”，对此必须要有充分的认识。

随着新媒介的出现，社会形态的信息化、智能化和网络化，新闻源的客观、中立性更加被人们重视，出现了新闻源客观、中立的回归趋同新现象。首先，从事新闻工作的人，必须提高自身综合素质，坚守职业道德，遵守相关的法规，从严要求，胜任工作；其次，要恰当处理好个人与信息提供者的关系；再次，要坚决杜绝“有偿新闻”及假新闻；最后，要切实提高新闻业务，熟悉新闻各个环节，做真正的行家里手，写出更多、更精彩的好新闻。

七、经济新闻的写作举要

（一）抓好事实，精制标题

用事实说话是经济新闻的基本原则和写作的基本要求。我们在选择有价值、有代表性的典型事实进行报道的时候，事实必须真实清楚、准确无误，不能为了某种目的或个人的私利，去改变事实甚至伪造事实来搞假的经济新闻或搞收费的“有偿新闻”。标题的写作尤为重要，它是新闻的眉目，必须清楚、简明、有吸引力。精制标题要与主题提炼相结合，形象地概括主题；标题要力求新颖、生动，个性鲜明，有力度有创意，避免一般化、共性化和公式化。

（二）提炼导语，明晰主体

导语是经济新闻的精华和灵魂。导语部分要用最重要、最精粹的事实以吸引读者，使之把握梗概，留下清晰印象，不必再读下文也可知道新闻始末。导语要有多种表现手法，选好角度，注重创新，达到新颖而有个性，一语既出，便先声夺人。导语还要简练而实在，在精致与简洁之处显出灵巧，注意恰当运用新闻要素，避免导语公式化、概念化。主体写作不是导语的复制和等比性扩大，而是对导语内容的具体展开，在写法上应注意细化主体新闻事实，有必要的材料补充；变换角度，避免重复导语。要紧扣主题展开叙述，做到线条清晰，层次分明。

（三）灵活结尾，用好背景

结尾方式较多，结尾有利于深化主题，发人深省，给人启迪。展望式结尾，有言已尽而意无穷的效果；概括式结尾，有总结意味，能加深读者印象；启发式结尾要避免形成说教；结尾用语要简练精短而不冗长。此外，背景材料贯穿于整篇新闻之中，可以让读者了解新闻事实的来龙去脉，提升经济新闻的价值。运用背景材料要紧扣主题，巧妙地将材料融入主体中，做到不显痕迹，天衣无缝；运用背景材料要做到少而精，不铺排渲染，不喧宾夺主。

（四）语言简练，报道及时

经济新闻语言要简练朴实，通俗易懂，平易近人。对篇幅较大的新闻，多用简单句，可在平实之中增加一些描写式语言，适当运用一些修辞手段，借助长短句的交叉等，使语言生动活泼，语意明朗，节奏明快有跳跃感，达到语言的灵活和简练。数据不要过多罗列，可用“换算”手段将数字形象化以免枯燥。恰当地多用动词以增加语言动感，避免语句单调。经济新闻对快写、快编、快发的要求很高，新闻“早晨是金，中午是银，晚上是垃圾”的说法不无道理。及时报道应抓新闻事实及时、采写及时、编发及时、报道及时几个环节。这样就可以施展报道之长，写出生动活泼、见解新颖、富有感召力的好新闻。

第二章　经济通讯

一、经济通讯的概念与作用

（一）经济通讯的概念

通讯是运用叙述、描写、抒情、议论等多种手法，具体、生动、形象地反映新闻事件或典型人物的一种新闻报道形式。

经济通讯是通讯的一个分支。它是以报道经济领域的人物、经济事件、经济工作等为内容，集叙述、描写、议论、抒情表达于一体，反映典型人物的风貌、揭示事件的实质以及经济工作得失的新闻体裁。

（二）经济通讯的作用

1. 展示新人、新事、新生事物

经济通讯被广泛地称为“报纸的一颗明珠”，原因就在于它重在反映经济活动中的新人、新事、新生事物。它通过突出典型人物、事件、经验、经济成效等，从而展示经济领域的新面貌、新风尚、新格局、新发展、新飞跃，表现非常充分，具有比较综合的新颖性、启发性、指导性和借鉴性。

2. 揭露和鞭挞经济丑恶现象

经济通讯涉及面广，内容深刻，在揭露和鞭挞经济领域一些消极现象与腐败情况方面具有特别作用。对巧取豪夺、疯狂敛财、吃喝玩乐、牟取暴利、贿赂官员等的揭露和鞭挞，它可在相当程度上担当此任，通过有相当力度的揭露和曝光，引起政府和社会广泛关注，从而推进反腐败工作的不断深入。

二、经济通讯的特点与类型

（一）经济通讯的特点

1. 真实性

真实性也是经济通讯的第一关键要素。没有真实性就没有通讯的存在价值。真实性主要体现在人物、事件等的各要素、环节、细节等的真实，才可能引起读者共鸣，得到公众的赞许与肯定，也才富有生命力和公信度。

2. 新闻性

经济通讯具有新闻的一切基本特征。它报道典型、生动、鲜明，具有新闻的特质，要体现出新闻的相关要素，注重报道的实际效果，必然会突出新闻的相关要素，突出新闻的报道特征，其新闻性反映了新闻报道的内在要求与表现规律。

3. 形象性

形象性即文学性、具体性。经济通讯的报道要用事实说话，通过叙述、描写等表现形式，用虚构以外的文学创作手法来塑造形象，以情节和人物的具体描写来完成形象，描写适度，具体可感，进而实现形象的完美。

4. 时效性

时效性就是及时性。经济通讯和其他新闻文本一样，时效性要求同样非常明显。它在表现新闻基本特征的同时，更强调对人物、事件、经济工作进行及时报道，注重时效性所产生的客观效果。

5. 完整性

经济通讯要凭借其完整性给读者留下难忘的印象并提升报道价值。所以，它具体反映人物的生活、经历、思想、风格等，形象感人；反映经济事件，有成因、发展、结果等完整过程；反映新生事物，有重点、进展、实绩等完整的交代。

6. 典型性

由形象性体现经济通讯中的人、事、经济工作的典型意义，是报道的客观要求。这种典型性是真人真事及真实工作的典型，来源于实际生活，有极大的感召力和深刻的影响力，最容易引起社会的广泛关注和共鸣。

7. 客观性

客观报道不拔高不贬低，是报道的重要原则，是保证真实性的重要前提。让事实说话，不随意加入个人的见解或结论，报道的人、事、相关经济工作要客观真实，不走形变样，才可能保证它的客观性。

（二）经济通讯的类型

1. 基本类型

（1）按行业分，有工业经济通讯、农业经济通讯、商业经济通讯等。

（2）按对象分，有经济人物通讯、经济事件通讯、经济工作通讯、经济新闻小故事、文艺性通讯、主题性通讯等。

（3）按篇幅分，有长篇经济通讯、中长篇经济通讯、中篇经济通讯、短篇经济通讯、经济简讯等。

（4）按地域分，有国内经济通讯、国外经济通讯、异地经济通讯、当地经济通讯等。

（5）按形式分，有一般记事通讯、访问记（专访、人物专访）、巡礼、纪实、见闻、特写、速写、侧记、散记、采访札记等。

2. 常见的经济通讯类型

常见的经济通讯有经济人物通讯、经济事件通讯、经济工作通讯、经济概貌通讯、经济新闻小故事等。

（1）经济人物通讯

经济人物通讯是经济通讯中极为重要的表现文本。它反映的人物思想、言行、事迹，在一个主题贯穿下容纳着相当丰富的材料，着重用人物的精神面貌来启发、教育、感染、鼓舞读者。它可以选择经济领域中各种英雄模范人物、人们普遍关心的社会经济名流、体现着某种人生价值或者为人民做出了贡献的普通人等。它通过记叙人物活动，以传记式、特写式或群像式的塑造与报道，来突出人物的精神风貌和先进思想、动人事迹或所作贡献。根据中心内容要求，这样的报道自由灵活，报道以个人或群体、正面人物为主，也可揭露某些有警示作用的反面人物，鞭挞丑恶与落后的现象，有较强的舆论引导作用。

（2）经济事件通讯

经济事件通讯以具有新闻意义的典型经济事件为报道对象，它以经济事件为中心，可以反映现实经济生活中发生的重大的、振奋人心的事件；可以从某一经济事件中截取若干片断，进行细致详尽的描述，揭示其深刻含义；可以是若干经济事件的综述，突出报道既定的主题；可以歌颂新生事物，或揭露经济领域内的丑恶现象。它根据事件的发生、发展和结果进行叙写，重在挖掘思想价值和典型意义，以叙述和描写显现事件本质和作者的态度。以事为主，力求典型，是该通讯表现的一大要求，而人在事件中占多大篇幅，是写好通讯的关键。

如报道 2005 年 10 月全线贯通青藏铁路，要报道的热点很多。有记者以青藏铁路创下的多项世界第一做了报道：铁路全长 1142 千米，为最长的高原铁路；海拔最高 5702 米，其中 900 千米在海拔 4000 米以上；穿越冻土带 550 千米，最高的冻土隧道长 1686 米；最高的冻土带清水河大桥长 11. 7 千米；最高的唐古拉山车站海拔 5068 米。这样的典型经济事件的报道，只取其一个点，文字简洁，在数据中透露出科研攻关成功的事实，内涵丰富，富有震撼力。

（3）经济工作通讯

经济工作通讯，就是反映经济领域中各种经济工作的实际状况，总结经验教训，或探讨有争议的亟待解决的问题的报道。它主要以介绍经济工作经验和分析问题作为主旨，用典型指导一般，凭借事实，深入分析，形式多样、不拘一格地反映经济工作的实质或意义。细化开后，它可以采用经济随笔、经济散记、经济侧记、经济札记、经济记事等不同形式，凭借叙述和剖析某一地区、某一单位的经济工作实绩或问题，经分析评价，宣传经验，讲出得失。它还注重在具体把握好背景、做法、成就、经验、教训的基础上，强调讲透问题和经验，深入研究发掘，注重结果深度，使报道富有文采，充满理性，具体生动，详尽完备。特别是对经济工作中的新课题、新问题所进行的探讨、研究和报道，启发性和指导性很强，更带有普遍的积极意义。

（4）经济概貌通讯

经济概貌通讯又称经济风貌通讯。它是以反映具体某一地区或某一单位的经济建设或经济概貌来展示新变化、新风尚，突出经济新形势的报道。它与事件通讯不同，不是围绕一个人物或一个中心事件来写，不要求写一件事发生、发展的完整过程，而是围绕主题，点面结合，可以采用“侧记”、“散记”、“纪实”、“巡礼”、“纪行”、“见闻”等形式进行具体叙述和描写，一个地区、一个系统，一个行业、一个单位，甚至一个点、一个面都可以作为报道的对象。概貌通讯没有贯穿于始终的人物，常以细节概括事例，在概括中明晰概貌，通常采用多样化的叙述式、概括式、行程式、感受式、引用式、背景式、导引式等表现手法提升其感染力，借此开阔读者视野，振奋读者精神。

（5）经济新闻小故事

经济新闻小故事又称经济小通讯，是反映现实经济生活中的一个片断，通常表现一人一事，线索单一而有故事情节。它不求反映事件全过程或刻画完整的人物，而是反映事件或人物的一个侧面，以小见大，揭示经济建设和经济活动中有价值、有意义的人和事，因而短小精悍，生动活泼，篇幅不大，情节生动，故事性很强，较有可读性和感染力。

三、经济通讯的结构

经济通讯一般由标题、开头、正文和结尾构成。

（一）标题

经济通讯的标题与经济新闻标题相似，可以有单标题、双标题、三行标题等形式。在双标题中，一般是主题加上副题，使用引题的不多。单标题直接由主题构成，如《小商品登上大雅之堂》等。

（1）双标题，如：

简便快捷　注重实效（主题）

国家赔偿案审理程序明确 义务机关负有举证责任（副题）

（2）三行标题，如：

房地产增加变数（子题）

国家进一步扩大经适房市场（主题）

价格实惠，经济实用，杠杆作用明显（副题）

在三行标题中也有一种很新的用法，即用很像一段内容提要的话作为引语，放在全文前，再加上主题、副题作为三行标题的情况，此时的引语部分可视为引题。经济通讯的标题要力求做到准确、生动、简洁、鲜明。

（二）开头

开头可以不拘一格，表现形式多种多样，力求新颖而有创意，是经济通讯开头的一大优势。在有利于展开主题以统帅全文的前提下，开头所采用的表现形式可以自由选择，哲理式、抒情式、对比式、描写式、对话式、倒叙式、摄像式、故事式、悬念式等，都是不错的选择。诗歌、典故可以添加文采；神话、故事可以强化感染；名人言论可增加分量；直接点出主题可知晓目的；比兴手法令人回味等。

（三）导语

经济通讯同经济新闻一样，仍然要抓住报道核心去吸引读者，故而也存在一定的导语要求。但限于篇幅等缘故，经济通讯的导语使用频率不及经济新闻，但其导语内容的宽松程度、字数容量等都比经济新闻更自由，也可以不使用导语。

（四）正文

经济通讯围绕典型人、典型事、典型工作展开，是正文的主要内容。从结构上看，经济通讯常用的基本结构有纵式结构等。

1. 纵式结构

纵式结构是一种发展、延伸、推进式组织材料的结构方法。它按照报道对象的产生、发展的顺序来安排结构。纵式结构的标志是时间上的纵深，同时也要注意到表现主题的纵贯，即紧扣主题，组织不同性质、不同状态的材料，一层比一层更深刻地表现主题、升华主题，用主题思想的红线纵贯全篇。

在纵式结构范围内，可以从三个方面选择不同结构：一是按时间顺序安排段落、层次的时间顺序结构；二是按事物的先后发展顺序或作者认识变化过程安排段落、层次的逻辑递进结构；三是将以上两种结构结合起来使用的时间顺序与逻辑递进结构。这种结构容易形成穿插照应，并多用于长篇经济通讯中。

此外，还可以采用另外的两种结构方法：其一，自始至终结构法。即按事件发生、发展的顺序展开情节，以事件为线索，脉络清晰，首尾一贯，一气呵成。其二，由浅入深结构法。即按作者思维的逻辑发展来组织材料，也就是以思想为线索展开相关内容，再依据内容进行主次有别、突出重点的报道。

2. 横式结构

横式结构基本型由空间变换结构和并列结构组成。空间变换结构是用地点等变化改变空间形态，或按照事物性质来安排材料组织段落，选出重点事件围绕主题写作；并列结构是围绕主题，并列写几个不同侧面，构成各侧面重要性基本相似的内容来共同表现主题。

3. 纵横式结构

纵横式结构，是以时间顺序为经，以空间变化为纬，把两者结合起来运用的结构方式。具体来看，就是用时空变换来组织结构，以时间串联不同地点发生的事件形成空间并列、方面并列、群像并列、对比并列等形式来构成主线，表现人、事、相关工作并贯穿全文主题。纵横式结构的主线一定要清楚，才可能有清晰的表现层次，从容展开主题。

经济通讯并不仅仅限于以上结构，还有比较特殊的“蒙太奇”结构、时空倒错结构、倒叙并穿插背景结构、多线条交替叙述结构、逻辑关系结构等。这样，在运用结构进行写作时，就要注意对结构的正确选择与运用。

（五）结尾

结尾方法多，可灵活运用。常用的有首尾呼应、对话点题、依托寓理、类比烘托、引用陪衬、画龙点睛、启发思考、展望未来等方法进行结尾。

四、经济通讯与相关文种的区别

（一）经济通讯与经济新闻的区别

二者的区别有：经济通讯篇幅大于经济新闻。经济通讯可在叙述、描写基础上灵活使用议论和抒情；经济新闻重于叙述和描写，一般无议论和抒情。经济通讯可用第一人称、第三人称，经济新闻一般用第三人称；经济通讯语言较生动形象，用语活泼、生动，经济新闻用语强调简洁朴实。经济通讯时效性弱于经济新闻。

（二）经济通讯与消息的区别

二者的区别有：一是内容不同。经济通讯讲述人、事或相关经济工作的事，善于描述新闻全貌。消息注重传递信息，注重告知新闻发生。二是结构不同。前者的结构随机应变，结构较多，使用导语不多。后者对结构有严格限定，比较稳定，表现为一种严格的几何结构，几乎都有导语。三是表达不同。前者表达方式和表现手法较多，常用描写、议论、抒情等表达方式，大量使用修辞手法。后者一般以叙述的方式展现新闻事实。四是材料安排不同。前者选材广泛，材料细致深入，使用比较自由，过程完整。后者的材料是把新闻按其重要性进行排列，重要的在前，次要的在后进行使用。五是标题不同。前者标题一般较虚，追求形象具体生动，无严格要求。后者标题强调务实，含有一定的新闻要素。六是结尾不同。前者结尾有首尾呼应、对话点题等，灵活多样。后者结尾无严格要求，是否需要结尾要以内容和写法要求来确定。七是时效性不同。前者时效弱于新闻，后者报道更追求时效。八是人称运用不同。前者各人称均可以使用或混用。后者一般都采用第三人称进行叙述。九是主体表现不同。前者以事实为主题服务，强调整体的关键作用。后者以事实展开，标题和导语的作用非常明显，主体往往只是对导语或标题进行拓展。

五、经济通讯的写作举要

（一）主题明确，把握典型

主题是经济通讯的灵魂。必须要有明确的主题，才可能确定整个写作走向，做好选材，安排结构，进而选取恰当的表现形式进行报道。写典型时要分析人物、事件等是否可以成为生动的形象，是否具有典型意义，关键的要素是什么。接下来要考虑自己如何认识典型和写出典型的方法，在精雕细刻中推出典型。

（二）深入调查，材料精当

调查是写作的首要条件。调查的形式多样，方法不少。深入调查在于把握人物的全面情况及重点情况，把握事件发生发展的因果关系，准确揭示其必然的发展规律。调查要明确重点，亲临现场，找到关键所在。材料精当，就是要去发掘、选择材料，从材料中提炼出典型材料，按照主题要求，把最能反映事物本质的和具有典型意义的材料作为写作的材料。

（三）依据事实，提炼主题

事实就是真实的材料和真实的事件。在确立主题之前或之后，都要从大量的事实材料中找到最重要、最关键的事实，用它来构思主题和确立主题，使其更鲜明、集中。提炼主题要准备好提取主题的典型材料或典型事实，并用典型材料或事实提炼出有创意和典型意义的主题。这是写作的一大难点，要在提炼上下工夫。

（四）巧用数字，用语准确

经济通讯中使数字由繁复、枯燥变为简明、生动很重要。要用最关键的数字、必不可少的数字，做到精选巧用，使数字简洁明了。用语准确就是要表意贴切，富有形象感，语句简练，指向清楚，一看就懂。

（五）多种表现，形象真实

经济通讯写人记事还要有精心和恰当的描写来展示人物风貌及内心世界，展示事件的具体进程和引人注目的局部或细节。描写的方法多种多样，可以采用白描写法，可以运用抒情手段等。此外，经济通讯还可以适当借鉴影视艺术、绘画等多种技法表现人物和事件，以更好地突出形象的具体性、生动性。

（六）注重角度，结尾新颖

多角度表现主题可以在叙述之中加入描写、议论；可以灵活使用多种人称；可以采用纪实、见闻、特写、速写等不同体裁；可以从正面、反面、侧面、鸟瞰、平视、仰望、远眺等各个不同的角度去观察报道对象，使之更为丰满形象。经济通讯的结尾灵活多样，方法很多，可以展望，可以抒情，可以照应等，但都要注意巧妙、含蓄，别创一格，引人入胜。

第三章 经济评论

一、经济评论的概念与作用

（一）经济评论的概念

经济评论指通过概念、判断、推理等方法，专门就事论事，针对当前经济领域内的各种经济活动、经济管理、经济规划、经济问题等进行评论，从而表明自己的观点、立场和意见的一种体裁。

经济评论由新闻评论演化而来，也是新闻评论的一个分支。

（二）经济评论的作用

1. 评述状况，体现政策

依据经济理论和经济政策，对经济领域的经济情况进行边评边议，表明不同层次的立场是经济评论的根本所在。经济评论评述经济现状是它的一个基点。它可以抓住经济活动状况、经济政策实效、经济管理模式、经济规划实施等，从评述中揭示出带规律性的见解和新的认识。评论可以举一反三，显示经济改革的政策、格局、成功经验与不足，从中反映经济现状与经济政策实质和内在联系。

2. 引导舆论，诠释热点

经济评论常常代表政府或公众提出对经济工作的意见和评价，舆论引导作用非常明显。它指出问题或新的经验，反映其原因和本质，引起社会广泛关注。同时，它要关注如物价、住房、医疗、收入与分配、经济腐败现象等热点问题，针对人们的疑惑、呼声，诠释政策，进行解说，鼓舞人心。

3. 指导工作，促进发展

经济评论常常又是国家机关或政府观点的一种体现。这种代表性言论有明显的权威性、指令性和指导性，尤其是通过言论指导经济工作的特征很突出。它还可以评论经济发展近况、决策模式、政策措施等，预示经济发展方向，对促进经济发展有较强的指导作用，具有深刻的现实意义。

二、经济评论的特点与类型

（一）经济评论的特点

1. 政治性

经济评论的评论对象多为当前的经济方针、路线、政策，涉及国家利益的各种重大经济活动、重大经济事件等有敏感性的内容。同时，它要依据国家相关法律法规、政策措施等支撑来指导评论活动，带有明显的政治性色彩。

2. 理论性

它有新闻事实但不在于报道，而是以事实为根据进行评述，站在理论的高度分析经济，目的在于指明是非，点出要害，在评述与分析中认识规律，在理论上给人们以启示和教育，提高人们的理论和认识水平。

3. 政策性

经济评论在评论时政策性倾向明显，并在评论时有严格的政策界限。评论不仅要符合评论标准，更要以党和国家的经济政策作为评论的标准和尺度进行评论。

4. 新闻性

经济评论的新闻性主要表现在及时性和依附性上。评论要用经济新闻中最新的事实作为评论的基础，讲究事实的新和评论的快。没有及时性，经济评论的价值将大打折扣；同时，它要依附于真实的事实，没有事实，评论也就没有依据。

5. 广泛性

广泛性即群众性。经济评论的广泛性体现在受众的认知度与理解度之上。任何评论都有自己客观的表现要求，让人清楚阐述的内容，明白其中道理。特别是揭示出的带有规律性、指导性的原理、结论等，更具有使之明白、知晓的要求。

6. 针对性

评论有的放矢，有明显的针对性，否则评论就是没有意义的。评人、议事、谈问题等，都紧扣评论主题而来，要以针对性来体现主题的鲜明和结论的准确。

（二）经济评论的类型

1. 经济评论的基本分类

（1）按作者分，有官方型经济评论、编者型经济评论、读者型经济评论等。

（2）按方法分，有经济述评、经济小言论、经济随笔、经济短评等。

（3）按署名分，有编辑部评论、本报评论员评论、署名评论员评论等。

（4）按文中位置分，有编者按评论、编前评论、编后评论、按语评论等。

2. 一般常用的评论

（1）官方型经济评论

官方型经济评论包括经济社论、经济评论员文章、专家特约评论、特约评论员文章等。它有别于其他评论，带有明显的权威性、指导性和指令性，要体现官方的观点、意志、目的；其作者常常是国家经济部门的权威人士、经济专家、新闻发言人或专门的经济评论员，并经常代表官方进行评论。

（2）编者型经济评论

编者型经济评论是依附于经济报道的小型评论，它常以编者按、编后语等面目出现。这种评论的作者多为报刊或广播电视台的编辑或特约的编采人员。编者型经济评论，善于抓住要害，一语中的，强调以小见大，简短精致。

（3）读者型经济评论

读者型经济评论有经济评论、述评、经济小言论等，其作者主要是经济工作者、读者、记者。这种评论有赞扬性经济短论，有批评式经济短论，有论辩式经济评论，有随感式经济短论等，形式比较自由。

三、经济评论的结构

经济评论主要由标题、开头、正文、结尾四部分组成。

（一）标题

经济评论的标题要力求简洁、生动、鲜明。简洁，即语意表达集中，一看就懂，有针对性而不含糊，并有形象感、表现力。如《经济考核不是唱戏》等。

（二）开头

开头是经济评论的引子部分，多引用名言、谚语、小故事、典故等引出事例、提出问题，引出正文。开头与标题烘托主题，又承上启下，为正文进行铺垫。

（三）正文

正文是经济评论的核心和主体。它突出在四个节点上：一是注重立论；二是抓好论据，即数字、事实、各方意见、历史资料等；三是突出论证效果，立足于要素的完备体现，即形式上包括正论、设论、驳论的体现，以及包括三段论证、归纳论证、递进论证、对比论证等选择运用的逻辑体现；四是强调结论的准确性与鲜明性。具体进行评论，就要引出问题进行分析，展开评论。可以选当前的经济热点问题，国家重大经济政策和重大经济行动的实施，人民群众最关心而又有疑惑、有争议、反映强烈的问题等为论题，采用对比法、引证法、演绎法、归纳法等进行评论，在评论中要抓住主要矛盾，一事一议，集中观点，或比喻说理、或对比说理，评出特色，论有效果。在语言上，评论可以适当运用成语、原理、数字等来突出表现力，为评论增色。

（四）结尾

结尾是经济评论表明观点、照应结论的地方，可以提出希望，指明方向，发出号召，催人行动；可以再点主题，强调结论，发人深省。结尾可以多种多样，也可按主题要求或议论方式等来自行决定。

四、经济评论的写作举要

（一）用好评论三要素

经济评论中论点、论据、论证三要素不可少。论点作为行文的观点与灵魂，应注意确定论点，集中、鲜明地突出全文中心；论据是论点的依据和评论、判断、推理的基础。论据要用有价值的、充分的事实或相关材料为论点提供评论的依据，具有典型性与说服力；论证要议论充分，突出重点，逻辑严密，具有相当深度。

（二）安排写作五步骤

写作五大步骤：一是选好论题，即选出要评论的问题，问题要有典型性，代表性；二是拟标题，标题应简洁、鲜明、生动；三是写好开头，可用典故、名言和定理等开头，既承上启下，又自成一体；四是要说理透彻、评论深入，要运用如对比法、引证法等多种方法，还可以援引史实、讲故事、说寓言等，使评论有深度和个性；五是议论不要随意展开，坚持一事一议、一理一评，力求主题突出。

（三）突出评论针对性

对人们普遍关心、迫切需要回答或亟待解决的问题等，要注意有针对性地进行科学分析，客观、真实地针对问题，深挖细想，用针对性来显示与提高论点、论据及论证质量。针对性要把握两个要点：一个是选择的论据要有针对性，另一个是评论要进行有针对性的论证，使论据与论证高度和谐、统一。

第四部分　现代管理文体

第一章　现代企业行政管理报告

一、现代企业行政管理报告的概念与作用

（一）现代企业行政管理报告的概念

企业行政管理报告指企业行政系统或行政组织，以行政命令、指示、规定、奖惩条件等为管理手段，按照行政渠道管理企业的一系列措施和方案，反映行政管理工作绩效的书面报告。

（二）企业行政管理报告的作用

1. 反映现状，提高管理

企业行政组织依照相关现代管理模式或科学管理方法，行使行政管理权限，按照现代企业文化、管理和经营三大要素，对企业进行相应的管理。这样的管理必然会真实地反映行政管理的现状、相应的管理模式、管理人员的管理素质与水平、管理的综合绩效等情况，还会通过管理现状，参照相应的管理指标，对管理工作进行不断更新，促进管理的现代化、科学化，不断体现出行政管理的新方法、新举措、新观念、新绩效。

2. 作用积极，辅助决策

企业行政管理报告始终要以现代企业管理的各种要素来充实内容，突出管理特征，展示管理优势。它依据行政管理的门类或分支特长，依靠计划、组织、指挥和控制四大管理要素，吸收与创新管理思维、模式、体系等，积极发挥桥梁与纽带作用、监督与保证作用、执行与考核作用，为企业发展提供多元性决策依据，成为企业发展不可缺少的重要参考指标和可靠依据。

二、现代企业行政管理报告的特点与类型

（一）现代企业行政管理报告的特点

1. 指导性

企业行政管理构成了不同的管理系统。不同的地区、不同的企业有不同的管理要素和管理重点，指导性尤为明显，表现为相互借鉴、相互利用、相互交叉、相互指导、相互促进，其指导性特征明显。

2. 规范性

行政管理的规范性可以凭借绩效与数据，突出其先进性；可以凭借相关的政策法规来制约各系统、部门等的互动以保证管理的可靠与高效运行，等等。这样的规范性，可以确保企业行政管理工作有条不紊地实现自身的目标。

3. 针对性

使用命令、指示等来有针对性地进行企业人、财、物、产、供、销等各种要素的运作，是行政管理中的突出行为。它通过协调、指挥等手段，使之迅速发挥作用，并在执行、回馈、调整中不断提高管理的效率。此中，指向明确，针对性很强。

4. 权威性

企业行政管理必须建立在企业组织结构的上级权力与执行的统一上，充满了权威性。上级下达命令、指示或规定，下级遵照执行，其运行过程处处体现着权威的约束力或相应的强制性。

5. 多样性

现代企业的行政管理结构复杂，功能多样，尤其是管理的新技术、新观念、新模式不断涌现，使企业行政管理始终运行于不断的创新之中，必然要以多手段、多思考、多途径、多表现来突出其多样性，从而提升管理水平。

6. 自主性

企业行政管理因地域、区域、系统、行业等的不同，存在内部的差别性。就一个相同的分支看，也有不同的表现特征及状态。这样的管理在相当程度上存在自主管理的形式，并且内容、模式、手段等也各有特色，自成体系。

6. 服务性

行政管理的延伸性比较明显，其服务性就是其中的一大表现。企业经济管理的服务性十分重要，是企业行政管理的重要表现内容。任何企业的行政管理都必然会以各种服务体现和反映出企业管理的宗旨和最终目的。

7. 广泛性

在现代企业，行政管理量大面广，涉及的系统、行业、单位等特别多，分工更为细化，分支更为繁复，呈网络化、立体化的发展势态。广泛性已经渗透到每个企

业，以非常深入和完备的表现形态构成了它鲜明的广泛性特点。

（二）现代企业行政管理报告的类型

（1）按范围分，有办公室行政管理报告、行政管理划分报告、企业行政发展管理报告、部门行政管理报告等。

（2）按阶段分，有近期行政管理报告、中期行政管理报告、中长期行政管理报告、长期行政管理报告等。

（3）按目标分，有行政目标管理报告、多目标体系管理报告、综合管理报告等。

（4）按内容分，有行政科研管理报告、行政专项研究报告、行政管理分析报告、行政预测管理报告等。

（5）按管理分，有确定型行政管理报告、不确定型行政管理报告、风险型行政管理报告、竞争型行政管理报告等。

三、现代企业行政管理报告的结构

（一）标题

标题有三种形式：一是目标加文种，如《行政成本管理报告》。二是名称加目标再加文种，如《中石油集团行政系统管理报告》。三是公文式标题，由单位、时间、事由和文种构成，如《关于××集团2009—2010年度行政管理的报告》。

（二）正文

正文的内容主要由管理的基本内容、管理的基本模式两个部分构成。

1. 管理的基本内容

（1）行政管理现状

它主要是对报告成文的背景进行必要的交代或说明。真实反映行政管理的现在情况，结合原有的管理目标，指出实绩，交代不足，为提出新的管理目标进行铺垫与过渡，进而引出下文。

（2）行政管理目标

目标是报告行文的重要依据。目标明确、具体，有科学性、先进性，可以反映现代企业行政管理的规律或原理，具备可操作性和持续发展性是目标的要旨所在。提出新的目标，有明确的实施步骤和明晰的相关措施；与现行的目标取长补短进行比较、调整，并确定实现目标的责任人。

（3）管理实施方案

实施方案是报告的核心，是报告的关键部分，可以是条文式，也可以是章条式或其他形式。它主要反映的内容有：分析和把握目标，围绕中心进行方案制定；充分运用信息及相关资料，对相关管理数据进行运用与分析；运用系统分析等方法，在一套方案的基础上，形成多套预案；落实目标的执行者（责任人），迅速形成执行班子、机构、体系以尽快展开工作。

（4）管理结果分析

结果分析在于实施方案后，对其运行情况、出现的问题等进行必要的总结和分析，指出经验教训，总结得失。分析的方法有对比法、演绎法、因果关系推理法等。结果的分析在于看方案实施是否符合科学原理和管理规律，有无可比性、启发性和前瞻性。在分析结果后，还有对新方案的及时调整、组合与预测。

2. 管理的基本模式

在对管理的基本内容进行介绍后，还要指出行政管理所采用的管理模式，对主体内容进行必要的补充或强化。管理模式可以单列进行介绍，可以加入管理现状、管理目标、事实方案、结果分析等进行举要。行政管理的基本模式主要有计划模式、组织模式等。

（1）计划模式

管理的计划模式是现代企业实现行政管理科学化和保证行政管理绩效的必要条件。计划模式可以对管理目标与管理内容进行具体筹划，进一步明晰方案，使行政管理的实施与创新具有相当的决策与执行的基础。

（2）组织模式

企业行政管理必然要按管理性质、内容等进行分类，固化自上而下的责权关系，保证机构、人员的配备，在组织上为行政管理提供保证。

（3）指挥模式

行政管理运行各项措施，调动、协调和指挥是贯彻执行管理的又一保证。这种现代企业具有团队意识的指挥，可以促进具体管理，强化管理任务的高效完成，并有明晰的绩效优势。

（4）控制模式

对指挥工作的各项措施进行监督、控制与调整；通过择优与竞争建立激励机制；通过监督系统、制约和奖惩确立控制模式，等等，都会促进管理，创新控制模式，实现管理目标的更大突破。

（三）结尾

结尾包括具名、日期、报告单位名称或执笔者姓名（如单位或执笔者姓名已在标题下写出，则此处不再具名）等。常用语一般有“以上请阅”、“以上报告请指示”、“以上报告请传阅”等。

四、企业行政管理报告的写作举要

（一）运用资料，做好分析

行政管理报告中的资料非常重要。研究管理方式、探索管理问题、预测管理前景等，都离不开对资料的使用。这就要求资料真实，运用准确，使用规范，才能做出科学的分析。分析要方法得当，要力求准确，对行政管理总体发展有清醒的认识与把握，对具体各项指标的成因、发展趋势等都要心中有数。

（二）写好方案，用好技巧

报告的写作要注意层次的推进，意义上连续，清楚交代，目的明确。先写什么、后写什么、如何布局等，要逐一展开，交代清楚，切忌空洞枯燥。写报告不是写工作总结，报告的布局、段落、层次有明确清晰的构架。语言要朴实、简练，易看易懂。注意不要受到公文写作的影响，将报告写得呆板、凝固而没有活力。

第二章　现代企业人力资源管理方案

一、现代企业人力资源管理方案的概念与作用

（一）现代企业人力资源管理方案的概念

人力资源又称劳动力资源，指能够推动经济和社会发展的具有劳动能力的人口的总和，包括人力最基本的体力、智力、知识和技能四个方面。

现代企业人力资源管理方案，指企业根据人力资源开发与发展目标，为实现人力资源的获取、开发和评价，对人力资源进行管理的应用性文书。

（二）现代企业人力资源管理方案的作用

1. 促进改革，扩大交流

现代企业人力资源管理方案充分利用人力资源的体力、智力、知识和技能优势，将其作为第一生产力和最宝贵的资源进行科学的管理、开发与利用。它可以通过人才竞争激励机制和择优原则，优胜劣汰，充分发挥资源的配置与应用之长，扩大交流，促进资源绩效，提升人力资源的应用质量和资源的综合利用率。

2. 利于管理，增加储备

人力资源具有巨大的发展和运用空间。在现代知识经济社会发展的驱动下，这种资源的管理核心，就在于实现管理的科学化、优势化、资源化，以管理作为杠杆，利用资源特质所显示的宝贵性、延续性、首选性和智能性，用不同的管理原理和模式来更大地提高人力资源价值。并且通过现代管理，还可以充分利用信息化和网络

化手段来实现人才储备，增强企业发展实力。

3. 展示创新，提升价值

现代企业人力资源管理方案涉及各种人力要素、人事活动、资源成本、开发效益等，必然要紧随社会发展，系统、综合、科学地反映企业人事制度的改革、举措、规划等内容。对于这些宝贵的人力资源，必须抓住获取、整合、保持、评价、发展五个要素的创新，在探索与改革、改革与发展、发展与创新之中，融入新观念、新思想来提升资源价值，才可能在企业现代化进程中发挥出更大的能动作用。

二、现代企业人力资源管理方案的特点与类型

（一）现代企业人力资源管理方案的特点

1. 科学性

科学性是人力资源的灵魂。对人力资源的科学开发与利用，提高其绩效性和先进性是其根本属性之一。没有科学的研究、分析、预测与实施，这样的资源难以实现应有的综合效益和体现其质量优势。

2. 指导性

人力资源管理方案具有信息量大、内涵丰富、指向专一等多样性特点。它可以为企业提供源源不断的人力财富，可以整理、编排、制定具体的举措、模式等对企业人力资源工作进行综合性指导，有极高的可信度和较大的使用价值。

3. 实效性

企业人力资源管理方案特别强调实效，从方案的制定到使用，有客观的实效要求和明确的价值导向。这样的方案特别注重实际的运用效果，对实效性要求极高，有实效保证质量和提高资源利用价值的明确要求。

4. 综合性

人力资源具有生产和消费的双重属性。它又是体力与智力的结合，具有主观能动性，极具开发的潜能，可以不断开发、积累与创新，持续特征明显。它还与政治、经济等不同领域进行资源交换，综合性已贯穿于整个人力资源的发展过程中。

（二）现代企业人力资源管理方案的类型

（1）按内容分，有人力资源管理方案、人力资源执行方案、人力预测分析方案、人力效益分析方案、人力资源档案管理方案等。

（2）按性质分，有企业人力资源管理概况、人力资源管理方案、企业人力资源结构方案、人力资源分类方案、人力资源系统方案等。

（3）按使用分，有人力资源网络管理方案、人力资源预备方案、企业人力资源研究方案等。

（4）按行文分，有人力资源行政管理方案、人力资源系统管理方案、部门人力

资源管理方案等。

三、现代企业人力资源管理方案的结构

现代企业人力资源管理方案结构主要由标题、正文、结尾三部分构成。

（一）标题

标题有三种形式：一是目标加文种，如《人力资源管理方案》等。二是名称加目标再加文种，如《华丰集团人力资源管理方案》等。三是公文式标题，由单位、时间和文种构成，如《中石化集团2011年人力资源管理方案》等。

（二）正文

正文即人力资源管理方案的主体，由前言、主体两部分构成。

1. 前言

前言又叫总述、引言、序言，是方案全文的总纲或概括，主要是对方案的主要内容、制定的目的、原因、背景、制定的方法等进行简要说明或概括，类似于内容提要。也可以不要前言部分。

2. 主体

这部分是方案的核心所在，是展开人力资源管理内容的地方。主要有管理现状、管理目标等具体内容。

（1）管理现状

它主要是以人力资源管理的现状为铺垫，对方案成文的背景进行必要的交代或说明。要借人力管理的现状来真实反映人力资源管理的实际情况，并结合原有的管理目标，指出实绩，交代不足，为提出新的管理方案进行铺垫与过渡。

（2）方案目标

目标是方案行文的重要依据。目标明确、具体，有科学性、先进性，可以反映现代企业人力资源管理的相关规律或原理。因此，方案目标具备可操作性和持续发展性是其要旨所在。提出新的目标，才可能有明确的实施步骤和明晰的相关措施；才有可能与现行的目标取长补短进行比较、选择、调整，也才可以明确地确定实现目标的责任人。

（3）实施方案

实施方案是报告的核心，是报告的关键部分，可以是条文式，也可以是章条式或其他形式。它主要反映的内容有：分析和把握目标，围绕中心进行方案制定；充分运用信息及相关资料，对相关管理数据进行运用与分析；运用系统分析等方法，在一套方案的基础上，形成多套预案；落实目标的执行者（责任人），迅速形成执行班子、机构、体系以尽快展开工作。实施方案特别要突出具体内容、步骤、要求等，必须充分、实在、清晰、明确。

(3) 结果分析

结果分析在于实施方案后，对其运行情况、出现的问题等进行必要的总结和分析，指出经验教训，总结得失。分析的方法有对比法、演绎法、因果关系推理法等。结果分析可以在方案执行前进行预测，并以预测来推究结果分析。通过结果的分析，可以评判方案实施是否符合科学原理和管理规律，有无可比性、启发性和前瞻性。在分析结果后，还有对新方案的及时调整、组合与预测。

(三) 结尾

即交代方案成文时间、落款等。如果基本情况是清楚的，可以不要结尾。

四、现代企业人力资源管理方案的写作举要

(一) 熟悉管理，突出要旨

清楚方案的管理原理、要素、模式、范围等，是写好方案的前提。必须要熟悉企业管理，了解人力资源管理的核心与主次的不同节点。方案的写法多种多样，管理的情况千差万别，就特别要注意突出管理的主题，举出要旨所在，围绕中心进行材料、结构、撰写的精心安排。

(二) 抓住实效，强调适用

进行现代企业人力资源管理，在于更好地利用人力资源。因此，方案在形成之后，特别要注重其应用的实效。要抓住各个环节，进行效率对比，看重实践效果，做到方案适用、管用、好用，可以最大限度地发挥出应有的绩效。

第三章　现代企业文书管理汇编

一、现代企业文书管理汇编的概念与作用

(一) 现代企业文书管理汇编的概念

文书是人们在日常生活、机关公务活动中广泛使用的，具有一定的规则和体式的书面材料。我们常见的文书有公务文书和私人文书两大类。公务文书又称公文，指政府机关、社会团体、企事业单位等从事公务往来活动的正式发文；私人文书指个人或家庭使用的文书，即书信、契约、房契、遗嘱、手稿等。

现代企业文书管理汇编是企业对政府机关、社会团体、企事业单位等从事事务性往来活动的文件或反映企业自身相关活动的文字资料进行管理汇总的应用性文书。

（二）现代企业文书管理汇编的作用

1. 促进传播，利于交流

现代企业文书管理汇编作为一种应用的新文种，内容浩繁，系统庞大，信息传播与交流平台的作用表现尤为充分。它以动态和静态管理形式，拥有大量信息元素，并可以进行管理性的传播、利用、复制、反馈，成为了有效的信息载体或信息库。它管理或传播的技术多样，手段先进，具有容量、反馈、利用等独特优势，其开发、构建、延伸、再生能力非常强。

2. 储备文档，提高绩效

现代企业文书管理汇编涉及各种方案、活动、记录、文本、文件比较多，可以系统性地综合反映各个时期的举措、规划、事件等内容，有极大的使用和参考价值，可以成为非常有效的系列文献，成为一种宝贵的文档资源。

二、现代企业文书管理汇编的特点与类型

（一）现代企业文书管理汇编的特点

1. 针对性

指导性是现代企业文书管理汇编的突出特点。它内含大量来自政府机关、管理机构、各企事业单位等的各种信息，有极高的可信度和较大的使用价值，且源头特征鲜明，真实性强，有比较特殊的综合性运用价值，针对性极强。

2. 应用性

现代企业文书管理汇编的应用性无处不在。从汇编的成文到使用，应用价值非常明显。它特别注重针对管理，注重实际，强调实践，在报告实效的反馈中进一步提高报告质量，在应用中创新管理。

3. 综合性

现代企业文书管理汇编可以反映企业的各种事件和热点问题，以及企业现行的运行状态，从管理的角度指出优势所在，并可以进行相应的综合性借鉴与提升，有利于加强企业文化建设、推进现代管理和创新营销模式，有明显的综合利用优势。

4. 可行性

可行性是现代企业文书管理汇编的立文之本和根本要求。可行性表现在内容、传播、利用的可行，借鉴、参考、指导的可行，其结果是实践和创新的可行，带来了结论和绩效的实际成果，彰显出了它的科学性、先进性与借鉴性。

（二）现代企业文书管理汇编的类型

（1）按类别分，有企业财务文书管理汇编、企业行政文书管理汇编、企业文化文书管理汇编、企业效益分析文书管理汇编、文书档案管理汇编等。

（2）按性质分，有经济文书管理汇编、组织文书管理汇编、政工文书管理汇

编、工会文书管理汇编、机构文书管理汇编、系统文书管理汇编等。

(3) 按途径分，有文字文书管理汇编、图表文书管理汇编、声像文书管理汇编、网络文书管理汇编、数字（电子）文书管理汇编等。

(4) 按方向分，有科研文书管理汇编、文献文档管理汇编、经营文书管理汇编、基层文书管理汇编、教育文书管理汇编等。

三、现代企业文书管理汇编的结构

现代企业文书管理汇编的结构主要由标题、正文、结尾三部分构成。

(一) 标题

标题有三种形式：一是目标加文种，如《企业经营文书管理汇编》等。二是名称加目标再加文种，如《东方航空公司档案文书汇编》等。三是公文式标题，由单位、时间和文种构成，如《中国电信2011年度经济文书管理汇编》等。

(二) 正文

正文即主体，由前言、编目、主体等几部分构成。

1. 前言

前言又叫引言、序言，是全文的总纲或概括，主要是对汇编的目的、背景、内容、管理方式等进行简要说明或概括，类似于内容提要。同时，依据管理要求，汇编对文书管理汇编的模式、汇编作用举要等，在此都有明确的提示与交代，重点是对管理汇编的现状和绩效进行相应的说明。简要的企业文书管理汇编可以不要前言部分。

2. 编目

编目即目录，是汇编的篇章名目汇编排列的一种提示形式。它主要是对汇编的内容及所在页码进行编排性的介绍，便于使用者查阅。

3. 主体

这部分是文书管理汇编的核心所在。具体汇编内容可以从此展开并进行分类、提示，并在层次上逐步展开汇编的具体内容。集中看，汇编的主体立足于两个基点：一是对不同的文本分门别类，按行文时间、应用效率、归档前后等一一排列，从而构成汇编主体内容；二是显示汇编形成的个性特色，汇编的功能实效，特别是汇编系列化、科学化的综合性优势，以及具体应用、指导与参考的实用价值与资源优势，都要力求在主体中有所表现。主体立足于客观介绍，真实说明汇编各种文本，特别讲究文风朴实，层次清晰，编排有序，一目了然。

(三) 结尾

即交代成文时间、汇编单位落款、汇编时间等；提示汇编文本的备份和保存方式。如果汇编文本脉络基本清楚，结尾部分也可以不要。

（四）编后说明

编后说明又称编后记、后记，主要是对整个企业文书管理汇编进行必要补充、说明，交代汇编参与者、编排者情况、引用相关文献等情况，是对前言的必要的补充交代，或独立行文对汇编进行总结性说明。

四、现代企业文书管理汇编的写作举要

（一）强化管理，精编细排

现代企业文书管理汇编是一项极其严谨的工作，对于汇编类别、内容、编排等，都有严格的要求。进行汇编的编排性撰文，必须要清楚文书的管理规则、基本要素、具体管理方法、管理适用范围、归档查阅要旨等要素。编排者不仅要知晓文档知识，还要具备相当强的管理技能。在编排汇编时，才可能汇编多样，突出汇编不同文本特色，达到精细入微。所谓精细，就在于汇编的适用、内容的全面与准确；所谓入微，就在于汇编最利于保存和查阅、最利于突出实用效果。

（二）注重方式，突出效果

对文书的编排，一要根据文书的类别、作用等，具体确定编排的方式以及相关撰文的实际作用；二要注重从整体上进行恰当布局。根据汇编的要旨，力求精编细排，认真参照对比，重在突出效果，充分发挥汇编的作用。

第五部分　法律事务文体

第一章　行政诉讼法律文书

一、概述

（一）行政诉讼法律文书的概念与作用

1. 行政诉讼法律文书的概念

法律文书是指公民、法人、国家机关及其他组织在处理各种法律事务中，为实现法律赋予的权利和履行法律规定的义务而依法制作的、具有法律效力和法律意义的一系列文书的总称。

法律文书有广义和狭义之分。广义上的法律文书，泛指一切法律上有效的文件、文书。狭义的法律文书，指公安部门、人民检察院、人民法院所使用的司法文书和当事人在诉讼活动中所使用的诉讼状。

行政诉讼法律文书是指司法机关为各类行政案件以及当事人、律师为解决行政纠纷而依法制作或代书的具有法律效力或法律意义的文书的总称。其中，司法机关处理各类行政案件而制作的文书，叫行政司法文书。当事人、律师为解决行政纠纷而制作使用或代书的文书，叫民用行政诉讼法律文书。此处所说行政诉讼法律文书是狭义的法律文书。

2. 行政诉讼法律文书的作用

（1）依法执法，维护权益

行政诉讼法律文书的作用主要表现在它既是司法机关行使司法权，适用行政法律、法规和规章，维护和监督行政机关依法行使行政职权，保护公民、法人和其他组织合法权益的工具，也是公民、法人和其他组织维护自身合法权益的书面材料。

（2）体现法权，提高效率

从大的范围来看，行政诉讼法律文书在相当深的程度上体现了国家法律、法规的意志，并成为重要的应用工具；促进了国家行政提高效率、从政为民的管理和调整的能力；是教育公民、宣传法制的有效形式。

（二）行政诉讼法律文书的特点与类型

1. 行政诉讼法律文书的特点

（1）严肃性

它主要表现在两个方面，一是它的制作必须严格依法办事，事实必须真实清楚，证据确凿充分，论证严密，理由充足，结论正确，符合法律要求，语言严谨明确。二是它的制作必须严格依照法定程序进行，才能确保行政诉讼法律文书具有法律效力和法律意义。

（2）客观性

行政诉讼法律文书认定事实的客观性有：一是可以准确地揭示案件的本来面貌；二是可以全面阐述案件的各个侧面；三是可以准确表达案件关键部分的事实。

（3）权威性

这种权威性具体表现在制作行政诉讼法律文书的主体必须具有相应的合法资格；都具有法律强制执行的效力，以此来保证法律实施的权威性；它的解释必须是单一性的，不能有任何词语的歧义和模棱两可的提法。

（4）规范性

行政诉讼法律文书有相对固定的体裁和格式，依照法律的规定，按照一定的格式，把特定的内容和项目简明扼要、条清理晰地表达出来，便于制作、查阅、管理和执行。唯有规范，才能保证行政诉讼法律文书的完整、准确和有效。

（5）准确性

行政诉讼法律文书的语言表述必须与法律的精神相一致，必须与法律规定的提法相同。语言风格力求朴实简练，通俗易懂，多用肯定、陈述、判断句式，少用或不用反问、设问、疑问、感叹等加强语气和感情色彩的句式。

（6）约束性

行政诉讼法律文书要规范化、法定化、程式化，不能随心所欲，任意撰写；当事人提出的诉讼请求、理由、要求等，必须符合相关法律条款的要求，不能超越法律；当事人必须知法懂法，这些都体现出行政诉讼法律文书的约束性。

2. 行政诉讼法律文书的类型

（1）按主体分，有司法机关行政诉讼法律文书、当事人自用的行政诉讼法律文书、律师自用或代书的行政诉讼法律文书。

（2）按形式分，有叙述式行政诉讼法律文书、填空式行政诉讼法律文书、笔录式行政诉讼法律文书、表格式行政诉讼法律文书。

（三）行政诉讼的一般程序

我国《行政诉讼法》第四十二条规定：人民法院接到起诉状，经审查，应当在

7 日内立案或者做出裁决不予受理。原告不服的，可以提起上诉。第四十三条规定：人民法院在立案之日起 5 日内，将起诉状副本发送被告。被告应当在收到起诉状副本之日起 10 日内向人民法院提交做出具体行政行为的有关材料，并提出答辩状。人民法院在收到答辩状之日起一个月内，将答辩状发送原告。

1. 第一审

第一审是人民法院对案件进行实体审理，并做出裁定、判决的全部过程。涉及国家机密或当事人申请不公开审理的可以不公开审理。法院应在立案之日起 5 日内将起诉副本送达被告，法院在收到答辩状之日起 5 日内将答辩状副本送达原告，如果被告不提供答辩状，不影响法院的审理。法院应在开庭前 3 日通知当事人和其他诉讼参与人并告知合议庭组成人员。开庭审理包括：开庭前的准备、法庭调查、法庭辩论、评议和宣判、法庭笔录、审理期限。

2. 第二审

第二审程序是指诉讼当事人不服人民法院的第一审裁判，而在法定时间内向上一级人民法院提起上诉而引起的诉讼程序。我国实行两审终审制，第二审做出的裁判立即发生法律效力。当事人不服第一审裁判的，有权在接到判决书后 15 日内向上一级法院提起上诉。

3. 执行

执行是人民法院的执行组织依照法定的程序，运用国家强制力，强制义务方履行已经生效的法律文书所确定的内容的过程。双方是法人或其他经济组织的，申请执行的期限为 6 个月；当事人有一方或都是公民的，申请执行期限为 1 年。

二、行政起诉状

（一）行政起诉状的概念与作用

1. 行政起诉状的概念

行政起诉状指行政诉讼的原告认为自身合法权益受到行使机关或行政机关工作人员具体行政行为侵害，依据法律和事实，向人民法院提起诉讼，要求依法处理的法律诉讼文书。

2. 行政起诉状的作用

根据我国行政诉讼法的规定，公民、法人或其他组织认为行政机关和行政机关工作人员的具体行政行为侵犯了其合法权益时，可以在法定的期限内依照法律规定的程序，以书面的形式对实施具体行政行为的行政机关或者法律、法规授权的组织予以指控，向人民法院提起行政诉讼。

行政起诉状的作用主要体现在四个方面：

（1）当事人提交行政起诉状是其行使起诉权的表现，是其维护自身合法权益，请求国家司法救济的途径，有利于其实体权利依法得到应有保护。

（2）行政起诉状是人民法院受理民事案件，予以立案、受理的凭证。

（3）行政起诉状是人民法院对纠纷进行调解和审理的基础，通过起诉状可以使法院了解原告的诉讼请求、事实和理由，为公正、合理地解决纠纷打下基础。

（4）行政起诉状也是被告应诉答辩的依据。

（二）行政起诉状的特点与类型

1. 行政起诉状的特点

（1）真实性

真实是行政起诉状的生命，事关当事人的切身利益。对事实不能夸大或缩小，不能道听途说、歪曲事实。按照“谁主张，谁举证”的法律原则，起诉状应具备确凿的、充分的证据来突出其真实性，是保证案件得到公正处理的前提。

（2）准确性

准确性是行政起诉状的基本属性。它必须反映诉讼的客观事实，真实准确地反映其发展过程、前因后果及各方面的关系，要实事求是，具体清楚，证据确凿。否则会增添审理的困难，拖延审结的时间，往往事与愿违，导致自己败诉。

（3）严肃性

依法办事，体现法律的内涵和精神，是法律严肃性的重要体现。行政起诉状的严肃性表现在必须维护法律的意志和尊严；依法办事，诉讼有法律依据，必须合法；诉讼的请求、理由、目的等要清楚明白；一经提交就必须承担法律责任。

（4）规范性

行政起诉书格式比较固定，文本较为完善，法定的规范化特征非常明显。它还会体现和强化规范性的外在的客观诉讼过程，以及贯穿于整个法定诉讼程序的规范性原则。这些规范性明显地表现为文本的规范性和整个诉讼过程的规范。

2. 行政起诉状的类型

（1）按内容分，有财产起诉状、劳务酬金起诉状、房产起诉状等。

（2）按对象分，有原告对行政机关起诉状、原告对行政部门起诉状、原告对行政机关工作人员起诉状等。

（三）行政起诉状的结构

行政起诉状的结构一般由标题、首部、主体、尾部等几部分构成。

1. 标题

标题要反映案件类别和文种，可以直接写《行政起诉状》。

2. 首部

首部又称状头，要交代和说明当事人的各项基本情况，包括原告、被告及其委托代理人的基本情况。当事人的基本情况应该按照先原告后被告的顺序，依次写明当事人的姓名、性别、出生年月日、民族、籍贯、职业或工作单位和职务、住址等。行政诉讼的被告是特定的，即做出具体行政行为的行政机关或法律、法规的授权组织，书写基本情况要依次写明被告的名称、地址、电话、法定代表人的姓名、职务。若有数个原、被告，则以他们在案件中的地位和作用，分别依次排列，逐一说明基本情况。原、被告有委托代理人的，若受委托者是公民，则写清其姓名、性别、职业、工作单位和职务、住址；若受委托者是律师，须写明其姓名、性别、工作单位和职务。如果有第三人，则列写第三人姓名（或单位名称）和基本情况，并说明与原告、被告的关系。要注意的是，行政诉讼案件，在向人民法院提起诉讼前，有的案件已经过行政复议的，复议机关维持原具体行政行为的，做出具体行政行为的行政机关是被告；复议机关改变原具体行政行为的，复议机关是被告。

3. 主体

主体又称为正文，主要包括请求事项、事实和理由两部分内容。

（1）请求事项

请求事项即诉讼请求，是原告在诉讼中请求法院维护自己合法利益的具体事项，是原告诉讼意图和目的的体现。通常诉讼请求为要求法院维护原告的某些经济利益，如请求归还财产、赔偿损失、清偿债务等。这部分内容要具体、明确、合理合法、言简意赅，不能把事实和理由写在里面。

（2）事实和理由

这是起诉状的核心部分，是正文的重点，也是提出自己诉讼请求的主要根据，包括事实、证据和理由三方面内容。

事实是指主要叙述被告侵犯原告合法权益的具体事实，是提起诉讼、实现诉讼请求的基础和依据。要写清当事人之间纠纷的起因、时间、地点、经过、结果等，明确双方当事人争执的焦点和分歧的实质所在。陈述事实要求条理清晰，或按纠纷发生、发展的时间先后顺序写；或先写纠纷当事人的关系、争执的情况，再写争执的原因与焦点。同时还须详略得当，突出重要问题，点提次要问题。

证据是指提出诉讼的事实根据及证明事实的证据。在提出了事实和理由以后，就应该尽可能地向法院提供与此相关的证据，包括人证、物证、书证等一切可资证实上述事实和理由的材料，并且要告知法院证据的来源及查证的方法。

理由是根据民事权益争执的事实和证据，写明提出请求事项的理由和法律依据，并根据所叙事实和所列证据，依照有关法律条文、法规、政策阐明提出请求的理由，主要在于论证请求的合理、合法性。

4. 尾部

尾部一般包括两方面的内容：一是呈文对象，即诉状所交的人民法院的名称；二是起诉人姓名、年月日、签名盖章。

5. 附项

附项又称为附件，应写清随起诉状向人民法院提交的起诉状副本几份，书证、物证多少份、多少件等。

（四）行政起诉状的写作举要

1. 事实真实，证据充分

行政起诉状所叙述的事实要真实可靠，要反映案件本来面目，不能弄虚作假。起诉能否被受理，主要取决于事实的可靠性。证据是法院审理案件时认定事实的基础。行政起诉状以客观事实为依据，必须证据充分。原告的证据要列举充分，包括提供书证、物证和其他证明材料的原件或复印件，并做必要的说明。

2. 起诉合法，表达严谨

写作要依法进行，注意使用范围。无论是写作体例、适用对象，还是请求事项、请求事由都应该符合相关的法律法规。起诉状表达要严谨，请求要合理可行。要按照固定的格式来写，讲究行文的条理性和逻辑性。要表达严谨，语言准确、庄重、简洁、平实，表达的准确包含言辞确切、术语得当。

3. 请求可行，注重实效

请求的事项要符合国家的法律法规，也要考虑被告实际情况，使提出的诉讼请求能顺利执行。此外，要注意时效，不要因为超越法定时间而导致起诉失败。

三、行政答辩状

（一）行政答辩状的概念与作用

1. 行政答辩状的概念

行政答辩状是行政诉讼中的被告针对原告的行政起诉状或被上诉人针对上诉人的上诉状中提出的诉讼请求，依据相关事实与理由进行辩驳，向人民法院做出的书面答复。

2. 行政答辩状的作用

行政答辩状主要有两个方面的作用：

（1）依法答复

提出答辩状是诉讼当事人的一项诉讼权利，而不是诉讼义务。在诉讼过程中，被告收到法院送达的起诉状副本或者被上诉人收到上诉状副本之后，主要针对起诉状或上诉状的内容，提出答复。有答复才有答辩，答复是不可缺少的内容。

（2）依法辩驳

被告和被上诉人通过答辩状，可以针对原告或上诉人提出起诉或上诉的事实、理由和根据以及请求事项，进行有的放矢的答辩，阐明自己的理由和要求，并提出事实和证据来证实自己的观点。运用确凿事实、充分证据和有关法律条款驳倒对方，证明自己行为的合理合法，是辩驳的根本属性。

(二) 行政答辩状的特点与类型

1. 行政答辩状的特点

(1) 论辩性

起诉状或上诉状提出原告人或上诉人的诉讼请求，要陈述事实讲明理由，并且会涉及双方的切身利益。运用答辩状批驳对方，申诉自己的理由来证明对方请求的荒谬性就需要辩论，这样鲜明的论辩色彩在答辩状中尤其突出。

(2) 针对性

针对性是行政答辩状的重要特点。它是针对原告提出的起诉状或上诉人提出的上诉状而写的，是对起诉状或上诉状中的事实和理由阐发自己意见的文书。

(3) 合理性

答辩人应在客观的事实和充分的法律知识的基础上答辩，目的非常清楚，就是要表明自己的观点，解决相关的问题。因此，强调答辩的合理性来突出答辩的准确性、正确性在答辩状中十分明显。

(4) 完整性

行政答辩状要把自己的所有请求全部确切地提出来，而不能含糊其辞、模棱两可。它本身应该通篇连贯、逻辑严密、内容完整、结构清晰。

2. 行政答辩状的类型

(1) 按审级分，有一审程序中的答辩状、二审程序中的答辩状。

(2) 按对象分，有行政部门答辩状、行政机关工作人员答辩状等。

(3) 按内容分，有财产纠纷答辩状、商业纠纷答辩状等。

(三) 行政答辩状的结构

行政答辩状一般由标题、首部、主体和尾部构成。

1. 标题

标题反映案件类型和文种名称，也可直写为《行政答辩状》。如果是第二审程序的答辩状，则写《行政上诉答辩状》。

2. 首部

首部主要是写明答辩人的基本情况。答辩状与其他诉状在这一部分中的不同之处是它只有答辩人一方的基本情况，无须再写原诉人的基本情况。如果答辩人是公民，应该列出与其他诉状一样的内容；如果答辩人是法人和其他组织，则也应该列出相应的内容；如有委托代理人，则应写明其姓名、单位、地址等内容。

3. 主体

主体即正文，包括答辩案由、事实和理由、答辩意见三部分内容。

（1）答辩案由

写明答辩人是对何人起诉或上诉的何案提出答辩。通常的写法是：“因对原告人（自诉人、上诉人）诉×案，提出答辩如下：……”或“贵院于×年×月×日寄来的诉状副本及应诉通知书本答辩人已于×年×月×日收到，现提出答辩意见如下：……”。

（2）事实和理由

这是答辩状的核心部分，也是最关键部分。它的基本要求就是要针对原诉提出的事实、理由和诉讼请求进行答复和辩驳。如果要使答辩有力，就要有针对性地提出相反的事实、证据和理由来驳斥原诉的请求，阐明自己的观点和意见。答辩状具有很强的辩驳性，往往与原诉针锋相对。答辩理由主要针对原诉所写事实不实、适用法律不当和对方违反法定程序等进行反驳。

（3）答辩意见

答辩意见即在充分阐述答辩理由的基础上，申明自己的看法、意见和主张，同时列出起诉状中不合理、不合法之处，进而依据法律证明自己的合理、合法，请求人民法院依法公正裁判。

4. 尾部

答辩状的尾部和其他诉状尾部的内容没有差异。它一般包括呈文对象、签署盖章、标明日期。

5. 附项

附项又称为附件，写明随答辩状正本向人民法院递交的答辩状副本份数、书证及物证的名称和数量。

（四）行政答辩状的写作举要

1. 尊重事实，熟悉法律

答辩要特别注重揭示事实真相，实事求是，陈述事实，列举有力证据，以理服人。要熟练掌握并运用有关法律条文，依据答辩理由和意见合法的基础上，善于发现并揭露起诉状或上诉状中援引法律上的谬误，指出其行为的不合法性。

2. 有的放矢，合法合理

答辩是与起诉、上诉针锋相对的诉讼行为。在写作答辩状时，必须抓住关键，分析双方的分歧所在，找到对方的破绽，然后做到有的放矢，使答辩更具有说服力。答辩状的辩驳必须以事实为依据，以法律为准绳，答辩理由才合情合理。

3. 答辩及时，注重技巧

必须在法定的时间内，按要求及时提交答辩文本，并且在法定时间要求内及时进行答辩。要抓住原诉状中的关键性问题，注重技巧，针锋相对地摆事实、讲道理，用事实、论据和法律条文等澄清事实，指出对方不合理、不合法和不合逻辑之处，达到驳倒对方不实的指控及不合理的诉讼请求的目的。

第二章　民事法律事务文书

一、概述

（一）民事法律事务文书的概念与作用

1. 民事法律事务文书的概念

民事法律事务文书指司法机关为处理各类民事诉讼案件及当事人、律师为解决诉讼纠纷和处理非诉讼问题而依法制作或使用的具有法律效力或法律意义的文书的总称。

在这里，司法机关处理各类民事诉讼案件而制作的文书，叫民事司法文书。当事人、律师为解决诉讼纠纷和处理非诉讼问题而制作使用或代书的文书，叫民用法律文书。

2. 民事法律事务文书的作用

（1）重要工具

民事法律事务文书既是司法机关行使司法权，适用民事法律、法规，确认民事权利与义务关系，制裁民事违法行为，解决民事案件的工具，也是公民、法人或其他组织维护自身合法权益的书面材料。

（2）作用突出

民事法律事务文书在相当程度上体现了国家法律、法规的意志，并成为重要的应用工具。它提高了司法机关为处理各类民事诉讼案件及当事人、律师为解决诉讼纠纷和处理非诉讼问题的能力，也成为了教育公民、宣传法制的有效形式。

（二）民事法律事务文书的特点与类型

1. 民事法律事务文书的特点

（1）规范性

民事法律事务文书程式化特点十分明显，包括结构固定化、用语成文化和文本格式化。此外，它必须依靠国家的法律、法规的严格规定进行制作和使用，规范化特征非常明显。

（2）合法性

民事法律事务文书都必须依法制作，也是文书立文的依据。包括制作主体法定、制作于法有据、正确适用实体法、符合法定程序等，都必须真实无误，符合国家法律、法规的要求，体现其法律精神与法律意志。

（3）实效性

法律文书都是为解决一定的法律问题而制作的，讲求实效是其重要的要素。它突出表现在应用法律法规解决实际问题，应用司法手段处理问题，利用处理结果体现法律法规精神，实效性一直贯穿于运用的整个过程中。

（4）准确性

民事法律事务文书的准确性要求非常明确。它表现在不同环节或不同过程中的具体表达、诉求和应用之中。它还表现在对相关案件的审理、复议、结论等的程式清晰，处理明确等之上，准确性体现得十分鲜明。

2. 民事法律事务文书的类型

（1）按类别分，有民事法律事务文书、民事法律非诉讼文书。

（2）按制作者分，有司法机关民事法律诉讼文书、当事人制作和使用的民事法律诉讼文书、律师代书和自用的民事法律诉讼文书。

（3）按作用分，有具有法律效力的民事法律诉讼文书、具有法律意义的民事法律诉讼文书。

（4）按形式分，有叙述式民事法律诉讼文书、填空式民事法律诉讼文书、笔录式民事法律诉讼文书、表格式民事法律诉讼文书。

二、民事起诉状

（一）民事起诉状的概念与作用

1. 民事起诉状的概念

民事起诉状是指公民、法人或其他组织，在认为自己的合法权益受到侵害或者与他人发生争议时或者需要明确权益时，向人民法院提交的请求人民法院依法裁判的法律文书。

2. 民事起诉状的作用

（1）依据作用明显

民事起诉状的依据作用主要表现在：当事人为起诉提供相关依据，有利于自身权利依法得到应有保护；可成为人民法院受理并予以立案、受理的凭证；可以是人民法院对民事纠纷进行调解和审理的基础，使法院了解原告的诉讼请求、事实和理由，依法解决问题；可以成为被告应诉答辩的依据。

（2）重要执法工具

司法机关行使司法权，运用法律，保证无罪人不受法律追究，民事起诉状就是极好的应用工具。对公民、法人或其他组织维护自身权益而言，可以依据它运用相关法律，切实维护法律赋予的相关权益，使之成为维权的有力武器。

（二）民事起诉状的特点与类型

1. 民事起诉状的特点

（1）法规性

民事起诉状自身就是应用范围极广的法律文书。它有明确的原告与被告，明确了人民法院管辖范围的审理权限，有明确的具体诉讼请求与事实根据，有依法审理、判决、上诉、答辩、执行等明确无误的程序等，其法规性无处不在。

（2）客观性

认定事实的客观性是民事起诉状的一大特点。它鲜明地体现了客观性的三个基本点：一是准确地揭示案件的本来面貌；二是全面阐述案件的各个侧面；三是准确表达案件关键部分的事实。

（3）权威性

民事起诉状的权威性主要表现在具体应用的合法性、执行的强制性和解释的单一性三个方面。通过民事起诉状，可以体现出法律和司法机关的尊严、公正、公平的权威，道义与公德的权威，必须执法护法的权威。

（4）规范性

民事起诉状依法律按照一定的格式，把特定的内容和项目简明扼要、条清理晰地表达出来，规范性突出表现在便于制作、查阅、管理和执行上非常明晰。

（5）准确性

民事起诉状具有与法律的精神与内涵的一致性，表述规范，表达得体，援引的相关法律规定、阐述的诉讼事实、具体举证手段、诉讼的明确目的等，都会准确地反映出法律的相关要求，准确性程度非常高。

2. 民事起诉状的类型

（1）按主体分，有财产起诉状、经济纠纷起诉状、个人荣誉起诉状等。

（2）按形式分，有叙述式民事起诉状、填空式民事起诉状、笔录式民事起诉状、表格式民事起诉状等。

（3）按制作者分，有司法机关民事起诉状、当事人制作和使用的民事起诉状、律师代书和自用的民事起诉状。

（三）民事起诉状的结构

民事起诉状一般由标题、首部、主体和尾部构成。

1. 标题。

标题反映案件类型和文种名称，可直写为《民事诉状》或《民事起诉状》。

2. 首部

首部又称状头，要交代和说明当事人的各项基本情况。民事诉讼的当事人包括原告和被告。先写原告，后写被告，分段依次写明姓名、性别、年龄、民族、籍贯、职业、工作单位和住址等项。当事人如系企业事业单位、机关、团体，则在原、被告项内，第一项写明单位名称和所在地，第二项写明其法定代表人的姓名、职务。当事人有数人时，应依次写出，按享受权利和应尽义务的大小排列。享受权利多的原告和应尽义务多的被告分别先列写，然后按顺序列写。基本情况的写法相同。如果有诉讼代理人的，可在各该当事人名下，另起一段写明诉讼代理人的姓名、单位和职务。

如果有第三人参加诉讼的，应在列写完当事人之后，写明第三人的姓名和基本情况，并且根据案情需要，证明第三人与原、被告的关系。

3. 主体

主体又称正文，主要包括请求事项、事实和理由两部分内容。

（1）请求事项

请求事项即诉讼请求或案由，是原告在诉讼中请求法院维护自己合法利益的具体事项。它主要写明请求解决争议的权益和争议的事物，即请求人民法院依法解决原告一方要求的有关民事权益争议的具体事项。如请求人民法院解决损害赔偿、债务清偿、合同履行或者要求与被告离婚、给付赡养费、继承遗产等事项。

（2）事实和理由

这是起诉状的核心部分，是内容的重点，也是提出自己诉讼请求的主要根据，包括事实、证据和理由三方面内容。

事实可以全面反映案件的客观真实情况。叙事要完整地讲明民事案件案情事实的六个要素，即时间、地点、人物、事件、原因和结果，叙事要真实。诉状是法院受理案件的重要根据之一。叙述案情时，实事求是地反映案件事实的本来面貌；叙事要明确，与争议事实有直接关系的事实，要详细叙述明白，与案情事实关系不大但必须交代清楚的，可以简要概括。

证据是指提出诉讼的事实根据及证明事实的证据。在提出了事实和理由以后，就应该尽可能地向法院提供与此相关的证据。当事人对自己提出的主张，有责任提供证据。证据包括人证、物证、书证等一切可资证实上述事实和理由的材料，并要告知法院证据的来源及查证的方法。

理由是根据民事权益争执的事实和证据，写明提出请求事项的理由和法律依据，并根据所叙事实和所列证据，依照有关法律条文、法规、政策阐明提出请求的理由，主要在于论证请求的合理、合法性。

事实和理由，既可以分别写，又可以合在一起写，摆事实，讲道理。根据事实和证据，按照法律有关规定，分析论证，分清是非曲直，明确权利与义务关系，确认民事法律责任。

4. 尾部

尾部一般包括两方面的内容：一是呈文对象，即诉状所交的人民法院的名称；二是起诉人姓名、年月日、签名盖章。

5. 附项

附项又称为附件，应写清随起诉状向人民法院提交的起诉状副本几份，书证、物证多少份、多少件等。

（四）民事起诉状的写作举要

1. 目的清楚，事项明白

民事起诉涉及范围大，对象多，如何起诉，要达到什么目的，有什么需要陈述的等，要有明确的交代。具体事项怎么样、证据是否充分都要考虑好。要注意律师不宜代写民事起诉状的几种情况。

2. 注重时效，充分准备

注意诉讼的时效。因为它常常涉及赔偿的时间保证。按法律规定，保护民事权时间和诉讼有效时间都是有明确规定的，不能掉以轻心。起诉前要充分了解与起诉相关的法律文本，要咨询相关法律工作专业人士，自己也要充分理解法律要求及规定。特别是不要忽视了在起诉时应递交起诉状副本等事情。

二、民事上诉状

（一）民事上诉状的概念与作用

1. 民事上诉状的概念

民事上诉状是指诉讼当事人不服人民法院做出的第一审判决或裁定，在法定上诉期内向上一级人民法院提起上诉，请求撤销、变更原审裁判或请求重新审理而写的诉讼文书。

2. 民事上诉状的作用

（1）重要依据

民事上诉状是当事人行使上诉权，维护自身合法权益的工具，也是上一级人民法院对下一级人民法院判决或裁定进行全面审查，经过审理依法做出裁判的依据。当事人以此依法进行上诉，上一级人民法院据此依法进行重新审理，都离不开上诉状提供的相关依据。

（2）护法执法

当事人不服人民法院判决或裁定，向上一级人民法院提起上诉，上一级人民法院依法进行重新审理，也是人民法院相关人员提高护法和执法水平的过程，更是体现法治民主建设，切实维护当事人合法权益的具体表现。

（二）民事上诉状的特点与类型

1. 民事上诉状的特点

（1）专一性

民事上诉状由当事人不服人民法院第一审判决或裁定引起，必须要民事诉讼当事人及其法定代理人提出上诉，他人无权提起。同时，上一级人民法院审理也要以此进行重新审理，一事一审，专事专审，非常专一。

（2）准确性

民事上诉状同样具有按法律的要求进行上诉的同一性，上诉所援引的相关法律法规、陈述事实、具体举证、上诉目的等都指向明确，维护权益要求具体，内容清晰，准确性始终贯穿于从上诉到审理，再到重新判决或裁定的全过程。

（3）时效性

民事上诉状有具体明确的时限要求，必须依照法定期限，向上一级人民法院提起上诉。法律规定，凡超越了上诉的有效期，人民法院将不受理。

2. 民事上诉状的类型

（1）按主体分，有财产上诉状、经济纠纷上诉状、个人荣誉上诉状等。

（2）按形式分，有叙述式民事上诉状、填空式民事上诉状、笔录式民事上诉状、表格式民事上诉状等。

（3）按制作者分，有司法机关民事上诉状、当事人制作和使用的民事上诉状、律师代书和自用的民事上诉状等。

（三）民事上诉状的结构

民事上诉状由标题、首部、主体和尾部构成。

1. 标题

标题反映案件类型和文种名称，可直写为《民事上诉状》。

2. 首部

首部又称状头，有两个基本内容：其一，要交代和说明当事人的各项基本情况。民事上诉状的当事人包括原告和被告。要分段依次写明姓名、性别、年龄、民族、籍贯、职业、工作单位和住址等项。要按顺序列写上诉人、被上诉人在一审中的诉讼地位。当事人是法人或其他组织的，也要写明地址、法定代表人或代表人的姓名和职务。如果有上诉代理人的，可在各该当事人名下，另起一段写明诉状代理人的姓名、单位和职务。其二，要写明案由等内容，按法定规定，应当表述为“上诉人因×××（案由）一案，不服×××人民法院×年×月×日法民初字第×号判决（裁定），现提出上诉”。

3. 主体

主体又称正文，主要包括上诉请求、上诉理由两部分内容。

（1）上诉请求

上诉请求事项，即指上诉人请求上一级人民法院要求解决的具体问题或具体事项。上诉请求要明确、具体，详尽，要写明上诉人请求二审人民法院依法撤销或变更原审裁判，以及怎样解决本案民事权益争议的具体要求。

（2）上诉理由

这是起诉状的核心部分，是内容的重点，也是提出上诉请求的主要根据所在。民事上诉状的上诉理由与起诉状有严格区别：上诉状是针对原审进行论述，起诉状是针对对方当事人无理之处进行论述。若不分清楚，就会文不对题，上诉失去依据，其上诉意见或要求也不会被法院采纳。

上诉理由要注意有三个要点：一是针对原审认定的事实或错误进行举证与议论，指出存在的遗漏或出入，包括事实有误、证据有误等，因而据此做出的判决或裁定可能不正确；二是针对原审适用法律的错误进行论证，具体指出错误或不当所在，提请法院注意，并指出应当依法适用的法律或法规，以此形成对比；三是针对原审违反的法定程序进行论证，要指出案件处理不当的具体所在，同时提出要求改判原审判决或裁定的具体理由。

4. 尾部

尾部一般包括两方面的内容：一是呈文对象，即诉状所交的人民法院的名称；二是上诉人姓名、年月日、签名盖章。

5. 附项

附项又称为附件，应写清随上诉状向人民法院提交的上诉状副本几份，书证、物证多少份、多少件等。

（四）民事上诉状的写作举要

1. 反驳有方，有的放矢

民事上诉状主要采用反驳法进行上诉。反驳要讲究方法，注重针对性，突出说明性，强调逻辑性。要针对上诉人对原裁判的不服之处，有的放矢；推出客观事实和证据，援引正确的法律条款，据理论证，分清是非。这样再具体推出正确结论，明确提出上诉的要求。

2. 注重实效，力求完备

上诉实效非常重要。按法律规定，依法提出上诉以维护自身权益，就特别要注意整个二审过程完成后，重新判决或裁定的结果。尤其要考虑二审属于最终判决或裁定，不可能再有更改机会的情况。所以，从上诉到最后的判决或裁定，一定要多多考虑可能出现的问题。因此，就要注意充分了解与上诉相关的法律文本，多咨询法律专业人士，力求准备充分，没有任何疏漏。

三、民事答辩状

（一）民事答辩状的概念与作用

1. 民事答辩状的概念

民事答辩状是民事诉讼中的被告针对原告的行政起诉状或被上诉人针对上诉人上诉状中提出的诉讼请求、事实与理由进行辩驳，向人民法院做出的书面答复的法律文书。

2. 民事答辩状的作用

（1）及时答复，深化程序

在诉讼过程中，被告收到法院送达的起诉状或者被上诉人收到上诉状副本之后，主要针对起诉状或上诉状的内容，提出答复。有答复才有答辩，答复是答辩状的第一作用，是不可缺少的内容。答复有法定的时效要求，及时快捷非常重要。

（2）辩驳论证，求得结果

答辩状的答辩作用尤其明显。答辩状运用确凿的事实、充分的论据和有关的法律条款，通过论证和反驳，去驳倒对方的观点和论据，说明自己的观点合理合法。所以，有力度的答辩才可能进一步弄清事实，改变原审判决或裁定，也才能获得真正预期的上诉结果。

（二）民事答辩状的特点与类型

1. 民事答辩状的特点

（1）针对性

有备而来，有针对性地进行答辩非常必要。答辩针对原告提出的诉状或上诉人提出的事实和理由而阐发自己意见，提出相应事实与证据，意在证明自己的正确和对方的错误，专一而有深度，即“缘事而发”的特点突出而鲜明。

（2）论辩性

起诉状或上诉状提出原告人或上诉人的诉讼请求，要陈述事实讲明理由，并且会涉及双方的切身利益。运用答辩状批驳对方，申诉自己的理由来证明对方请求的荒谬性就需要辩论，鲜明的论辩色彩在答辩状中极为明显。

（3）正确性

在客观事实和充分的法律支撑基础上进行答辩，目的非常清楚，就是要表明自己的观点，解决相关问题，证明自己的主张的正确。它通过合理性、规范性的举证等，根本目的就在于证明答辩的必要与自己看法、意见和主张的正确。

（4）完整性

民事答辩状要把自己的所有请求全部确切地提出来，而不能含糊其辞、模棱两可，它本身应该通篇连贯、逻辑严密。

2. 民事答辩状的类型

（1）按审级分，有一审程序中的答辩状、二审程序中的答辩状。

（2）按对象分，有个人与个人之间的答辩状、单位与单位之间的答辩状、个人与单位之间的答辩状、部门与企业之间的答辩状等。

（3）按内容分，有财（遗）产继承纠纷答辩状、经济纠纷答辩状、劳动纠纷答辩状等。

（三）民事答辩状的结构

民事答辩状一般由标题、首部、主体和尾部构成。

1. 标题

标题反映案件类型和文种名称，也可直写为《答辩状》。如果是第二审程序的答辩状，则写《民事上诉答辩状》。

2. 首部

首部又称状头，主要是写明答辩人的基本情况。答辩状与其他诉状在这一部分中的不同之处是它只有答辩人一方的基本情况，无须再写原诉人的基本情况。如果答辩人是公民，应该列出与其他诉状一样的内容；如果答辩人是法人和其他组织，则也应该列出相应的内容；如有委托代理人，则应写明其姓名、单位、地址等内容。

3. 主体

主体即正文，包括答辩案由、事实和理由、答辩意见三部分内容。

（1）答辩案由

写明答辩人是对何人起诉或上诉的何案提出答辩。通常的写法是："因对原告人（自诉人、上诉人）诉×案，提出答辩如下：……"或"贵院于×年×月×日寄来的诉状副本及应诉通知书本答辩人已于×年×月×日收到，现提出答辩意见如下：……"。

（2）事实和理由

这是答辩状的核心部分，也是最关键部分。它的基本要求就是要针对原诉提出的事实、理由和诉讼请求进行答复和辩驳。如果要使答辩有力，就要有针对性地提出相反的事实、证据和理由来驳斥原诉的请求，阐明自己的观点和意见。答辩状具有很强的辩驳性，往往与原诉针锋相对。答辩理由主要针对所写事实不实、适用法律不当和对方违反法定程序进行反驳。

（3）答辩意见

在充分阐述答辩理由的基础上，答辩人要申明自己的看法、意见和主张。列出起诉状中不合理、不合法之处，依据法律证明自己的合理、合法，请求人民法院依法公正裁判。

4. 尾部

答辩状的尾部和其他诉状尾部的内容没有差异。它一般包括呈文对象、签署盖章、标明日期。

5. 附项

附项又称为附件，写明随答辩状正本向人民法院递交的答辩状副本份数、书证及物证的名称和数量。

（四）民事答辩状的写作举要

1. 合法合理，讲究步骤

答辩是与起诉、上诉针锋相对的诉讼行为。在写作答辩状时，要熟练掌握并运用有关法律条文，实事求是，抓住关键，特别注重揭露事实真相，分析双方的分歧所在，找到对方的破绽，然后做到有的放矢，使答辩更具有说服力。答辩状的辩驳必须以事实为依据，以法律为准绳，答辩理由才合情合理。

2. 注重技巧，答辩周全

必须在法定的时间内，按要求及时提交答辩。写作时还要注重技巧，在叙述客观事实时，要特别注意抓住对方诉讼状中不合理、不合法和不合逻辑之处，援引法律条文进行辩驳，指出其行为的不合法性，从而产生制胜的效果。答辩要周全，就是要抓住原诉状中的关键性问题，针锋相对，周全详备，用事实、论据和法律条文等澄清事实，驳倒对方不实的指控及不合理的诉讼请求。

第三章　刑事法律事务文书

一、概述

（一）刑事法律事务文书的概念与作用

1. 刑事法律事务文书的概念

刑事法律事务文书指司法机关为处理各类刑事诉讼案件及当事人、律师为解决刑事纠纷而依法制作或使用的具有法律效力或法律意义的文书的总称。

在这里，司法机关为处理各类刑事诉讼案件而制作的文书，叫刑事司法文书。当事人、律师为解决刑事纠纷而制作的文书，叫刑事诉讼法律文书。

2. 刑事法律事务文书的作用

(1) 依法执法工具

司法机关行使司法权，使用刑事法律规范，区分合法与违法行为和事实，制裁刑事犯罪，保证无罪的人不受法律追究，刑事法律文书就是极好的应用工具。对公民、法人或其他组织维护自身权益而言，可以依据这样的文书，运用相关法律，切实维护法律赋予的相关权益，同样也是维权的有力武器。

（2）强化法律法规

刑事法律事务文书涉及对象、运用范围等能动作用非常突出，所蕴含的法律法规元素极为丰富，极大地提升了法律法规的权威地位和应用价值。它可以体现法律法规的基本内涵，并且通过文书促进法律法规的进一步实践，对加强法治和法制的民主建设提供了极有价值的参考性文本，必将强化法律法规的作用，促进其更大发展。

（二）刑事法律事务文书的特点与类型

1. 刑事法律事务文书的特点

（1）合法性

刑事法律事务文书反映诉讼活动，合法性表现十分充分。诉讼的每个环节都需要相应的法律法规作为支持，按有关条款进行诉讼活动。它的合法性还表现在应用全部过程的合法、各个具体环节的合法。没有合法性就不能构成这样的文书。

（2）固定性

刑事法律事务文书的固定性主要表现在结构固定化、用语规范化、事项要素化方面。它同其他法律文书一样，有相应的法定制作和运用的规范，有专业性极强的相关用语，蕴含的各种事项要素极其充分。

（3）强制性

刑事法律文书是实施法律的重要手段，因而它的实施必须依靠国家的强制力来保证其执行的有效性。强制性在起诉、答辩、判决、执行等方面无处不在，并以法律法规为支撑，极具严肃性和约束性。没有强制性，就没有法律的尊严性和强势的执行力，法律的应用则成了纸上谈兵。

2. 刑事法律事务文书的类型

（1）按制作者分，有公安机关刑事法律诉讼文书、检察机关刑事法律诉讼文书、人民法院刑事法律诉讼文书、当事人自用的刑事法律诉讼文书、律师自用或代书的刑事法律诉讼文书。

（2）按作用分，有具有法律效力的刑事法律诉讼文书、具有法律意义的刑事法律诉讼文书。

（3）按形式分，有叙述式刑事法律事务文书、填空式刑事法律事务文书、笔录式刑事法律事务文书、表格式刑事法律事务文书。

二、刑事自诉状

（一）刑事自诉状的概念与作用

1. 刑事自诉状的概念

刑事自诉状是指刑事自诉案件的被害人或其法定代理人，为追究被告人的刑事责任，直接向人民法院起诉的法律文书。

2. 刑事自诉状的作用

（1）提供依据

刑事自诉状是当事人向人民法院提起诉讼的工具，也是人民法院受理案件、追究被告人刑事责任的主要依据。它所诉讼的内容、陈述的事实、进行的举证等一系列行为，都存在依据性。凭什么这样或那样，必须要事出有因，具有相当的可行性、可信性与真实性。

（2）依法处理

起诉者以自诉状进行起诉，就是为了依法维护自身的合法权益，切实解决问题，既维护法律的尊严，体现法律的公平与公证，也维护了起诉者的个人尊严与合法利益。

（二）刑事自诉状的特点与类型

1. 刑事自诉状的特点

（1）真实性

刑事自诉状特别强调客观真实地反映自诉的当时状况。它包括起诉、举证、陈述等全部过程。自诉不真实，必然要承担相应的法律责任，不可掉以轻心。

（2）明确性

起诉谁、为什么起诉、起诉事由是什么等，都要非常清晰明确。它关系到人民法院是否受理，尤其关系到案件定刑的情节。这就要特别注意事由、证据、情节、细节的清楚无误，指向要清楚明确。

（3）逻辑性

叙述符合文法规范，内容前后一致，尤其是一定要明确侵害的结果与被告人的犯罪行为之间的因果关系。这是刑事自诉状非常强调的地方。陈述过程、提出要求等，更要体现内在的逻辑关系，使之有条理，有质量也才具有影响力。

（4）具体性

刑事自诉状举证具体，指明证人、明确犯罪人、现场的目击者等，并注明其真实姓名和详细地址。凡是自诉人认为能够证明案件事实的真实性的一切证据，都应列举。这是刑事自诉状的一个基本要求。

2. 刑事自诉状的类型

（1）按类型分，有侮辱诽谤案自诉状、虐待案自诉状、侵占案自诉状等。

（2）按作用分，有具有法律效力的自诉状和具有法律意义的自诉状两种。

（3）按形式分，有叙述式刑事自诉状、填空式刑事自诉状、笔录式刑事自诉状、表格式刑事自诉状。

（三）刑事自诉状的结构

刑事自诉状由首部、正文和尾部构成。

1. 首部

首部包括标题和当事人的基本情况。

（1）标题

标题反映案件类型和文种名称，也可直写为《刑事自诉状》。如果是第二审程序的答辩状，则写《刑事上诉答辩状》。

（2）当事人基本情况

当事人基本情况，即自诉人、被告人姓名、性别、民族、出生地、职业、文化程度、工作单位、住址等。当事人按照规定的顺序，先写自诉人，后写被告人。自诉人和报告人是二人以上的，自诉人则按其受伤害的轻重程度列写，被告人则按罪行轻重列写，重者先写，然后写明各自按法定要求要写清楚的相关情况。基本情况要特别注意突出真实性，注意顺序，不能随意增加或减少。

2. 正文

这是刑事自诉状的核心所在。主要包括案由和诉讼请求、事实与理由、证人姓名、住址、工作单位等，以及其他证据的名称、来源等情况。

（1）案由与诉讼请求

具体写明被告人侵犯自诉人合法权益的行为性质以及在法律上所构成的罪名，向人民法院提出追究被告人刑事责任的具体请求。它强调罪名应依法确定，且准确无误，提出具体请求也有详尽说明。凡有两个以上案由的，可一一列出。

（2）事实与理由

事实与理由是刑事自诉状的核心，应着重阐述被告人犯罪行为的具体内容，包括犯罪行为发生的时间、地点、犯罪手段、情节和危害后果等，以及可以证明被告人犯罪事实的证据，并援引刑法有关规定，对被告人的犯罪性质和应当承担的刑事责任加以论证，说明自诉人提起自诉的合法性。

这里要特别强调案件的真实情况、罪与非罪的界定和突出犯罪人犯罪行为的危害程度。

（3）证据部分

对证据、证人名单以列举的方式逐个写清，以便人民法院查证核实。

3. 尾部

包括结尾与附项，有送人民法院的名称、自诉人签名，注明年月日。附项写明随附刑事自诉状的副本份数和其他证据情况。

（四）刑事自诉状的写作举要

1. 注重条件，知晓法规

要注意人民法院受理的条件，即属于人民法院依法应当受理的案件；属于人民法院管辖；案件是被害人自己叙述的；有明确的被告人。清楚了诉讼的条件，才可能进行起诉和展开继后的诉讼事由。要进行刑事自诉，还必须要了解相关的法律法规，哪些法规适合起诉、利于诉讼，具体有什么要求或规定等都要清楚。

2. 注重过程，善于表达

起诉一旦被受理，就要注重整个诉讼过程的完备，即案由与诉讼请求、事实与理由、举证等各个环节的完整性，使整个诉讼过程正常有序，清晰明白。在诉讼中要善于表达，即依据相关法律和事实尽可能地陈述清楚。用语还要简洁，表意准确，紧抓中心，展开内容，尽可能地予以准确清楚的表达和陈述。

三、刑事上诉状

（一）刑事上诉状的概念与作用

1. 刑事上诉状的概念

刑事上诉状是刑事公诉案件的被告人、被害人和刑事自诉案件的自诉人、被告人不服一审法院的判决、裁定，依照法定程序，在法定期限内，向原审法院的上级法院提出的要求重审改判的法律文书。

我国法院实行两审终审制，第二审裁判是终审裁判，不得再行上诉。

2. 刑事上诉状的作用

（1）防止冤假错案

按法律规定，刑事附带民事案件的原告、被告也可就民事赔偿部分提起上诉引起第二审，对于推动二审法院坚持正确裁决或纠正错判有极重要的作用。它表现在被告人上诉的法定权益，即拥有的上诉权不得以任何借口加以剥夺。这样，有利于保护刑事案件当事人的合法权益，有利于保证审判质量，有利于防止冤假错案的发生。

（2）提高执法水平

刑事上诉状引出的二审，在可以极大地维护当事人合法权益的同时，对于进一步提高人民法院依法审判或依法裁决的执法水平有着极大的促进作用。它可以经过第二审，进一步完备法定程序，强化相关执法人员判定或裁决能力，对于加强法制建设与民主建设都具有积极意义。

（二）刑事上诉状的特点与类型

1. 刑事上诉状的特点

（1）准确性

刑事上诉状通过二审程序，对一审的整个过程进行审理，并做出相应判决，其执法的准确性更为严谨细致，包括各环节、相应证据、被告人诉求等，都更强调防微杜渐，细致入微，不会放过任何细节或要素的变化，准确性十分突出。

（2）强制性

我国法院实行两审终审制，第二审裁判是终审裁判，不得再行上诉。经二审的相关判决或裁定，就必须坚决执行，没有任何理由予以抗拒或否定，法律的强制性体现更为充分，是强制性的极大表现。

2. 刑事上诉状的类型

（1）按类型分，有抢劫刑事上诉状、虐待刑事上诉状等。

（2）按作用分，有具有法律效力的上诉状和具有法律意义的上诉状两种。

（3）按形式分，有叙述式刑事上诉状、填空式刑事上诉状、笔录式刑事上诉状、表格式刑事上诉状。

（4）按制作者分，有当事人制作和使用的刑事上诉状、律师代书和自用的刑事上诉状。

（三）刑事上诉状的结构

刑事上诉状由首部、正文和尾部构成。

1. 首部

首部包括标题和当事人基本情况及案由。

（1）标题

标题反映案件类型和文种名称，可直写为《刑事上诉状》。

（2）当事人基本情况及案由

当事人基本情况，即自诉人、被告人姓名、性别、民族、出生地、职业、文化程度、工作单位、住址等。在上诉人和被上诉人之后，加括号说明其在原审中的地位。被告人的辩护人、近亲属经被告人同意提出上诉的，要写明他们的关系，并以被告人作为上诉人。刑事公诉案件中，被告人提出上诉的，在刑事上诉状中只写上诉人，不写被上诉人，不能把检察机关作为被上诉人。

案由，应当写为“上诉人×××一案，于×年×月×日收到×××人民法院×年×月×日（××××）×字刑事××，现因不服该××提出上诉”。

2. 正文

这是刑事上诉状的核心，包括上诉请求和上诉理由。

(1) 上诉请求

具体写明提出上诉所要达到的目的，体现上诉人的愿望，一般要求写明上诉人请求第二审人民法院部分或全部撤销原审判决或裁定，或请求第二审人民法院重新审理，改变原判。

(2) 上诉理由

它主要是针对原审裁定的不当之处提出不服的理由，并由此进行上诉人对原审裁判的辩驳。它着重阐述事实，突出针对性和反驳性，针对原审认定事实的错误、原审适用法律的错误、原审违反诉讼程序的错误和原审定性的错误等进行论证，并引用相关法律作为依据，讲出道理，明确目的。

3. 尾部

包括结尾与附项，有送人民法院的名称、上诉人签名、写明年月日。附项写明随附刑事上诉状的副本份数和其他证据情况。

(四) 刑事上诉状的写作举要

1. 注重范围，清楚目的

刑事上诉状要清楚自身具体诉求的四个必要条件，即应当是人民法院应当受理的案件、属于人民法院管辖、刑事案件被害人有具体的陈述和有明确的被告人。同时，还要明确上诉的目的，针对原审认定事实的错误、原审适用法律的错误等，有相关的法律依据来支撑论证，实现自身上诉的最终目的。

2. 注重事实，陈述清楚

请求第二审人民法院部分或全部撤销原审判决或裁定，或请求第二审人民法院重新审理，改变原判，必须要注重事实。有了充分的事实做证据来证明自己依法提出要求的合理，还要靠清楚的陈述即阐述的清晰性和可信性来支持看法或要求。它包括语言简洁深刻，表达准确，富有逻辑等，都是要在写作时注意的。

四、刑事答辩状

(一) 刑事答辩状的概念与作用

1. 刑事答辩状的概念

刑事答辩状是指刑事自诉案件的被告根据刑事自诉状或被上诉人根据刑事上诉状的相关内容，针对原告提出的诉讼请求或上诉人提出的上诉请求，在法定时间内做出答复，并依据事实与理由进行辩驳的法律文书。

2. 刑事答辩状的作用

(1) 明确是非

答辩作为一种应诉的行为，是被告人和被上诉人依法享有的一种诉讼权利。被告人和被上诉人可凭借答辩状对自诉人或上诉人的诉讼请求等进行答辩，以辩来澄清事实，弄清是非曲直，引出新的判决或裁定，这种以答辩明是非的作用必不可少。

（2）维护公正

法律要维护公平与公正，必然要靠具体的法定行为来证明其公正与公平所在。在法律实践中，刑事答辩状体现尤其突出。它所引发的有的放矢的辩解，有利于维护答辩人的合法权益，也有利于人民法院全面了解案情，做出公正的判决。

（二）刑事答辩状的特点与类型

1. 刑事答辩状的特点

（1）答辩性

答辩性是刑事答辩状最突出的特点，也是其属性的特有表现。被告和被上诉人通过答辩，针对原告或上诉人提出起诉或上诉的事实、理由等事项，进行有的放矢的答辩，阐明自己的理由和要求，答辩的导向和内涵十分明显。

（2）针对性

有备而来，有针对性地进行答辩非常必要。答辩针对原告提出的诉状或上诉人提出的事实和理由而阐发自己意见，提出相应事实与证据，意在证明自己的正确和对方的错误，专一而有深度，即“缘事而发”的特点突出而鲜明。

（3）完整性

刑事答辩状答辩要充分，要论述有力，必须要具有完备的内容来做支撑。并且其完备性还表现在被告或被上诉人答辩的完备、相关请求的完备、通篇连贯、逻辑性与论证性严密等，其完备性非常明确清晰。

2. 刑事答辩状的类型

（1）按类型分，有破坏公共设施刑事答辩状、虐待刑事答辩状等。

（2）按作用分，有具有法律效力的答辩状和具有法律意义的答辩状两种。

（3）按形式分，有叙述式刑事答辩状、填空式刑事答辩状、笔录式刑事答辩状、表格式刑事答辩状。

（4）按制作者分，有当事人制作和使用的刑事答辩状、律师代书和自用的刑事答辩状。

（三）刑事答辩状的结构

刑事答辩状由标题、首部、正文和尾部构成。

1. 标题

标题反映案件类型和文种名称，可直写为《刑事答辩状》。

2. 首部

首部主要有当事人的基本情况表述，即写明答辩人的姓名、性别、出身年月日、民族、出生地、文化程度、职业、工作单位、住址等。同时要写明案由。案由应表述为“因……一案提出答辩如下：”，由此引出正文。

3. 正文

正文即主体，是刑事答辩状的核心部分，主要作用在于阐明答辩人的答辩意见和理由。它主要表现在三个方面：一是针对错误事实进行反驳。反驳要抓住关键问题，针对自诉状或上诉状存在的事实误区、不实理由等进行反驳；二是针对适用法律的错误进行反驳，要讲出事实，并依据相关法律条文进行辩驳；三是针对定性错误进行辩驳，这样的辩驳要立足于定性的错误缘由、影响等进行论证与驳斥。以上三个方面的反驳，都要立足于说明案情真实情况，突出事实，阐明相关法律概念并结合案情进行对比。在答辩中还要明确提出自己的主张或意见，阐明相关要求，维护自身合法权益。

4. 尾部

包括结尾与附项，有送人民法院的名称、答辩人签名、写明年月日。附项写明随附刑事答辩状的副本份数和其他证据情况。

（四）刑事答辩状的写作举要

1. 答辩有力，突出证明

答辩质量高低对整个答辩活动影响极大。答辩强调力度，就要在写作上抓好事实，援引相关法律条款准确，辩驳方式要立足于指出错误事实、适用法律错误、违反法律程序三个方面来进行选择，目的在于证明自己辩驳的正确、事实与理由的正确等，进而提出的相关要求才合法合理，才更有说服力。

2. 要求明确，据理力争

答辩过程实际上也是进一步提出自己的诉讼要求，使自己的意见、看法、请求事项等能够得到满足。因此，提出的要求一定要明确清晰，表述无误。在此基础上，还要依据法律条款、正当理由等来据理力争，最大限度地运用法律来维护其正当的权益。

五、刑事申诉状

（一）刑事申诉状的概念与作用

1. 刑事申诉状的概念

刑事申诉状是指刑事案件的当事人以及法定代理人、近亲属，对已经发生法律效力的判决或裁定，认为有错误而向人民法院提出申诉时制作并使用的文书。

2. 刑事申诉状的作用

（1）引发申诉

刑事申诉状的根本作用就是申诉维权，是申诉人不服判决或裁定的书面申明。当事人通过申诉来提出理由，引证事实或举出证据等，目的非常明确，并始终贯穿于申诉的全过程。没有申诉状发挥作用，就没有申诉的法定维权过程。

（2）提供依据

申诉是法律赋予当事人的一种权利。申诉状在申诉的同时，也要提供相关证据等来支撑申诉活动。这种依据作用是在已经发生法律效力的判决或裁定情况下发挥作用的，也作为人民法院依法决定按审判监督程序对案件进行再审的依据。因而，这样的依据作用比刑事上诉状或刑事答辩状的依据内涵更深厚，更具说服力。

（二）刑事申诉状的特点与类型

1. 刑事申诉状的特点

（1）申诉性

申诉性构成了刑事申诉状的基本内容和主张所在。在这样的基础上，申诉过程的任何环节都离不开申诉的方方面面，申诉性特征无处不在。

（2）陈述性

在申诉过程中，当事人等必然要提出事实与理由来进行申诉，要进行非常必要的辩驳等来陈述己见，清楚明晰地表明自己的看法、意见及相关要求。所以，申诉状的陈述性比一般的陈述更为明确深入，更注重陈述的质量。

2. 刑事申诉状的类型

（1）按类型分，有侮辱诽谤案申诉状、虐待案申诉状、侵占案申诉状等。

（2）按作用分，有具有法律效力的刑事申诉状和具有法律意义的刑事申诉状两种。

（3）按形式分，有叙述式刑事申诉状、填空式刑事申诉状、笔录式刑事申诉状、表格式刑事申诉状。

（4）按制作者分，有当事人制作和使用的刑事申诉状、律师代书和自用的申诉状。

（三）刑事申诉状的结构

刑事申诉状由标题、首部、正文和尾部构成。

1. 标题

一般只写明《刑事申诉状》即可。

2. 首部

首部应写明当事人情况，要求写明申诉人姓名、性别、出生年月、民族、出生地，当事人基本情况，即自诉人、被告人姓名、性别、民族、出生地、职业、文化程度、工作单位、住址等。申诉人是法人或其他组织的，要写明法人或其他组织所在地址、法定代表人或代表人的姓名和职务。不是当事人本人申请的，要注明申诉人与当事人之间的关系。

案由部分，应当写为“申诉人×××对×××人民法院×年×月×日（××××）×字第×号×××，提出申诉”。

3. 正文

正文包括请求事项、事实与理由两个部分。

(1) 请求事项

要写明原审人民法院名称、案由编号和案由，再根据具体案情写明请求事项。申诉人可以请求人民法院重处被申诉人，包括赔偿被害人的经济损失等内容。此外，申诉人是被告人的，还可以请求人民法院从轻处理申诉人，或请求人民法院免除对申诉人的刑罚，或请求宣告申诉人无罪，或请求人民检察院提出抗诉。申诉状的这部分内容，事项要清楚、明确、全面，并且合法。

(2) 事实与理由

事实与理由首先要概述已生效的判决或裁定的内容。这些内容包括原判认定的事实、证据、判决理由、法律依据及裁判的结果。在这样的基础上，还要具体写明原判所认定的事实与适用法律等错误，为申诉提供相应的依据。理由是这部分的重点，要突出针对原判存在的问题或错误进行分析、议论，并进行有力度的反驳。这一部分的关键在于：一是认定事实是否清楚；二是证据是否充分；三是适用法律是否适当；四是定性是否准确；五是审批程序是否合法、量刑是否适当。

4. 尾部

它包括结尾与附项，有申诉状所送人民法院的名称，申诉人签名、写明年月日。附项写明随附刑事申诉状的副本份数和其他证据情况。

(四) 刑事申诉状的写作举要

1. 申诉有方

申诉是一个存在较多变数的过程。要达到申诉有力，除要明确请求事项，具体写明请求事项或内容外，重点要注意事实与理由部分中的六个关键要素的运用，力争全面地设计好申诉的全过程，并且注意细节或纰漏。具体看，就是要考虑周全，走好步骤，抓住要害，重点突破，使申诉达到预期的效果。

2. 注重环节

申诉过程的环节比较多，每个环节都可能出现一些意想不到的问题，影响到申诉的全过程。在写作申诉状时，要多加考虑，多征求当事人的意见，从细处入手，在环节上奠定申诉的基础。这样才可以凭借完整的陈述推动论证和反驳，指出存在的相关问题，有理有节，争取最好的结果。

第四章　经济诉讼文书

一、概述

（一）经济诉讼文书的概念与作用

1. 经济诉讼文书的概念

经济诉讼文书是指刑事诉讼和民事诉讼中与经济活动有关的各种法律文体，是当事人在各种经济纠纷中，为维护自己合法权益而向人民法院提交的具有法律效力和法律意义的可以引发或继续法律程序的各种法律文书的总称。

经济诉讼文书用来处理经济事务，解决经济纠纷，可分为起诉状、答辩状、上诉状和申诉状四种。

2. 经济诉讼文书的作用

（1）诉求与答辩

没有诉求，就没有诉讼。它要体现当事人必须具有的诉讼标的、请求、根据、事实、理由等，从而构成了诉讼的基本要素，使诉讼成立，并被受理。诉求必然要经过答辩。答辩是经济诉讼的必要过程和重要手段。当事人依据诉讼文书提出自己的观点、事实、理由等，同时要反驳对方的观点、事实、理由，只有通过答辩来进一步澄清事实，才有利于法院做出正确的裁定或宣判。

（2）求证与执行

以事实为根据，以法律为准绳。经济诉讼文书必须要证明诉讼事实的真实性、可靠性，求证必不可少。不断求证事实真相，了解事实前因后果及发展的过程，才能进行准确无误的裁定或判决。对生效的经济诉讼文书，义务方必须要履行义务，执行判决或裁定的结果；对不履行义务的，司法机关将依相关判决和裁定，实施强制性的行为来维护当事人的合法权利，维护法律的严肃性和公正性。

（二）经济诉讼文书的特点与类型

1. 经济诉讼文书的特点

（1）法律性

这是诉讼文书制作的基础和前提，所有诉讼文书必须依法制作。首先制作的程序要合法，不能有任何随意性；其次诉讼的内容要合法，事实、证据、理由和处理意见等不能违反法律的要求。

（2）论辩性

诉讼文书要维护当事人的合法权益，必然要通过论辩来维护当事者的合法权益，解决矛盾、处理争议，有鲜明的立场、观点和主张，有针对性地批驳对方当事人的错误说法，从而表明自身诉讼请求的合法性与正确性，论辩性非常鲜明。

（3）准确性

经济诉讼文书必须准确地对事实、依据、求证等进行判定。没有准确性，就没有诉讼和受理的过程，无法达到诉讼的目的。准确性主要表现在极强的诉讼针对性、材料的真实性、援引法律的精准性、运用法律条款准确表达等方面。

（4）约束性

经济诉讼文书要规范化、法定化、程式化，不能任意撰写；当事人提出的诉讼请求、理由、要求等，必须知法懂法，符合相关法律条款的要求，不能超越。

（5）严肃性

依法办事，是法律严肃性的重要体现。经济诉讼文书必须维护法律的意志和尊严；依法办事，诉讼有法律依据，必须合法；诉讼的请求、理由、目的等，必须清楚明白，不能含糊不清；诉讼一经提交就必须承担法律责任。

（6）规范性

经济诉讼文书提交时间和程序的特定性、格式的固定性、用语的统一性，使文本完善，法定的规范化特征非常明显。它还会体现和强化规范性于外在的客观诉讼过程，以及贯穿于整个法定诉讼程序的规范性原则中。

（7）特定性

特定性指受理对象一般是人民法院或相应的司法机关。当事人应根据诉讼性质、程序以及司法管辖分工等不同，相应递交经济诉讼文书于不同的司法机关，因而受理对象有特定的专一性。

2. 经济诉讼文书的类型

在诉讼的各个阶段，按诉讼文书的作用不同，诉讼文书有经济纠纷起诉状、经济纠纷上诉状、经济纠纷答辩状、经济纠纷申诉状。

另外，诉讼申请书在诉讼过程中贯穿于各类型诉讼文书。诉讼申请书是在诉讼过程中当事人为解决某一具体问题而向司法机关提交的请求性文书。常见的有申请回避书、申请执行书等。

（三）诉讼的一般程序

经济诉讼属于民事诉讼范畴，应根据《中华人民共和国民事诉讼法》（以下简称《民事诉讼法》）所规定的程序来进行，一般有起诉等几个阶段。

1. 起诉

起诉是公民、法人和其他组织为维护民事权益而向人民法院提起诉讼，请求人民法院通过审判予以司法保护的行为。依照《民事诉讼法》第一百零八条的规定，起诉条件有：

（1）起诉人是与本案有直接利害关系的公民、法人或其他组织。

（2）有明确的被告。

（3）有具体的诉讼请求、事实和理由。

（4）属于人民法院受理民事诉讼的范围和受诉人民法院管辖范畴。

2. 受理

受理是指人民法院通过对当事人的起诉进行审查，对符合法律规定的，决定立案审理的行为。受理与否，法院应在接到起诉书后 7 日内通知当事人。

（1）第一审

第一审是人民法院对案件进行实体审理，并做出裁定、判决的全部过程。涉及国家机密或当事人申请不公开审理的可以不公开审理。法院应在立案之日起 5 日内将起诉副本送达被告，法院在收到答辩状之日起 5 日内将答辩状副本送达原告，如果被告不提供答辩状，并不影响法院的审理。法院应在开庭前 3 日通知当事人和其他诉讼参与人并告知合议庭组成人员。开庭审理包括：开庭前的准备、法庭调查、法庭辩论、评议和宣判、法庭笔录、审理期限。

（2）第二审

第二审程序是指由于民事诉讼当事人不服人民法院的第一审裁判，而在法定时间内向上一级人民法院提起上诉而引起的诉讼程序。我国实行两审终审制，第二审做出的裁判立即发生法律效力。当事人不服第一审裁判的，有权在 15 日内向上一级法院提起上诉。

3. 执行

执行是人民法院的执行组织依照法定的程序运用国家强制力，强制义务方履行生效的法律文书确定的内容的程序。双方均为法人或其他经济组织的，申请执行的期限为 6 个月；当事人有一方或都是公民的，申请执行期限为 1 年。

二、经济纠纷起诉状

（一）经济纠纷起诉状的概念与作用

1. 经济纠纷起诉状的概念

经济纠纷起诉状是指经济纠纷案件的当事人为维护自身合法权益，依据法律和事实，按照法定程序向人民法院提起诉讼请求而递交的诉讼文书。

2. 经济纠纷起诉状的作用

经济纠纷起诉状是原告用以陈述产生纠纷的事实，表明诉讼请求和理由的，一经法院受理，即标志着诉讼程序的开始。被告也针对起诉状而制作答辩状，因此经济纠纷起诉状的两种依据作用十分明显：一是立案审判的依据；二是被告应诉、答辩等的依据。

（二）经济纠纷起诉状的特点与类型

1. 经济纠纷起诉状的特点

（1）真实性

经济诉讼文书事关当事人的切身利益，对事实不能夸大或缩小。起诉状应具备确凿的、充分的证据来加以证实。真实性是保证案件得到公正处理的前提。

（2）法律性

起诉状必须符合国家有关的法律规定，有充分的法律依据，提起诉状，必须符合法定的程序。当事人的基本情况、诉讼的事实、理由、请求和证据及其来源这样一些事项缺一不可。否则，会导致法庭不予受理。

（3）准确性

经济纠纷起诉状必须反映经济纠纷案件的客观事实，真实准确地反映案件的发展过程、前因后果及各方面的关系，要实事求是，具体清楚，证据确凿。

（4）规范性

我国最高人民法院在 1992 年制定颁布了《法院诉讼文书样式（试行）》，规范了起诉状的格式。起诉状的拟写应该按照规范统一的体例格式进行。

2. 经济纠纷起诉状的类型

（1）按内容分，有财产纠纷起诉状、购销纠纷起诉状、劳务酬金纠纷起诉状、经济合同纠纷起诉状等。

（2）按对象分，有部门（单位）与部门（单位）之间的经济纠纷起诉状、部门（单位）与个人的经济纠纷起诉状、个人与个人之间的经济纠纷起诉状等。

（3）按地域分，有国际经济纠纷起诉状、国内经济纠纷起诉状、地区经济纠纷起诉状、行业（系统）经济纠纷起诉状等。

（三）经济纠纷起诉状的结构

1. 标题

标题可以直接写《经济纠纷起诉状》或《起诉状》。

2. 首部

首部又称状头，要交代和说明原告、被告及其委托代理人的基本情况。当事人的基本情况应该按照先原告后被告的顺序，依次写明当事人的姓名、性别、出生时间、民族、职业、工作单位、职务、住址等。当事人系法人或其他组织的，则要依次写明原、被告的名称、地址，法定代表人的姓名、职务、电话，企业性质、工商登记核准号、经营范围和方式、开户银行和账号等。若有数个原、被告，以他们在案件中的地位和作用，分别依次排列，逐一说明基本情况。原、被告有委托代理人的，如受委托者是公民，则写清其姓名、性别、职业、工作单位和职务、住址；如受委托者是律师，须写明其姓名、工作单位和职务。如果有第三人，则列写其姓名

（或单位名称）和基本情况，并说明与原告、被告的关系。

3. 主体

主体又称为正文，主要包括请求事项、事实和事由两部分内容。

（1）请求事项

请求事项即诉讼请求，是原告在诉讼中请求法院维护自己合法利益的具体事项，是原告诉讼意图和目的的体现。通常诉讼请求为要求法院维护原告的某些经济利益，如请求归还财产、赔偿损失、清偿债务等。这部分内容要具体明确、合理合法、言简意赅，不能把事实和理由写在里面。

（2）事实和理由。

这是起诉状的核心部分，是内容的重点，也是提出自己诉讼请求的主要根据，包括事实、证据和理由三方面内容。

①事实

事实主要是指叙述被告侵犯原告合法权益的具体事实，是提起诉讼、实现诉讼请求的基础和依据。要写清当事人之间纠纷的起因、时间、地点、经过、结果等，明确双方当事人争执的焦点和分歧的实质所在。陈述事实要求条理清晰，或按纠纷发生、发展的时间先后顺序写；或先写纠纷当事人的关系、争执的情况，再写争执的原因与焦点。同时还须详略得当，突出重要问题，点提次要问题。

②证据

证据是指提出诉讼的事实根据及证明事实的证据。在提出了事实和理由以后，就应该尽可能地向法院提供与此相关的证据，包括人证、物证、书证等一切可资证实上述事实和理由的材料，并且要告知法院证据的来源及查证的方法。

③理由

理由是根据民事权益争执的事实和证据，写明提出请求事项的理由和法律依据，并根据所叙事实和所列证据，并依照有关法律条文、法规、政策阐明提出请求的理由，主要在于论证请求的合理、合法性。

3. 尾部

尾部一般包括两方面的内容：一是呈文对象（诉状所交的人民法院的名称）；二是具状人签名盖章、具状日期。

尾部后的附项又称为附件，应写清随起诉状向人民法院提交的起诉状副本几份，书证、物证多少份、多少件等。

（四）经济纠纷起诉状的写作举要

1. 客观真实，证据充分

经济纠纷起诉状写作所叙述的事实应该真实可靠，要反映案件的本来面目。起诉能否被受理、能否获得胜诉，主要取决于事实的可靠性。这是写作的根本要求，也是写作的最大前提。经济纠纷起诉状以客观事实为依据，必须证据充分。证据是法院审理案件时认定事实的基础。它包括提供书证、物证和其他证明材料的原件或复印件，并做必要的说明。

3. 起诉合法，表达严谨

经济纠纷起诉状的拟写应该以法律为准绳。无论是写作体例、适用对象，还是请求事项、请求事由都应该符合相关的法律法规。在援用法律条文作为依据时，必须合理准确。经济纠纷起诉状表达严谨，写作要讲究行文的条理性和逻辑性，确保意思准确无误。语言要准确、庄重、简洁、平实，言辞确切、术语得当，请求的事项要符合国家的法律法规。

三、经济纠纷上诉状

（一）经济纠纷上诉状的概念与作用

1. 经济纠纷上诉状的概念

经济纠纷上诉状是指经济纠纷当事人不服人民法院第一审的判决或裁定，依照法定程序，在法定的上诉期限内向上一级人民法院提出上诉，请求撤销、变更原审裁判或重新审理的诉讼文书。

2. 经济纠纷上诉状的作用

（1）上诉辩护，澄清事实

经济纠纷上诉状要提出纠正或者否定的事实和证据；原判适用法律不当、理由不充分，并提出自已的理由和适用的法律根据；原判在诉讼程序上有错误，可以提出纠正的法律依据。同时，它还要指出事实有误之处、原判理由不充分、原判适用法律不当、原判诉讼程序不合法等，澄清事实的作用非常突出。

（3）引发第二审

第一审中的原告或被告都可以提起上诉。上诉范围仅限于对尚未发生法律效力的第一审判决或裁定。第二审裁判为终审裁定，一经判决就发生法律效力。第二审程序的发生，给诉讼当事人再次提供了保护自已合法权益的机会。

（二）经济纠纷上诉状的特点与类型

1. 经济纠纷上诉状的特点

（1）上诉性

它是经济纠纷上诉状的基本特性。上诉人不服一审判决或裁定，而向上一级法院提起上诉，其目的是引起第二审程序的开始，乃至改变第一审的判决或裁定。

（2）时效性

上诉的时间有严格限制。在民事诉讼中，对判决的上诉期限为 15 天，对裁定的上诉期限为 10 天。如逾期，则相关法院可以不再受理。

（3）合法性

上诉状的提交，可以引起审判的第二审程序的发生，是法定的合法行为，也给诉讼当事人再次提供了保护自己合法权益的机会。

（4）针对性

上诉状有强烈的针对性。它是针对法院第一审判决或裁定而写的，要针对原判认定事实的错误、原判理由不充足或适用法律错误等进行上诉，其目的是对第一审判决或裁定发表意见、看法，提出自己合理、正确的请求。

（5）说理性

说理性是上诉状的另一个重要特性。它的核心是说明对第一审不服的原因和根据，在讲清事实的基础上依据有关的法律进行充分的说理，赢得第二审的机会。

（6）平等性

在诉讼活动中，诉讼当事人相互间、诉讼当事人与一审法院间的法律地位是完全平等的。通过上诉状提起上诉是诉讼当事人的合法权利。

2. 经济纠纷上诉状的类型

（1）按内容分，有经济纠纷上诉状、商业纠纷上诉状、酬金纠纷上诉状、房产纠纷上诉状等。

（2）按对象分，有部门与部门之间的经济纠纷上诉状、部门与单位之间的经济纠纷上诉状、单位与个人之间的经济纠纷上诉状、个人与个人之间的经济纠纷上诉状等。

（三）经济纠纷上诉状的结构

1. 标题

标题直接写成《经济纠纷上诉状》、《上诉状》等。

2. 首部

首部又称为状头或开头，主要交代和说明当事人双方的基本情况，如上诉人与被上诉人的姓名、性别、年龄、民族、籍贯、职业、地址等，同时用括号注明在第一审程序中的身份，如：上诉人（原审被告）。

3. 正文

正文即主体，包括案由、上诉请求、上诉理由三部分内容。

（1）案由

写明原审人民法院的名称，判决书的编号和不服原判的理由。通常写法是“上诉人因×××一案，不服×××人民法院××××年×月×日所做出的×字第×号判决（裁定），特向你院提起上诉。现将上诉请求和理由陈述如下：……”。

（2）上诉请求

上诉状的上诉请求应包括：对案情和原审结果的简要叙述；针对原审判决说明

是全部或部分的不服；提出部分变更、撤销或改判的请求。还要论述原审判决或存在认定事实上部分、全部之错误；或存在定性不当；或存在适用程序法的不当等。

（3）上诉理由

上诉理由是上诉状的关键部分。它是根据事实和法律，根据第一审判决或裁定的不当，给予辩驳。辩驳应针对原判中认定事实的证据不清、不准，适用诉讼程序不合法或有不当之处，法律运用不当，判决理由不充足等方面，提出自己的理由和应当适用的法律根据等，紧扣上诉请求进行说理论证。

4. 尾部

尾部一般包括两方面的内容：一是呈文对象（诉状所交的人民法院的名称）；二是具状人签名盖章、具状日期。

5. 附件

注明随上诉状向人民法院提交的上诉状副本、书证、物证多少份、多少件等。

（四）经济纠纷上诉状的写作要求

1. 抓住关键

经济纠纷上诉状是为第二审即第一审之后的又一程序而写的，因此要清楚第一审判决或裁定的问题所在，针对原判决或裁定的不当之处，抓住关键，提出纠正或否定的依据和证据，陈述正确的事实，摆明其中的道理。

2. 实事求是

经济纠纷上诉状的目的在于要求上一级法院撤销、变更或重新审理，因而摆出的事实和证据必须真实可靠，决不能弄虚作假。上诉能否取胜，主要取决于事实的真实可靠。当事人向人民法院提出的请求，也一定要实事求是，恰如其分。

四、经济纠纷答辩状

（一）经济纠纷答辩状的概念与作用

1. 经济纠纷答辩状的概念

经济纠纷答辩状是经济诉讼中被告针对原告的起诉状或被上诉人针对上诉人的上诉状而制作的用以应诉时答复和辩护的诉讼文书。

2. 经济纠纷答辩状的作用

（1）及时答复

在经济纠纷诉讼过程中，被告收到法院送达的起诉状副本或者被上诉人收到上诉状副本之后，主要针对起诉状或上诉状的内容，做出答复。有答复才有答辩，答复是答辩状的第一作用，是不可缺少的内容。

（2）有力辩驳

经济纠纷答辩状运用确凿的事实、充分的论据和有关的法律条款，通过论证和反驳，去驳倒对方的观点和论据，说明自己的观点合理合法。

（二）经济纠纷答辩状的特点与类型

1. 经济纠纷答辩状的特点

（1）论辩性

运用答辩状批驳对方，申诉自己的理由，证明对方请求的荒谬性，就需要辩论，这样的论辩性在答辩状中尤其鲜明。

（2）针对性

针对性是经济纠纷答辩状的首要特点。它是针对原告提出的诉状或上诉人提出的上诉状而写的，是针对诉状或上诉中事实和理由而阐发自己意见的文书。

（3）合理性

答辩人在客观事实和充分依法的基础上答辩，目的清楚，就是要表明自己的观点，解决相关问题。因此，用合理性来突出答辩的准确性、正确性非常必要。

（4）完整性

经济纠纷答辩状要把自己的所有请求全部确切地提出来，而不能含糊其辞、模棱两可，它本身应该通篇连贯、逻辑严密。

2. 经济纠纷答辩状的类型

（1）按审级分，有一审程序中的答辩状、二审程序中的答辩状。

（2）按内容分，有经济纠纷答辩状、借贷纠纷答辩状、劳务纠纷答辩状等。

（3）按对象分，有单位与单位之间的经济纠纷答辩状、单位与个人之间的经济纠纷答辩状、个人与个人之间的经济纠纷答辩状等。

（三）经济纠纷答辩状的结构

1. 标题

标题反映案件类型和文种名称，也可直写为《经济纠纷答辩状》或《答辩状》。如果是第二审程序的答辩状，则写《经济纠纷上诉答辩状》。

2. 首部

首部主要是写明答辩人的基本情况。答辩状与其他诉状在这一部分中的不同之处是它只有答辩人一方的基本情况，无须再写原诉人的基本情况。如果答辩人是公民，应该列出与其他诉状一样的内容；如果答辩人是法人和其他组织，则也应该列出相应的内容；如有委托代理人，则应写明其姓名、单位、地址等内容。

3. 正文

正文包括答辩案由、事实和理由、答辩意见三部分内容。

（1）答辩案由

写明答辩人是对何人起诉或上诉的何案提出答辩。通常的写法是：“因对原告人（自诉人、上诉人）诉×案，提出答辩如下：……”或“贵院于×年×月×日寄来的诉状副本及应诉通知书本答辩人已于×年×月×日收到，现提出答辩意见如下：……”。

（2）事实和理由

这是答辩状的核心部分，也是最关键部分。它的基本要求就是要针对原诉提出的事实、理由和诉讼请求进行答复和辩驳。要使答辩有力，就要有针对性地提出相反的事实、证据和理由来阐明自己的观点和意见。答辩状具有很强的辩驳性，主要针对所写事实不实、适用法律不当和对方违反法定程序等进行反驳。

（3）答辩意见

要在充分阐述理由后，申明自己的看法、意见和主张。要列出起诉状中不合理、不合法之处，依法证明自己的合理、合法，请求人民法院依法公正裁判。

4. 尾部

答辩状的尾部和其他诉状尾部的内容没有差异。它一般包括呈文对象、签署盖章、标明日期。

5. 附项

附项又称为附件，写明随答辩状正本向人民法院递交的答辩状副本份数、书证及物证的名称和数量。

（四）经济纠纷答辩状的写作举要

1. 熟悉法律

这就要特别注重揭露事实真相，实事求是，陈述事实，准确揭露，列举有力证据，以理服人。要熟练掌握并运用有关法律条文，依据答辩理由和意见，在合法的基础之上，善于发现起诉状或上诉状中援引法律上的谬误，指出其不合法性。

2. 据理力争

答辩状要在法定的时间内，按要求及时提交答辩。要抓住原诉状中的关键性问题，针锋相对地摆事实、讲道理，用事实、论据和法律条文等澄清事实，达到驳倒对方不实的指控及不合理的诉讼请求的目的。

3. 说理充分

写作要注重叙述客观事实，要特别注意抓住对方诉讼状中不合理、不合法和不合逻辑之处，援引法律条文进行辩驳。要用真实可靠的事实依据和适当的法律依据来充实自己的答辩理由，并通过严密的论证来反驳对方，阐明自己的观点。

五、经济纠纷申诉状

（一）经济纠纷申诉状的概念与作用

1. 经济纠纷申诉状的概念

经济纠纷申诉状是经济纠纷当事人对已发生法律效力的裁判，认为确有错误，向人民法院或人民检察院提出申请复查纠正或重新审判的诉讼文书。

2. 经济纠纷申诉状的作用

经济纠纷申诉状是司法机关决定是否提起审判监督程序的重要参考资料，是纠正冤假错案、维护当事人的合法权益的重要依据，也是人民法院和检察院发现冤假错案的重要途径。经济纠纷申诉状的递交不受时间限制，但法院是否受理取决于复查结果，只有在法院或检察院认定原裁判确有错误时才引出审判监督程序。因此，经济纠纷申诉状具有申请复查和复查纠正的实施两个主要作用。

（二）经济纠纷申诉状的特点与类型

1. 经济纠纷申诉状的特点

（1）申诉性

申诉性是经济纠纷申诉状的基本特性。对于已经发生法律效力的判决或裁定表示不服，认为存在错误，可以依法向人民法院或检察院提出申请复查和纠正。

（2）无限性

申诉不受时间的限制，只要是判决或裁定已经发生法律效力之后，如果当事人认为判决或裁定有错误，什么时间都可以提出申诉，无时间限制。

（3）针对性

与上诉状一样，申诉状也有很强的针对性。它是针对已发生法律效力的判决或裁定而写出的，目的明确，因而有很强的针对性。

2. 经济纠纷申诉状的类型

（1）按内容分，有买卖纠纷申诉状、经济纠纷申诉状、消费纠纷申诉状、家庭遗产纠纷申诉状等。

（2）按对象分，有单位与单位之间的经济纠纷申诉状、单位与个人之间的经济纠纷申诉状、个人与个人之间的经济纠纷申诉状等。

（三）经济纠纷申诉状的结构

1. 标题

标题反映案件类型和文种名称，一般写为《经济纠纷申诉状》或《申诉状》。

2. 首部

首部应写明当事人双方基本情况。

3. 正文

正文包括案由、申诉请求、事实和理由三部分内容。

（1）案由

案由主要写明对何案不服，何处人民法院对何事、在何时的裁定或判决而提出申诉。通常写为："申诉人×××对××人民法院××××年×月×日×字第××号判决不服，提出申诉。"

(2) 申诉请求

明确申诉的目的，写明撤销、变更原裁判或者重新审判的请求。

(3) 事实和理由

事实和理由是在原判决或裁定发生法律效力后，对认为有错误的原判逐一提出事实、证据和法律依据，充分阐明申诉的理由。

4. 尾部

另起一行，写呈文对象，即申诉状提交的人民法院的名称、申诉人签名盖章、申诉日期。

5. 附项

附项注明申诉状副本的份数，证据的种类、名称、数量，证人的身份情况等。

(四) 经济纠纷申诉状和经济纠纷上诉状的区别

二者的区别有：一是制作主体不同。经济纠纷申诉状的制作主体是自诉案件的当事人、经济被害人及其法定代理人，也可以是其他公民、社会团体、组织等。经济纠纷上诉状的制作主体是具有法定身份的人。二是受理期限不同。前者撰写和提交无时间限制，可以在判决、裁定执行中的任何时间提出申诉。后者必须在规定的上诉期限内提交才具有法律效力，超过期限者无效。三是对象不同。前者是针对已经发生法律效力的判决和裁定提出的。后者是针对尚未发生法律效力的一审判决和裁定提出的。四是呈送的对象不同。前者可向原审法院呈送、向上一级法院呈送或提交人民检察院。后者只能向原审人民法院的上一级人民法院呈送。五是提出后能否引起诉讼程序的发生不同。前者送出经人民法院或人民检察院审查，认为原判决和裁定确有错误，则可引起审判监督程序的发生，对原案进行再审。如果经审查认为原裁决没有错误，申诉无理，则由人民法院驳回原诉，则无审判监督程序发生。后者依法提出上诉，送出上诉状后，必定会引起二审程序的发生。

(五) 经济纠纷申诉状的写作举要

1. 依法申诉，突出重点

经济纠纷申诉状写作要符合法律规定，依法申诉，而能否成功，要看法律适用情况。要注意原裁判适用法律不当或原裁判违反程序等情况。它主要是针对已经生效的判决或裁定而提出的，因此，必须用绝对真实可靠的事实和证据，援用准确的法律来重点辩驳原判决或裁定的不正确或不恰当。

3. 用好证据，阐述得当

人民法院的判决重在证据，一定要在撰写申诉状时明确列出新证据，以便法院重审时查明并证实案件的真实情况，及时做出正确结论。写作时要注意理性分析，可用证明法以正确的事实证明申诉有据；可用反驳法，即抓住原裁判中的关键性错误，建立反驳的论点，用确凿的事实和证据，充分地加以辩驳。

六、经济仲裁书

（一）概述

1. 经济仲裁书的概念与作用

（1）经济仲裁书的概念

经济仲裁书是指在经济活动中，当事人各方为维护自身的合法权益，通过协议向仲裁机构提交的引起或继续仲裁程序的各种文书的总称。

（2）经济仲裁书的作用

经济仲裁书的主要作用有两个方面：一是对经济纠纷进行分析、处理，对各方责、权、利都有仲裁作用；二是我国的仲裁机构是行政执法机关，仲裁结果对当事人各方都具有约束力，必须遵照执行，即具有执行的作用。

2. 经济仲裁书的特点与类型

（1）经济仲裁书的特点

①真实性

真实性是经济仲裁书保证实现经济仲裁行为的根本。它主要是指经济仲裁书所依据的事实是真实的，所参照的法律是明确的。没有真实性，仲裁请求将无效。

②规范性

经济仲裁书有仲裁申请书、仲裁答辩书、仲裁调解书、申请执行书四种类型。这四种经济仲裁书都有固定的程式，必须按照程式进行运用，不能随意更改。

③可操作性

它是经济仲裁书的重要特性。应写明请求仲裁的事实纠纷，请求仲裁的具体事项或仲裁结果，且真实可行，具有可操作性，以保护当事人的合法权益。

（2）经济仲裁书的类型

经济仲裁书有仲裁申请书、仲裁答辩书、仲裁调解书、申请执行书四种类型。

（二）仲裁申请书

1. 仲裁申请书的概念与作用

（1）仲裁申请书的概念

仲裁申请书是指在经济纠纷中，当事人一方的合法权益受到侵犯时或当事人双方因经济上的权利和义务发生争执时，为维护自己的经济权益，向仲裁机构提出请求的书面文书。

（2）仲裁申请书的作用

仲裁委员会在收到申请书之日起 5 日内，认为符合受理条件的应当进行仲裁，认为不符合条件的应当书面通知当事人并说明理由。仲裁申请书的主要作用一是提出诉求的愿望；二是实现仲裁的依据。

2. 仲裁申请书的特点与类型

(1) 仲裁申请书的特点

①请求性

仲裁申请书向仲裁机构提出仲裁请求，明确请求仲裁何案、请求仲裁的具体事项等，请求的目的性明确，有利于解决问题。

②真实性

所申请仲裁的经济争议或纠纷要真实可靠地说明，不能歪曲事实，不能伪造或夸大事实。

③简明性

仲裁申请书对事实纠纷的叙述要简明扼要，请求事项应简明清楚地列出。

(2) 仲裁申请书的类型

①按内容分，有经济争议仲裁申请书、馈赠纠纷仲裁申请书等。

②按对象分，有个人与个人之间的仲裁申请书、个人与单位之间的仲裁申请书、单位与单位之间的仲裁申请书、当地与外地之间的仲裁申请书等。

3. 仲裁申请书的结构

(1) 标题

一般写为《仲裁申请书》或《经济仲裁申请书》。

(2) 首部

应写明当事人的基本情况，分别称为申请人和被申请人。

(3) 主体

①申请事由。简明扼要地写明当事人之间产生经济争议或纠纷的原因、经过、结果等；提出申请的理由、看法；说明自己的目的或要求等。

②请求事项。写明申请仲裁所要达到的目的，申请解决的具体事项。

(3) 尾部

尾部包括呈文对象、签署名字、标明日期。

(4) 附项

附项又称为附件，包括申请书的副本数量、书证及物证的名称及数量。

4. 仲裁申请书的写作举要

(1) 事实清楚真实

仲裁申请书必须实事求是，不能夸大或隐瞒事实，更不能歪曲事实，写作所根据的事实、争议、纠纷要清楚真实，不能对有利于己方的事实进行夸大，对不利于己方的事实进行掩盖。

(2) 请求具体明白

仲裁申请书请求仲裁的事项要明确具体，清清楚楚，切忌模棱两可，含糊不清。

在写作时，提出的要求应合情合理，有执行的条件和可操作性。要求应符合实际，有利于解决问题。

（三）仲裁答辩书

1. 仲裁答辩书的概念与作用

（1）仲裁答辩书的概念

仲裁答辩书是被申请人为维护自身合法权益，针对仲裁申请书向仲裁委员会做出的答复和辩驳的一种文书。

（2）仲裁答辩书的作用

仲裁答辩书的主要作用有两个方面：一是针对申请书提到的问题进行答复或对申请书中提到的分歧进行辩驳以澄清事实；二是通过答辩以求证事实真相，以利于进一步解决问题。

2. 仲裁答辩书的特点与类型

（1）仲裁答辩书的特点

①论证性

仲裁答辩书是仲裁委员会公正处理案件的依据。它以确凿的事实、充分的论据和有关法律条文，通过论证和反驳，去驳倒对方的观点和论据，证明自己的观点是正确的，以维护自身的合法权益。

②合理性

仲裁答辩书一般是针对申请人在仲裁申请中提出的事实和理由等，根据客观事实和法律依据，进行有理有据、合情合理的反驳和答辩，是否合理至为关键。

（2）仲裁答辩书的类型

①按内容分，有商务争议仲裁答辩书、营销争议仲裁答辩书等。

②按对象分，有个人与单位之间的仲裁答辩书、单位与单位之间的仲裁答辩书等。

3. 仲裁答辩书的结构

（1）标题

一般写为《仲裁答辩书》或《经济仲裁答辩书》。

（2）首部

写明答辩人的基本情况，包括答辩人的名称、所在地址、职务等内容。

（3）主体

主体一般由案由、事实和理由、请求事项三部分组成。

①案由

案由主要是写明对申请人为何案提出申请而答复辩驳。一般写法为“答辩人××××年×月×日，收到××仲裁委员会交来申诉人×××因×××一案的仲裁申请书副本一份，现答辩如下：”。

②事实和理由

事实和理由是仲裁答辩书的核心内容。一般叙述申请人提出仲裁事实的基本情况，特别是应该详细说明争议的焦点。针对申请人提出的理由进行有理有据、合理合法的答复和辩驳，从而保护自身权益。

③请求事项

要在充分阐述答辩理由的基础上，申明自己的看法、意见和主张，请求公正仲裁。如有反诉，应写明各项要求，并说明所依据的事实、理由。

（4）尾部

包括呈文对象、签署名字、标明日期、附件等。

4. 仲裁答辩书的写作举要

（1）实事求是

实事求是是仲裁答辩书的基本要求。仲裁答辩书在反驳仲裁申请书的请求事项时，一定要尊重客观事实和掌握充分的证据，不得无中生有、强词夺理。

（2）抓住要害

仲裁答辩书在写作时，必须抓住对方的要害有的放矢，找到对方的破绽，抓住事实中有利于己方的因素据理力争；抓住对方不合理、不合法之处进行详细分析。

（3）答辩有方

仲裁申请书的写作要特别注意方法，必须采用各种论证方法，使答辩更具有说服力，不要让己方掉入逻辑陷阱之中。

（四）仲裁调解书

1. 仲裁调解书的概念与作用

（1）仲裁调解书的概念

仲裁调解书是仲裁机构在处理纠纷案件时，通过合法和双方自愿的原则，调解双方当事人的纠纷争议，在双方当事人达成一致协议时，对达成的协议写成的书面文书。

（2）仲裁调解书的作用

仲裁调解书的主要作用有两个方面：一是分析得失，解决矛盾。仲裁庭为调解争议各方当事人的矛盾，就要把争议双方的得失分析清楚，合法合理地解决矛盾，尽力让各方心服口服。二是达成共识，促成调解。各方把矛盾说明，相互协议，达成共识，促成调解，维护当事人的合法权益。

2. 仲裁调解书的特点与类型

（1）仲裁调解书的特点

①调解性

调解性是仲裁调解书的本质属性。仲裁委员会对双方当事人的纠纷或争议进行调停解决，化解双方的矛盾分歧，以维护当事人的合法权益。

②共识性

仲裁调解达成的协议，建立在合法和双方自愿的原则基础上，是双方共同意思的表现，是双方共识的结果。因此，共识性是仲裁调解书的基本属性。

（2）仲裁调解书的类型

①按内容分，有购物争议调解书、劳务纠纷调解书等。

②按对象分，有个人与单位之间的调解书、单位与单位之间的经济纠纷调解书等。

3. 仲裁调解书的结构

（1）标题

标题写明文书的性质和种类，可写为《×××仲裁委员会仲裁调解书》。

（2）首部

首部主要包括文书编号如“×字第××号”、当事人双方基本情况、案由、仲裁庭的组成、双方答辩等情况。

（3）主体

主体是仲裁调解书的核心和关键部分。主要写明申请人的仲裁请求、达成协议的经过及具体内容、写明仲裁庭对上述调解协议的态度及调解书的法律效力。

（4）尾部

尾部包括仲裁成员署名、标明日期、仲裁委员会印章、书记员署名。

4. 仲裁调解书的写作举要

（1）突出合法

仲裁调解书的制作要符合《中华人民共和国仲裁法》的相关规定。它是仲裁委员会通过调解双方当事人达成协议时出具的具有法律效力的书面凭证，因此，必须依法而写，必须维护法律尊严。

（2）强调自愿

仲裁调解书必须是在双方当事人自愿调解的前提下，必须是当事人双方的真实意思，是双方意见一致的条件下达成的协议。不得强迫其中任何一方当事人的意思，否则仲裁调解书无法律效力。

(五) 申请执行书

1. 申请执行书的概念与作用

(1) 申请执行书的概念

申请执行书是对已发生法律效力的民事判决书、裁决书、调解书和其他应该由法院执行的文书，因义务方在规定期限内未按规定履行所确定的义务时，权利方向人民法院递交的请求强制执行的文书。

(2) 申请执行书的作用

①实现执行

在当事人双方中有一方未履行义务，在人民法院强制执行下，能让义务方履行自己的义务，体现了申请书的实现执行的法定功能。

②依法维权

权利方通过递交申请执行书，求得人民法院的强制执行，既是法院依法和维法的体现，又是权利方知法、守法的体现。

2. 申请执行书的特点与类型

(1) 申请执行书的特点

①合法性

合法性是申请执行书的基本属性。它主要表现在：权利方的申请合法、权利方的要求合法、法院执行的合法，是执行的根本前提。

②执法性

执法性即可操作性，是申请并实现执行的合法过程。法院通过强制手段能保证执行的完成，也反映出申请和执法的合法性。

(2) 申请执行书的类型

①按内容分，有经济赔偿争议执行书、遗产纠纷执行书等。

②按对象分，有个人与单位之间的争议执行书、单位与单位之间的经济纠纷执行书等。

3. 申请执行书的结构

(1) 标题

一般写为《申请执行书》，或写为《关于××××的申请执行书》。

(2) 首部

写明当事人的基本情况，包括申请人和被申请人的姓名、性别、年龄、民族、籍贯、职业、单位、地址等内容。

(3) 主体

①事实和理由

此部分应简要地叙述原案情和处理结果，并说明现在的执行状况，同时阐明强制执行的必要性。再列出被申请人拒不履行调解书或裁决书规定内容的事实情况、被申请人的经济状况、偿还能力和财产所在地等，有理有据地进行反驳。

②请求事项

请求事项是申请人提出申请执行所要达到的目的所在，因此，必须针对被申请人不履行法律确定的义务的实际情况，提出具体而明确的请求事项。

（4）尾部

尾部包括呈文对象、申请人签名盖章、标明时间等内容。

（5）附项

附项又可称为附件，包括本申请书副本、书证及物证的名称与数量等。

4. 申请执行书的写作举要

（1）合法申请

申请执行书必须合法才能生效。申请执行书的执行是申请人提出申请的目的所在，因而在执行时，必须选择合理合法的执行措施。

（2）内容具体

申请执行书是因当事人不履行所确定的义务，权利方或者胜诉方当事人向人民法院提出要求执行而制作的请求性文书，要求要具体明确，才便于操作执行。

七、审计报告

（一）审计报告的概念与作用

1. 审计报告的概念

审计报告又称审计报告书、查账报告或查账报告书，是审计人员对被审计单位的财务收支、经济效益进行审查后，根据审计结果向审计授权单位或委托单位写出的书面报告。

2. 审计报告的作用

（1）审计监督，引导决策

审计报告是对被审计单位进行监督的直接依据。没有审计与监督，审计机关做出的结论和决定，就难以体现其公正性、真实性、正确性和合法性，也难以体现对审计人员自身的监督。审计人员客观公正地做出的审计报告，也是政府部门决策的重要参考材料和决策的直接依据，具有重要的参考价值。

（2）提高水平，促进考核

审计人员依法进行审计的过程和结果，要表现出审计人员的工作、执法及政策水平。它是审计人员自身执业素质、职业道德、经验和阅历等在审计工作中的具体表现，从中也能看到审计队伍执法和审计的具体绩效情况。审计报告编写人员要对被审计单位负责和上级机关负责，所反映出的工作态度、水平、能力等情况，都会成为考核审计人员的重要依据。

（二）审计报告的特点与类型

1. 审计报告的特点

（1）依据性

审计依据会直接影响到报告的质量和效果。审计审计项目、对象等，涉及被审计对象所在的单位，还涉及个人等多项内容，因此对审计的依据有非常严格的要求。

（2）完整性

完整性是审计报告的重要表现。它要保证完成各项任务，履行职责，还要突出重点内容，反映责任事实、相关问题，内容要求完整性表现十足。

（3）公正性

审计的价值在于公正。依法审计、客观公正是审计最重要的原则。审计报告是具有公正价值的证明文件。审计人员必须站在第三者的公正立场上秉公执法，所写出的审计报告，具有原来的会计人员以外的第三者身份所做的公证的性质。

（4）答复性

审计报告是关于审计结果的书面答复，是报告做出结论和执行决定的必要条件。它要依据答复性来实现审计目的：有审计的结论和处理的明确意见；要传达相关决定和要求，作为被审计对象执行和改进的依据；要呈报上级机关便于决策。

（5）监督性

审计报告的监督性很强。它对被审计单位财务收支及其经济效益的种种状况的审计结果，具有法律的强制性，被审计单位必须执行；上级机关、主管部门也要根据审计报告做出决策，负起监督被审计单位执行审计决定的责任等。

2. 审计报告的类型

审计报告分类较多，仅从审计分就有财务审计报告、项目审计报告、税务审计报告、经济工作审计报告等。从实际应用看，一般有以下的类型：

（1）内部审计报告

内部审计报告是内部审计部门审计人员（如单位内部的审计处、室等审计人员）对本单位财务收支进行审计后写出的审计报告。这种报告没有固定的格式。

（2）外部审计报告

外部审计报告是由外部审计部门审计人员对被审计单位财务收支进行审计后写出的审计报告。这种报告的格式比较固定。

（3）长文式审计报告

长文式审计报告篇幅较长，内容丰富，资料详细，概括面广，有一定的深度，反映的问题较为深刻。这种审计报告有叙述、有分析、有说明、有评价，体式较为完整，多用于较大的审计课题。

（4）短文式审计报告

短文式审计报告内容简洁，重点突出，篇幅不大，带有一定的专题性。一般来说，这种报告只对重点问题加以说明和解释，对问题性质和违纪事实只明确提出而不做分析。

（5）标准审计报告

标准审计报告指出具的审计要素齐全，无保留意见，不附加说明段、强调事项段，且无任何修饰性用语的报告。

（6）非标准审计报告

非标准审计报告，是指标准审计报告以外的其他审计报告，包括带强调事项段的无保留意见的审计报告和非无保留意见的审计报告。它包括保留意见的审计报告、否定意见的审计报告和无法表示意见的审计报告。

（三）审计报告的结构

1. 标题

标题通常由审计机关的名称、被审计单位名称、审计内容和文种构成。通常以"关于"两字起头，如《关于×××审计局对××的审计报告》等。

2. 正文

（1）前言

前言部分简要说明审计的缘起、依据、被审计单位的业务性质、审计的内容、范围、人员组成和简要过程。这个部分应写得简明扼要。

（2）主体

主体是审计报告的关键，应写明以下几部分内容：

①审计的依据。即依据××文件上级部门通知对××进行审计。

②被审计单位的基本情况及评价。主要说明被审计单位的基本概况，包括业务性质、生产规模、经营状况、内部管理组织、账户设置、结构设置等，也可以说明审计事项的背景等情况。

③审计出的问题。如果被审计单位存在的问题，这一部分则应该说明通过审计查实的问题，问题的性质、原因及其责任人。

④建议事项。它是指审计人员对被审计单位存在的问题或不足之处提出的建设性意见和改进措施，以便为上级机关和被审计单位提供参考。这部分内容有的放矢，大致包括的内容有：关于加强内部控制制度的建议；关于改进核算工作的建议；关于如何解决和处理已经出现的违反财经纪律、贪污舞弊问题以及防止以后再发生类似问题的建议；关于在审计过程中所发现的除指定任务之外的其他问题，需要进一步做专题审计的建议等。

3. 结尾

包括落款和附件。落款在正文结尾的右下方，签署审计机构的名称、审计人员的姓名、标明日期；附件应注明共几件几页，随后附上有关凭证。

（四）审计报告的写作举要

1. 注重记录，把握材料

审计人员通过对具体凭证、账簿、报表等的检查，以及通过核对、验算、询问、外调取证等方法所获得的记录、证明材料，是审计档案的原始材料，也是审计报告写作的基础材料。对这些材料要尽量加以整理、分析，透过材料的现象深入事实的本质，追根溯源，核实责任，才能写出高质量的审计报告。

2. 公正客观，拟好提纲

写作不能掺杂个人感情，务必公正客观。对所发现的问题，既不能掩盖也不能夸大，要务求真实地反映出来，并中肯地提出合理的建议与处理意见。审计记录中涉及的材料繁多，要把这些材料分类归纳，并在此基础上编制提纲。只有编制好了提纲，才能写出条理清晰的审计报告。

3. 分析取证，表达准确

审计报告所涉及的材料较为繁杂，要深入分析，透过现象看到问题的本质所在。对典型材料所反映的问题更要认真分析，重点要着眼取证。审计报告一经公布，对被审计单位有重大影响，所以写作时要特别注意用语严谨，表达准确。

八、财经纪律检查报告

（一）财经纪律检查报告的概念与作用

1. 财经纪律检查报告的概念

财经纪律检查报告是指财政、审计机关等财务检查执行部门对某部门或某单位在一定时期内财经纪律执行情况进行全面的检查以后，根据检查结果向政府、上级检察机关或有关主管部门写出的书面报告。

2. 财经纪律检查报告的作用

（1）贯彻法规制度

财经纪律检查报告通过对财经纪律的检查，保证国家的各项财经法规、财经制度的贯彻和执行，有利于完善制度，解决问题，其执行和保证作用十分明显。它是贯彻法律法规的一种体现，是保证和执行功能的根本表现。

（2）处理违法事件

财经纪律检查报告不仅是执行检查机关调查被检查单位的总结报告，也是处理违法违规事件的依据。它依靠深入调查，以检查出的违法违规的事实为证据，客观评价，真实反映，并提出相关意见和处理原则以维护法律的尊严。

（3）完善管理制度

财经纪律检查报告不仅贯彻法规，体现执行监督处理的职能，还要督促被检查单位改进工作，加强管理，完善财务管理制度和提高财务管理水平；帮助被检查单位遵纪守法和依法办事，倡导和鼓励相关单位以合法途径获取最大的效益。

（二）财经纪律检查报告的特点与类型

1. 财经纪律检查报告的特点

（1）严肃性

财经纪律检查非常严肃。它要体现党和国家的财经政策，被检查单位要据此贯彻执行。报告一旦发出，内容便不得随意变动，严肃性贯通了全部检查过程。

（2）规范性

财经纪律检查报告有行文、检查、调查、意见、处理和执行等规范程序；有中心、内容、结构、用语等，要求规范，且内容严谨，表述准确，行文庄重。

（3）约束性

财经纪律检查通过检查、处理的过程，约束性要求明显。报告一经形成，对相关意见、要求、原则、执行、监督等，约束性会明显转变为强制性。

（4）监督性

财经纪律检查报告对违法违规事件的调查和处理就是一种监督。它提出的整改意见、措施、规范要求、相应的帮助等，都是监督性的具体表现形式。

（5）公正性

对检查的客观公正、调查的公正、处理的公正等，是报告真实与质量的体现。它突出事实根据，真实客观反映问题，结论有根有据，公正性极为明显。

2. 财经纪律检查报告的类型

（1）重点检查报告

重点检查报告是财经纪律检查报告的一个分类，着重陈述事实，有分析定性，主要用于对重点部门、行业、企业和定点检查的单位进行检查，依据违规违法事实，做出结论而写出的书面报告。它以事实说话，调查详尽，步骤严密，强调逻辑推理，坚持实事求是，提出处理意见和处理原则，有明显的监督性、规范性和强制性，并且用语准确，行文严肃，检查全面，反映问题真实，针对性极强。

（2）专题检查报告

专题检查报告也是财经纪律检查报告的一个分类，是对财经工作中某一项或几项内容进行检查，依据查出的违规违法事实，写出有检查结论和处理意见的书面报告。它检查的内容比较单一，涉及的检查专题性强，强调一个检查点的深入，用这个点反映检查项目的面，做到事实清楚、定性合法、处理客观公正，体现出检查的严肃性、约束性。

(3) 专案检查报告

专案检查报告是财经纪律检查报告的另一个分类，是对有严重经济犯罪活动的单位或个人，经上级机关批准立案后，组成专案小组对犯罪活动彻底清查，查证落实所有问题后写成的书面报告。它因其重要性、特殊性，经常用于经济大案和反腐败工作中，强调重视犯罪事实、证据作用和法律定性的处理原则，典型性、针对性、强制性十分明显。

(三) 财经纪律检查报告的结构

1. 标题

标题一般有两种情况：一是被检查单位或被检查个人名字加上文种的标题，标题前常有“关于”二字，如《关于××经济开发区的财经纪律检查报告》等。二是不出现被检查单位名字的标题，只写《财经纪律检查报告》。

2. 正文

(1) 开头

开头主要有四个方面内容：交代检查的背景，说明检查的启动缘由；说明检查的目的、要求，即是重点检查还是专案检查；说明检查人员的组成情况和所承担的工作；写出检查的简要内容，表明检查的起止时间、检查的主要方法和步骤等。

(2) 主体

主体重在陈述事实，详细记录检查情况及检查结果，对违法违规事实进行分析定性，提出检查评价的意见和处理的原则。这部分介绍被检查单位的经营业务、资产状况等基本情况。反映的事实可用小标题式，把违纪事实分门别类，每一类加上小标题分别叙述；可用条文式，把违纪事实按顺序排列成条，再一条条地反映出来；可以按时间顺序和事物发展过程写出违纪事实。无论用哪种形式，都必须写清事实、说明原因及相关责任人应承担的责任，以利于进行分析定性。要明确表明检查机关肯定或否定什么，明确所检查问题的属性，分清是有意还是无意违纪，是失职还是营私舞弊等。对于尚未查清、证据不够充分的问题，不要勉强做出结论，要实事求是地说明情况，提出参考意见。

3. 结尾

结尾是检查结论和处理意见。这部分定性要中肯、准确、实事求是；检查结论和处理意见要客观、公正；提出建设性意见，如健全规章制度、加强法纪教育等。所提建议，要具体清楚，不能含糊。

4. 署名和日期

要写明检查执行单位的名称、检查人员签署姓名、写明成文日期，并加盖执行单位公章。署名和日期写在报告结尾之后的右下角，署名之下写出日期。

（四）财经纪律检查报告的写作举要

1. 注重事实，深入调查

财经纪律检查报告必须详细调查，弄清事实，真实地反映财政经济与财务管理的实际情况。调查要深入细致，行文交代的事实必须清楚，不能有点滴疏漏，更不能随意加入个人的主观意见、看法，造成事实不清，出现检查的严重错误。

2. 准确分析，客观定性

财经纪律检查报告是反映检查工作中的问题的专门性文书，写作要具有高度的准确性，观点要正确，材料要真实，推理合乎逻辑，引用的法规条文和论述等准确无误。对定性分析、提出的意见和处理原则，必须依法办事，规范严谨。

3. 结论公正，处理客观

财经纪律检查报告的结论要体现法律的尊严，检查公正，工作规范，结论公平、真实、有效，达到以人为本，以理服人，以法治人、救人、助人。要以真实为原则，对结论要反复思考和推敲，做到结论准确、处理公正。

九、纳税检查报告

（一）纳税检查报告的概念与作用

1. 纳税检查报告的概念

纳税检查又称税务检查。纳税检查报告是税务机关检查部门或税务专管员依照国家税法规定，对纳税单位或纳税人履行纳税义务情况进行监督检查后所做的总结报告，又称纳税检查书面报告。

2. 纳税检查报告的作用

（1）规范制度

纳税检查报告要从制度上规范税收的形式、方法，做到有法可依、执法必严、有税必收、漏税必查、偷税必罚。要以内容的规范和制度的严格来显示它的严肃性、强制性特征。没有规范的税收和强化的制度，报告则难以发挥应有的作用。

（2）处理违法

纳税检查报告是对违反纳税规定的一切纳税人进行处理的重要依据。它提供的偷税、漏税甚至抗税的情况或典型事实，使检查部门处理有据可查、处理有法可依，能及时进行纠正和处理，保证国家税收工作的顺利进行。

（3）纠正错误

纳税检查报告能及时发现问题、纠正错误，是报告作用的又一种表现。通过报告，纳税人可以提高意识，主动纳税、足额纳税；可以吸取教训，防微杜渐，提高素质，完善自己的财务和纳税制度，促进经济效益提高。

（二）纳税检查报告的特点与类型

1. 纳税检查报告的特点

（1）监督性

纳税检查报告的监督性贯穿于整个报告，是报告的一个行文依据和检查要素。没有监督、检查、分析、定性，并提出意见等内容，报告则失去价值。

（2）规范性

纳税检查报告要求依法进行监督；纳税人要依法纳税；违法者要依法接受相关处理，整个工作都必须程式化，进行规范操作，规范主线始终贯穿全过程。

（3）指导性

纳税检查报告指导性随处可见。检查全过程就是一种有特殊意义的指导性过程。它是检查部门代表国家行使权力，是政府意志和指导性的真实体。

2. 纳税检查报告的类型

常用的纳税检查报告有纳税全面检查报告和纳税专题检查报告。

（1）纳税全面检查报告

纳税全面检查报告是对纳税单位和纳税人进行全面税务检查后写出的详细报告。这种报告涉及面比较广，汇报和反映的问题比较多，既要反映全面，又要突出重点。报告融叙述、评价、定性为一体，点面结合，实用性非常强。

（2）纳税专题检查报告

纳税专题检查报告是对某种检查项目或几个问题所做的专题检查报告。它的涉及面和反映的问题比较单一，只就专题检查项目或问题做比较详细的分析和说明。报告专题性强，分析、说明有深度，是一个点的集中反映。

（三）纳税检查报告的结构

1. 标题

标题一般由被检查单位名称、检查时间、检查内容和文种构成，如《关于××市××××年××（税种）缴纳情况的检查报告》。没有检查时间的，如《××市××公司纳税情况检查报告》。

2. 正文

（1）开头

开头部分写明检查时间、时限、范围、检查方法等，只做概述性说明。

（2）主体

主体是报告的重点所在，详述检查出的违纪事实及分析定性。它要对被检查对象的经营状况、收益情况、各种税务缴纳情况进行说明交代，再根据有关税务法律法规，对发现的问题如实反映；要写明错误的性质、涉及金额、产生的原因，等等。从问题抓出事实，即纳税单位、纳税人偷税、漏税等情况，核实各项违纪金额和偷税、漏税数据。主体的分析定性要以事实为依据、以税政法规和各项财务制度为原则，结论要客观、公正，对重大问题要反复核实，慎重定案。主体部分的结构安排与财经纪律检查报告大致相同，可采用条文式或小标题式行文。

3. 结尾

结尾部分主要写明处理意见和建议。依据各种问题的不同性质，依据税法及财务规定，提出补税、罚款、调整账务等处理意见。对重大的偷税、漏税问题，则应提出给予责任人行政处分或移交司法机关处理的建议意见。

4. 署名和日期

在正文的右下方签署检查人员的姓名、税务机关的名称，盖章并标明日期。

（四）纳税检查报告的写作举要

1. 抓住事实，核实准确

写报告调查事实是根本，这是写作的根本起点。纳税检查报告就是依据事实，进行检查和处理各种违法问题。抓住事实还要分析事实，找出其核心和关键所在，使处理与纠正有根有据。对事实要调查和核实，突出准确性。在核实违纪事实时，要突出核心，确凿有力，处理无疏漏，避免造成重大损失。

2. 分析定性，针对性强

报告首先要对违法事实的成因、发展过程、影响情况、性质特征等进行综合评判，提出意见，表明定性的态度、标准、范围和量化指标，完成定性。分析定性，要准确、客观、公正，真正体现出法律的意志和权威。由于违法的事实、违法者的情况不同，在定性时要有针对性，这样处理才更准确、及时和有效。

3. 处理公正，客观合法

报告正确的定性是处理公正的必要前提。要做到维护法律的尊严，挽回税收损失，对违法者进行公正处理，又对其他纳税人和纳税单位进行教育，就要对定性反复推敲、分析，突出公正处理，客观合法，依法办事，富有成效。

第六部分 科研文体

第一章 学术论文

一、学术论文的概念与作用

（一）学术论文的概念

学术论文又称科学论文或研究论文，是进行科学研究，真实、全面、系统地反映研究成果、传播学术信息、阐明学术观点、进行学术交流的一种重要工具，也是科学研究成果、创新见解和知识的科学记录或科学总结。

学术论文描述科研成果，用于学术会议上宣读、交流、讨论或学术刊物上发表，或用于其他用途的书面文件。

（二）学术论文的作用

1. 研究学术问题，丰富实践活动

学术论文探讨和研究的一个重要前提，就是对不同事物、不同理论、不同规律、不同课题的研究，反映其本质和必然的关联所存在的实质意义，最能体现学术论文的科学成果价值。有了这样的研究，才可能揭示出不同事物的发展规律，加强有实质意义的理论体系和研究门类的建设。作为极其重要的理论工具和实践对象，学术论文以研究出成果为己任，还表现在对理论的探索和创新以及对实际工作的指导之上，充满了实践的验证性。它可以通过对现代知识经济社会信息化、智能化和网络化三大发展基础作用的比较研究，积累实践知识，促进学术交流，创造学术论文的学术、理论、实践的最新模本，提供最新信息，展示最新研究成果。我们从中也可以看到实践与理论两者必须互相依存、共同发展的辩证关系，看到理论指导实践、实践反作用于理论所体现的科学性、创见性作用。

2. 描述科研成果，传播学术信息

学术论文写作的过程就是研究的过程。论文写作之前要确立研究课题，写作的环节便成为研究的步骤；再写好论文，就确立了研究的成果；而执笔修改，就是对研究成果的深化和整理。从学术论文的研究成果还可以看出，它对科研成果的描述，除了整个写作过程中体现出的不同特色外，还有交流、讨论、传播的成果描述、应用步骤、环节、范围等各种不同的描述。在展示其丰富性、先进性、科学性、可选性、可行性上，学术论文也成了极好的信息平台或载体，尤其是对学术信息的传播、利用、反馈等形成的多次提升与应用的循环优势，可谓得天独厚。

二、学术论文的特点与类型

（一）学术论文的特点

1. 科学性

以体现独创性为前提，学术论文的科学性反映非常充分，成了衡量其价值的重要指标之一。它能揭示研究对象的发展及运行规律，推导出新的理论和概念，可以真实、客观地反映研究状况和研究对象的前景及其发展趋势。它有定性、定量的准确分析，有现象与本质的逻辑分析、有措施与决策的方法或模式、有成果的转化与应用，等等，处处体现着科学性的特质。

2. 创造性

没有创造性，就没有学术论文的科学价值。创造性又称独创性、创见性，是提高学术论文地位、价值的重要元素，也是作者敢于探索、善于研究、勤于求证的能力体现。创造性作为学术论文的基本动力，学术论文要独辟蹊径，就必须要依靠创造性来进行发挥。创造性可以填补学术与理论空白，展现全新的原理和规律，进一步推进相关的研究与实践；可以创造性地提出或解决重大科研课题。创造性优势在论文中独具一格，意义极为深刻。

3. 学术性

没有学术性就没有真正意义上的学术论文。它确立研究课题，进行论证和说明，揭示事物本质，演绎客观规律，无处不体现出学术成果和应用价值。在学术性能动作用下，学术论文将科研课题、理论等学科化、系统化、理论化，使学术论文更严谨缜密，理论更加突出，内容更加丰富，创新更为明显。学术性的深刻程度，独特新颖，无任何论文要素可以替代。

4. 理论性

学术论文论述严谨，学术性强，常常一篇论文就是一个理论系统。从选题开始到论文最后成形，它中心明确，课题鲜明，环环相扣，有缜密的理论推导、逻辑推理充分、探讨深入等不同表现，从论述的完整到内容的完备，都贯穿着理论的探索与提升，一直延续着理论的能动发挥，充满了理论性特色。

（二）学术论文的类型

（1）按目的分，有学术交流论文、学位论文、毕业论文等。

（2）按大小分，有宏观性论文、微观性论文等。

（3）按表达分，有论说型论文、综述型论文、对策性论文等。

（4）按内容分，有专业论文、一般专业论文、学年论文、考核论文等。

（5）按研究分，有自然科学论文、社会科学论文等。

（6）按应用分，有理论研究论文和应用研究论文等。

（三）常用的学术论文

1. 专业论文

专业论文是学术领域里专门从事学术研究的专业人士和工作人员进行学术科学研究，描述科研成果的一种论文。它主要以选定的某个课题或某个专业问题为突破口，通过深入研究，反映出最新成果，并常在报刊上发表或提交有关部门作为决策、研究之用。这种论文经常出于专业人士之手，专业性强，填空白、推新论的绩效非常明显，有较明显的理论高度和深度，权威性、创造性、指导性特点突出。

2. 学年论文

学年论文是高校各专业学生进行学习实践所写的论文。这种论文题目不大，篇幅不太长，对论述问题的深度要求也不太严格，主要在于考查学生学习专业知识的状况和分析专业问题的实际能力以及对一定科研方法的把握和运用能力。学年论文有时限性要求，是考查学生学习程度、分析能力、运用研究方法能力的依据。

3. 毕业论文

毕业论文是高校学生在毕业时所撰写的带有总结性的论文。它主要反映学生在校期间所学知识的情况、分析和解决学科中某些问题的能力，强调科学性，注重独创性，其篇幅一般在 1 万字左右。毕业论文常常又可作为申请学位的学位论文使用。这种论文往往有教师指导进行选题，题目稍大并有一定深度。学生由此独立地阅读文献、收集资料、编写提纲，进行研究，最终以论文的形式来反映自己所取得的研究成果。论文完成后，要进行答辩以评定成绩。

4. 学位论文

学位论文是学术论文的一个种类，是学位申请者为申请学位而提交的论文，是学位评定、授予的重要依据。学位论文分学士、硕士、博士三级。学士论文即合格的毕业论文，它表明申请者有一定的科研能力和担负专门技术工作的初步能力。硕士论文是攻读硕士学位研究生所写的毕业论文，它要对所研究的课题有新的见解，表明自己已有从事科学研究或独立承担专门技术工作的能力，其学术性在学士和博士论文之间，篇幅约 2 万 ~ 5 万字。博士论文是攻读博士学位研究生的毕业论文，它表明申请者具有独立从事科学研究的能力，能开拓新的领域，解决具有重要意义、有突破性的问题。博士论文篇幅较大，一般在 10 万字左右。

5. 学术论文摘要

学术论文摘要主要用于帮助读者了解论文的主要内容和结果，是对论文的补充。其主要内容有研究目的及重要性；研究内容和过程；取得的主要结论，有创造性见解；结论存在的意义及对经济指导的独特作用等。它配合论文阐述主要原理，逻辑性强，结构严谨，重在介绍精华而不加评论。这种摘要用语精练、篇幅短小。附在学术论文正文之前，一般 200 字以内。

三、学术论文的结构

（一）基本结构要素

学术论文的结构形式较多，以下为一般结构介绍。

1. 题名

题名又称标题、篇名。学术论文的标题有揭示论题的标题、揭示论点的标题和双行标题。标题要对内容或观点进行概括，可以说明研究对象，可以说明研究目的，可以说明研究结构，或兼而有之。标题不能用比喻，要求直接、具体、准确、醒目。揭示论题的标题，如《现代知识经济社会要素分析》等。还有揭示论点的标题，如《人的成熟期的表现形式》等。双标题一般由主题、副题构成。主题是确立的研究论题，副题对主题加以阐述或提示补充论题。如《真实、创新、传播——论学术发展的三个跨度》等。

2. 作者

作者是学术论文的撰稿人。作者署名是著作权所有和文责自负的体现，一般要求用真实姓名并写明工作单位；是集体研究的成果，则需写明单位集体名称。

3. 摘要

摘要即指学术论文摘要。

4. 主题词

主题词又称关键词，是标示经济论文内容的关键性词语，由名词性词语构成。关键词一般有 3 ~ 8 个，主要为电脑储存和便于检索服务。

5. 绪论

绪论又称引言、绪言、前言、序言等，是学术论文的开头部分。绪论、本论、结论可构成常见的“三段论式”论文结构。

6. 本论

本论又称正文，是学术论文的核心部分，也包括绪论、本论和结论构成的“三段论式”论文结构的主体。正文篇幅长，容量大，包括论点、论据、论证三要素。常见的结构有横式结构、纵式结构、纵横式结构等。这部分有观点、有成果，是学术论文的重心所在，也是极容易出研究成果的地方。

7. 结论

结论是对论文观点做的总结性说明。主要有提出论证结果、进一步指明研究方向等内容。同样，它是“三段论式”结构的要素之一。

8. 致谢

致谢就是谢辞。致谢时还要写明致谢的原因，突出对合作者的尊重。致谢的对象较多，凡是对完成经济论文提供帮助、支持的，都是致谢的对象。

9. 参考文献

参考文献是经济论文中被引用或提及的有关文献资料。参考文献有专著、连续出版物等。引用的参考资料要注明出处，便于读者查找相关内容。使用参考文献时，要注明文献题名、作者、出版日期、出版单位等文献信息。

10. 附录

附录是一种必要补充，读者可以了解没有放入正文中的各种资料。它包括正文容纳不下的资料、补充资料、有参考价值的资料、补缺的统计数据、图表等。

（二）三段论式论文结构

绪论、本论和结论可以构成学术论文的基本结构。

1. 绪论

绪论又称引言、前言、序言、绪言，是学术论文的开头部分。这部分观点明确，提出问题，指明论题的背景、缘由、意义、目的，阐述基本概念，也可以表明研究结果、研究方法和证明方法等。内容可按主题要求进行选择，可多可少，但证明观点和提出问题的核心不能缺失。绪论还有承上启下的作用，即上接标题、下连本论，有利于读者把握论文的主线与文脉。

2. 本论

本论是学术论文的主体部分。这部分充分利用论点、论据、论证三要素，展开对问题的分析和观点的证明，是全面、详尽、集中地表述研究成果的部分。它有周详的论证，推出观点，归总结论，亮出成果。本论篇幅长，容量大，由多个篇章、段落、层次构成，彼此有密切的结构关系，还有分论的直接推论或者并列的论证，形成了有意义的整体。本论按结构的不同，还分为横式结构（并列式结构）、纵式结构（递进式结构）和纵横式结构（并列、递进混合式结构）。横式结构是指各分论点相提并论，各层次平行排列，分别进行逐一论述，可以造成齐头并进的效果。纵式结构又称直线式结构，它由浅入深，层层递进，不断加深表述内容并进行论证，可形成步步深入的逻辑关系，后一个分论点是对前一个分论点的衔接和深化。纵横式结构是上述两种结构的结合运用，即有的层次用横式结构，有的层次用纵式结构，或大层次是横式结构，而层次内部各段落又是纵式关系，等等。

3. 结论

结论是围绕本论写的结束语，大致有提出论证结果的结论和提出进一步研究方向的结论两种形式，其中“提出论证结果”是结论部分的基本类型。除以上内容外，学术论文的结论部分还可以写入另一些内容，如对成果应用前景的预测、展望，或提出具体建议，或提出希望，表示自己的某些期盼和见解。

在绪论、本论、结论三段式学术论文结构的演变中，还有只有本论和结论，没有绪论的直接论证结构；有在绪论中概括全文内容，揭示研究结果，或在本论中边论边归纳，没有独立的结论部分的绪论、本论结构。哪种结构好，该如何用，要看写作的实际需要和对学术论文的通篇考虑来确定。

四、学术论文的具体写作

学术论文一般有选题、课题立论、编写提纲、具体执笔、潜心修改等部分。

（一）选题的类型、原则和方法

学术论文的选题如何，常常决定论文的价值，是论文成功的关键。“选好课题，论文等于完成了一半”，就非常形象地说明了选题至关重要的作用。

1. 选题的类型

课题主要有开创性研究课题和发展性研究课题两类，具体可以构成不同形式的课题，表现不同的论文内容。

（1）发展性研究课题

发展性研究课题是对别人曾经研究过的问题再作进一步研究。这类研究的补充、纠正特征明显，研究的成果一是补充“前说”，即补充、完善前人已取得的研究成果；二是纠正“通说”，即改变人们流行的看法，赋予已有成果以新的意义。具体看，发展性研究课题形式较多，基本形式有：一是深化、补充已有的观点或已有的课题，即“前说”，是对已有观点或课题的再深化与补充；二是驳斥、修正已有的观点或已有的课题，它的形式一般是修正“通说”已有的定论或通过形式争论展开；三是对已有理论的功能等进行创新，予以新的意义；四是依靠现代学科交叉互动优势，利用“边缘科学”之长，釜底抽薪，推翻已有的观点或已有课题，重新审视，实现观点或课题的创新性飞跃。

（2）开创性研究课题

开创性研究课题是指研究别人没有研究过的课题。这类课题研究的创新性极强，研究的成果常常可以填补研究的空白，意义重大。现代知识经济社会中新概念、新思维、新技术、新事物不断出现，有相当多的研究课题、研究领域亟待研究和开发，使开创性研究课题的研究优势和研究空间极为广阔。进行这样的研究，相关资料少，借鉴模式不多，存在不少困难。也正因为这样，一旦有了研究成果，其价值更大，对研究者的意志、能力提高并形成个人研究特色更具有积极意义。

2. 选题的原则

选题的原则，就是衡量课题、决定取舍的标准和根据。要从客观需求和个人主观能力等方面进行充分考虑，再确定选题。

(1) 在客观上有重要意义的课题

① 具有社会意义的课题

具有社会意义的课题，即社会变革、国家政策、民众趋向、经济发展等具有社会意义或社会价值的课题。这些课题具有典型性、前瞻性和特殊性，富有探索与研究价值，蕴藏着相当丰富的新原理、新要素，常常是他人未涉足或未过多涉足的，有极大的研究空间。同时，这样的课题也具有普遍的社会意义，针对性、现实性极强，常常是社会的热点、大众的热点、选题的热点，可以从不同角度折射出社会发展情况及前景，以及人们的倾向、呼声和愿望。选择这样类型的课题极易创新，极有特色，有深度和广度，也最容易体现出学术论文的现实价值与潜在价值。

②具有学术意义的课题

学术论文立文之本，就是要以鲜明而突出的学术价值来体现论文的研究与应用价值。学术意义必然体现学术价值，并且决定着学术的实质形态，体现了学术的实质走向，揭示出学术的新意义、新价值、新发展和新趋势。立足于科研前沿，选择具有学术价值的课题，可以创立新说，丰富理论；可以演绎规律，深化学科；可以引发变革，推动创新；可以强化应用，提高学术绩效和社会多样性效益。具有鲜明学术意义的课题，才是学术论文最具生命力和长久影响力的关键所在。

③从未探索过的课题

选择这样极具挑战性的课题，最能体现研究者的勇气和胆识，其突破性、创新性、价值性无可取代。任何领域、社会层面都会不断产生未知的新生事物，总会引起人们对它们进行不断探索与研究。探索从未研究过的新课题具有特别的意义。特别是在当前知识经济社会的发展过程中，全新的信息化、智能化和网络化资源的生产、运用与分配，未知的知识空间、未知的知识创新会层出不穷，给学术论文课题的探索、创新、研究与课题选择，提供了极多的机会，可以引发更多的新理论和新原理，也会给学术论文自身的发展带来极佳的开创期。

④有意义的热点课题

科学研究和创新、社会性发展变革、大众关注的问题、经济发展的反复等，总会不断有新热点成为学术论文的选题对象。热点课题领域广阔，如新发明、新创造、新技术、新理论、新学科、新领域等，可以形成大量热点课题；新问题、新疑难、新症结、新挫折、新错误等，也可以探索出不少热点课题。热点课题带有特殊性，最具科学性、生命力和代表性，最有吸引力，也最具有选择性和探索性。

⑤承上启下的课题。

承上启下的课题，一是我们通常讲的补充“前说”，即对前人已研究并取得的成果进行必要的补充、完善；二是改变人们在实际生活中形成的既流行又固定的一些看法和认识。这些有历史积淀和传承特征的看法和认识，同客观事物的发展变化一样，不会一成不变，需要加以纠正，即我们通常讲的纠正“通说”的课题。“补充前说”或“纠正通说”是两种选择，选择的前提要看其承上启下是否有特别意义，是否能体现学术和研究的价值，是否有创新和引导作用。

（2）在主观上有见解、能解决的课题

研究成果与个人的学术见解和主观条件关系非常密切，对论文的写作成功具有相当大的潜在影响。由此，依据个人的主观状况进行选题非常必要。

①有独特见解的课题

新西兰政治科学教授詹姆斯·弗林的“弗林效应”指出：人类智商平均每 10 年提高 3 分，智商增加最多的部分都集中在视觉空间的智商上，而语言和数字智商的提高非常有限。学术论文就是语言智商与视觉智商的综合性运用。所谓独特见解，是获得更有价值的认知，与个人的学识、能力、素质等因素有极大的关系，实际上就是语言智商与视觉智商高质量互动的结果。运用好语言智商与视觉智商，就有个人创造能力，就可以发现别人不曾知晓或了解不多的领域。从中把握规律，深化个人见解，形成研究课题的深度认知，就可以从认知走向成功，显现个人的研究个性、独特优势以及论文价值。

②有能力完成的课题

学术论文的课题研究是十分繁重的精神劳动，必须要考虑自己的实际能力和可利用的条件。这种高度个性化的劳动与研究者的能力成正比。个人能力的大小，决定着研究的广度、深度、创造度和最终结果。研究者个人特长、智能活动、专业水平、社交能力等综合能力明显，表现出视野开阔，兴趣广泛，有能力解决复杂的问题，是扬长避短进行研究的最好条件。

③有兴趣完成的课题

美国微软公司创始人比尔·盖茨早在读中学时，便开始了计算机编程的研究，从此全身心地投入了计算机研究与开发而一发不可收拾，最终成为世界著名人物。有专家评价比尔·盖茨：他不是一个好学生，却创造了一个时代，其意义超过了创造一个美国。比尔·盖茨成功的事实的基本点就是：兴趣，浓厚的兴趣。由此看来，兴趣是认识事物的一种选择性态度和认识上的倾向性表现。兴趣产生欲望，欲望变为行动，行动改变人生。兴趣有特别的积极意义，让思维始终处于亢奋状态，促成废寝忘食地潜心研究，是最好的老师。不少成功人士、学者都是从兴趣出发，取得了骄人的实绩，获得了巨大的成功。从此出发，把握兴趣，实现兴趣的转化，也最容易引发灵感，促成论文的成功。

④有条件完成的课题

选择课题还有时间保证、导师指导、资料充分等条件。主观条件再好，但没有时间、缺乏指导、缺少资料也只能望之兴叹，难以完成。研究也是学习的过程，需要导师的指点。导师往往都是自己研究领域的行家里手，最了解课题研究的最新发展，知道研究的核心所在。有导师的指点，可以少走弯路，省去许多麻烦和困难。研究还离不开资料，必须要有占有资料和运用资料的条件，这样可以先人一步，研究起来更为顺利，也最容易创新自己的研究成果。

(3) 利用突出矛盾选有价值的课题

学术问题是可以探讨的、争论的，因而是充满矛盾冲突的。矛盾冲突在学术研究、学术探讨上具有积极意义，有冲突才有利于发现研究的实质、学术的价值，并取得突破，求得共识。在突出矛盾中选课题能提高论证和分析的质量，容易在矛盾的焦点中发现新线索、新问题，发现有价值的新东西。不同新旧课题研究、不同学派争鸣、不同社会矛盾冲突、不同经济走向分析，等等，都可以提炼出最能反映研究本质和研究特色的课题。

3. 选题的方法

(1) 注意了解选题总体情况

选题要了解实际情况，哪些课题已被研究，哪些课题可能与别人的课题重合，还有哪些课题存在争议等，都需要研究者在选题时做总体考虑。选择课题是在课题不断的组合和互动中进行的。仅一个问题，就可能出现几个不同研究方向的课题，即使同类的课题，也有不同的研究重点。课题的研究有各家之说，自成派别。自己适合哪一种研究体系，前景怎样，要经过深入了解和调查。总之，选择课题要做到一要对路、二有空间、三不重复、四明方向、五有条件、六能写作，这样才能做到心中有数，从容展开研究。

(2) 选择选题的基本方法

①刺激反应模式，即通过一些具有新含义的文字或图像，通过假借、暗示来影响、启发人由此产生种种选题行为。它一般不考虑区分对象，有非常大的自由度。此中，符号性与暗示性是最基本的方法。如符号性，当你看到中国财产保险的广告增加了北京奥运会徽标符号，就可以知道它是奥运会的赞助商。

②引发设计模式，即以满足某种需求来影响选题行为。它包括现实和未来的需求，通过某些事物或现象的影响，从而触发灵感，实现课题的选择。如我们可以从马斯洛《动机与人格》提出的需求层次论来引发选题动机，就可以从满足生理需求、安全需求、归属与爱的需求、尊重的需求、认知的需求、审美需求和自我价值实现的需求中发现多个方面的选题。

③认知设计模式，即以人的心理认知为基础，从事实、逻辑、信息等的推理出发，来增加或改变对选题的认知程度。它从社会的多角度考虑，以社会心理学、社会群体以及个人行为的压力、规范、趋同性等来进行选题设计。它常常以个人的诉求表达来代表某个群体的集体需求的表达，反映出整体的赞同或反对。

④个性设计模式，即从人的个性表现欲或个性需求来进行选题设计：把握个性的深化程度，注重个性的最大特征以及表现形式；改变个人的自我认知意识，突出其积极表达；坚持个性化就是“这一个”的原则，克服个性的雷同或变异等。

（二）拟定写作提纲

拟定写作提纲是写作的重要环节。提纲是学术论文的设计蓝图，也是执笔的行动纲领。提纲可以调整思维，整理思路，将思想系统化、文字化、定格化，从而实现整体布局。从整体到局部，可以从全文的逻辑关系、组织材料、选择结构、论证的方法等出发，划定范围，构思出几个大的局部后，再进行各部分、各大层次内容的具体安排，处理好逻辑关系和分论的设置，使之自上而下、从大到小有机地结为一体，共同为主题服务。我们还可以从小到大，先局部后整体，从段落入手，把具体的表达方式、段落与层次的具体安排顺序、语言的不同表现手段等作为整体中的具体指标，进行分解并逐一安排，由此逐步扩大以完成写作提纲。提纲要注重系统化、科学化、实用化和灵活化的要求以增加可操作性，使之更完整、严密。拟定写作提纲一般有标题、基本论点、内容纲要三部分。

1. 标题

标题就是篇名，有揭示论点的标题、揭示论题的标题及形式上的双行标题。标题内容已在结构要素中阐述，可参阅该内容。

2. 基本论点

基本论点又称论点句、观点句、主题句，就是概括全文中心论点的语句。它可以用一句话或几句话写出，主要作用是把中心论点定格，防止在执笔写作时出现跑题。基本论点要准确、鲜明，利于在写作时贯通全文，突出中心。

3. 内容纲要

内容纲要是经济论文写作提纲的主体，这部分可用分项目、列条款的形式反映论文的结构框架，绘出结构的关系图。观点、材料等可以按图动笔，确定其安放位置。内容纲要从大项目写起，先写大的部分和大层次的项目条款，然后再依次写中项目、各小项目的相关条款。可用标题式写法，即用简洁的语言以标题形式概括项目内容；也可以用句子式写法，即以一个表达完整的句子概括项目内容。

（三）课题研究

1. 获取资料

理论著作、学术论文、经典专著、统计数据、党政文件、各种工具书，都是课题研究时可运用的资料。获取资料的途径很多，可以从图书馆等获取资料。获取资料的途径如下：

（1）利用图书情报机构获取资料

利用图书情报机构是获取资料的基本途径。学术论文研究所用的大量资料来源于此。首先，要掌握图书分类法。如《中国图书馆分类法》有马克思主义、列宁主义、毛泽东思想；哲学；社会科学；自然科学；综合性图书五大基本部类。又分22个大类，其中社会科学分九大类，学术的内容列在F类，这样就可以进行顺利的查询。不少图书馆还有按书名笔画排列的“书名目录”、按作者姓名笔画排列的“作者名录”可供使用。其次，要善于使用检索工具。检索工具主要有目录、索引、文摘等几种。书目就是为专题研究而把有关图书按一定顺序编辑而成的图书目录，如《全国总书目》、《全国新书目》。索引则是把图书报刊中某些内容摘录后，按一定顺序排列以便于检索书刊资料的工具书，如《论文目录索引》等。文摘就是把论文的重要观点摘录下来，汇集成册供使用。利用文摘省时省力，使用已越来越普遍。最后，还要学会使用各种工具书，特别是一些专业工具书。工具书包括辞典、百科全书、年鉴、手册、文摘、图表、便览、年表等。

（2）利用社会性实践获取资料

实际生活是获取资料的又一途径。要善于在实际生活中进行体验和观察。从课题需要出发，可以凭众多的感性资料为研究提供有力的保证。观察要目的明确、方法科学，如何观察，要从实际出发，以观察的快、准、新为衡量标准。要进行社会实践，在生活中学习和提高，从而获取最有实感的材料。观察的方法很多，主要用普遍调查和非普遍调查的方式进行调查，如采访调查、问卷调查、开会调查、体验调查、走访调查，实地考察等，都是不错的方法。

2. 选用资料

（1）选用资料的范围

资料范围有大小，跟选用资料的数量有关系。在要用就选、选好就用、用后保留的前提下，可用简单易行的“配对法”进行资料的选用：理论配上实践的；主要的配上次要的；正面的配上反面的；概括的配上具体的；本地的配上外地的；国内的配上国外的；官方的配上民间的；数据的配上图表的；特殊的配上一般的；历史的配上现实的；点上的配上面上的。这种资料配对较为全面，容易分类保存。用多少，怎么用，完全可以择其几项，配对使用。

（2）注重资料的数量和质量

选用资料要求数量也求质量，有用量也有限量的原则，做到资料数量的充分与资料质量的上乘相结合。要用定性、定量的方法作为资料选用的标准，做到既拥有数量也保证质量。

（3）选用资料的标准

选用资料的标准因人而异、因文而异，一般来说，要坚持资料必须真实、新颖、充分、适用的标准。

3. 资料的记录

（1）笔记

笔记的基本类型多，一般常用的有：摘录笔记，即将资料中概括的重要内容、重点段落、关键语句摘录下来；提要笔记，即读完文献、全面概括主要内容后，写出简明的纲要；提纲式笔记，即读完论文或书籍后，对全文总观点、每个部分和层次的观点以及说明观点的主要材料进行提炼、概括，再依次排列为框架式的大纲；心得笔记，即阅读后记下的心得、体会、收获或质疑、批评意见的笔记；索引笔记，即阅读资料后，记下书名、作者名、出版单位、出版时间，并对内容有简短介绍的笔记。

（2）卡片

卡片多为摘录原文片断、观点、数据等，常用于学术研究中。它方便灵活，配上简明标题或原文标题，注明作者、出版单位、页码等，便于分类和查找。

（3）活页纸

即不装订成册，可以随意分合的专门用于记录资料的纸张。它可以一张纸记录多项内容，其注明作者、出版单位、期号等与卡片一样。

（4）剪贴

把报刊等上面的有用资料剪下来，贴在资料册上。

（5）复印

用复印机把必须使用或者备用的资料复印下来。

（6）电脑储存

把资料存入电脑，再做调整。它有着传统记录工具无法比拟的优势，是一种非常新的记录方式。

（7）文献做记号

即在文献上做记号或写出眉批。记号有各种线段、三角号、加重号、小方框及小圆框等。出于对文献资料的保护，此法不宜乱用，只能用在自己拥有的文献上。

（8）成册笔记本

这种笔记本又称资料本，是多本资料的组合，容量大，可对资料进行详细的分类记录。记录时，笔记本要分类设项，可编目录，以免混淆、记错。

4. 运用资料的逻辑方法

（1）归纳和演绎

归纳，即从个别事例推出这一类事物的一般性结论或概念，是从特殊到一般的推理方法。科学研究总结出的原理、概念、规律、法则、模式，多数要运用归纳推理。如下面的归纳推理：经营指标是计划中规定达到的目标；生产指标是计划中规定达到的目标；成本指标是计划中规定达到的目标；经营指标、生产指标、成本指标是企业取得经济效益的重要指标；所以，企业的所有经济效益指标都是计划中规定达到的目标。

演绎，即按普遍性的概念和原理推出某个个别性的结论，是从一般到特殊的推理方法。对经济实体、经济现象等运用经济原理进行评价时，常常采用演绎法。如下面的演绎推理：如果坚持改革开放和不断创新，学校的教育事业就有生命力；某学校坚持改革开放和不断创新；所以，某学校的教育事业就有生命力。从特殊到一般，从一般到特殊，归纳和演绎是两种互为依存的思维方法。归纳是演绎的基础，无归纳便无演绎，并常以演绎为前提。

（2）分析和综合

分析是把整体分为各个部分，分别对每个部分进行认识的方法。综合是把已认识的各个部分有机地联系起来，形成整体认识的方法。一般是先分析后综合，两者互为条件、互为前提，分别发挥不同作用。

（3）抽象和具体

抽象和具体是同分析和综合相联系的思维方法。其规律是先从具体到抽象，再由抽象到具体的推理过程，而推理出的下一个具体是更高层次的理性的具体。

①从具体到抽象。具体是客观存在的或人们认识中反映出来的事物的整体，具有多层次、多关系的特征。抽象是从具体事物中被抽取出来的相对独立的各个方面、属性和关系。从具体到抽象，就是运用思维的抽象力，把具体事物的各方面属性、特点、关系分解开来并经单独考察，从而形成各种简单的概念和判断。

②从抽象到具体。从抽象到具体是把抽象得到的多种简单概念和判断进行周密综合考察，找出事物各方面之间的内在联系，达到多样性、统一性的具体的过程。其结果是具体成为综合各方面的统一体，是一种更高层次的理性的认识。

5. 运用创造性思维

诺贝尔经济学奖得主、著名经济学家蒙代尔指出，“评判一个经济学家是否合格主要有两点：第一，他对经济到底了解多少？第二，是否有创造力？很多人有一流经济学的教育背景，但他们没有创新思维，所以不能成为一名合格的经济学家。”现代知识经济社会已将创造性思维看成思维的主导，其重要性可见一斑。

人的主体认识能力有观察、记忆、想象和思维，其中思维起到了决定性的作用。创造性思维的内容和形式，就是一种独特的超越和创造。知识丰富、阅历深厚、专业突出、能力卓著等是开拓创造性思维的必要条件，是高智商的一种体现。

（1）积极准确地认识创造性思维的内涵

创造性思维离不开大脑大量信息的储存，储存的信息内容越多，其思维的质量也越高。因此，运用创造性思维，首先应丰富大脑信息内容的储存。创造性思维离不开与信息的互动。大脑中的事物、概念、方法、思路等，总是在与信息的相互作用中推动思维活动。这些信息如球体频频碰撞，让思维处于最佳状态，可以从此事物联想到彼事物，从此概念引发彼概念，从此方法构思彼方法，并反复作用，重组整合，实现优化，引发超越，形成创造性思维。信息作用频率越高，运用创造性思维出现的新见解、新观点就越多，产生新发明、新创造的可能性则越大。创造性思维运用的研究表明：在相同时间内，体力开发成本投入 1 元，技能开发成本要投入 3 元，智商思维创新开发成本则要投入 9 元。但在相同时间内，体力创造的效益是 1 元，技能开发创造的效益是 10 元，而智商思维创新开发的效益是 100 元。

（2）注意循规蹈矩思维和越轨思维的结合

循规蹈矩思维就是人们抽象思维和形象思维结合所进行的再造性思维，是创造性思维的基础。在常规的再造性思维上进行突破，实现超越，就是价值极大的创造性思维。简言之，就是利用循规蹈矩思维的稳定性和丰富性，使思维出现反常的“越轨”状态，不满足现实思维模式而进行创新性思维开发，进而引发循规蹈矩思维和越轨思维的循环，推出创造性思维，成为循规蹈矩思维的主导模式。

（3）注意发散思维和集中思维的交替

发散思维是利用多方向、辐射状的思考，围绕一个问题或一个中心，用大脑广泛搜寻与之有关的因素，是一种广泛搜集信息资料的思维形式。集中思维正相反，是把广泛搜集到的多方面因素加以集中，经对比、筛选，保留有用的部分，是对信息资料的精选。思维经过这两种思维交融的过程，必然会出现新的超越，拓展出创造性思维。

（4）注重思维的转换模式

运用创造性思维要注意利用思维的差异性，实现思维的四个转换：一是由单向思维到多向思维的转换，即由“风筝单线思维”组合优质的群体思维；二是由个人思维到利用集体思维的转换，即构成思维的创新优势；三是由思维的排斥差异转移到利用思维的排斥差异，即利用差异性扩大思维的多元模式；四是由小的思维引发大的思维，再由大的思维分析小的思维，即进行思维的能量转换，实现思维内容的不断更新。

运用创造性思维的方法很多，专家们提出了一些常用的有效方法。

①KJ 法，即卡片法，它是日本人川喜田二郎首倡的方法，KJ 为其名字缩写。它将无数卡片进行排列，按卡片之间的联系或能解决的问题，编出小卡片群，附上标题；由此再编成中长卡片群，最后形成大卡片群，并以大卡片群标题为纲，逐一

排到其他卡片群，组合成新的观点或内容。这种卡片集团化的使用，容易出新创优，用于编写提纲，非常明晰简洁。

②NM 法，即指人的记忆系统中的点、线结合的思维方法。它以人的第一信号系统对具体事物形成的条件反射为点，第二信号系统对事物抽象化形成的条件反射为面，再把积累的点加以集中，产生线的记忆和新的组合，推动创造性思维发展。如把飞机等集中，就会找到规律，设计出速度更快的航天飞行器。

③综摄法，就是集合互不相干、缺少联系的各知识要素，并取各要素之长，将其综合，创造出新概念、新观点或新产品。它可用新技术、新知识，从新角度对现有成果进行分析和处理，从而创造出新成果，丰富自己的新设计或新设想。

④假设法，即打破习惯性思维模式，大胆设想，实现思维的创新和跨越。它可以虚设希望，提出假想，不受现有事物束缚；可以假想推测，以推测带动假想，将不可能发生的假想视为已经存在的现实，从而丰富想象力，有形象思维的深化特征。

⑤汰略法，即面对复杂的事物，可先找出一个线索进行分析，若行之不通则放弃，再以另一线索进行分析，直到分析出我们想要的最终结果为止。

⑥缺点列举法，即列举事物多个缺点或全部缺点，然后针对缺点拿出办法加以改造，从而获得新的发现或新的发明的方法。

（四）具体执笔

1. 细化写作提纲

具体执笔是人们操作能力的一种具体体现。从实效出发，细写内容提纲可以从六个方面进行：

第一，细化标题，亮出中心，选好课题。要提炼出基本论点，写好基本观点句；要细化提纲内容，确定全文要使用的总的项目和内容重点、采用什么论证方法、层次段落的序列等。

第二，参考结构要素内容，着力细化论文基本结构，做好绪论、本论、结论的安排。

第三，对课题进行推敲，对课题所要表达的中心、研究的切入点进行再思考和分析。

第四，按课题要求或中心要求，准备好相关资料，基本确定资料安放的位置和使用的数量及运用资料采用什么逻辑方法等。

第五，调整思维，集中精力，善于引发灵感，激发写作激情，尽快进入写作状态。

第六，必须要有时间保证。要合理安排时间，列出写作的时间表，每天写多少、总体需要多少时间，应做到计划周密。

2. 段落组织

组织段落，简单地讲就是构筑段落的过程。学术论文对段落构成的要求是：使用统一完整的规范段和充分利用段中主句揭示段落的主旨，并且容量适度。

规范段就是意思完整的单义段。现实论文也是逻辑关系的表现体，必须高度集中和统一。规范段要求每个段落都由分论点、相应的论据和论证组成，共同表达一个明确、完整和统一的意思，即使将其从文中分离出来，它也可以成为表达完整的独立段，并且表意清楚，表达充分，结构完整。段中主句就是能表达段落中心意思的中心句，是构成段落中心的手段。段中主句用来揭示段落的中心意思，无固定位置，但常用于段首。这样的句子要求简短，有概括性，简洁明朗。使用规范段或使用段中主句，都要注意容量适中。段落过长会显得沉闷而无跳跃感，太短则少了庄重与实在。怎样用才好，要根据论文长短和表意的需要来确定。

3. 论文的表达

（1）常用的论证表达法

①例证法。

例证法又称举例法、举例证明法。即用典型的事例证明自己观点的正确。它用事实说话，以典型证明，是最为常用的基本论证方法，使用频率很高。

②归纳法

归纳法是从许多个别事例中归纳出一般性结论的方法。归纳法常与演绎法共同使用，两者互为联系。归纳是从特殊到一般，与演绎法正相反。它在各类论文中有着广泛用途，发展和演化出了统计推理等方法。

③演绎法

演绎法是根据普遍性概念和原理推出某一个个别性的结论，即从一般到特殊，与归纳法正相反，但它常与归纳法互为联系。归纳以演绎为前提，演绎以归纳为基础，使用同样广泛。演绎法还发展和演化出了数学模型法。

④反证法

反证法又称排他法，是用对反面论点的否定来证明自己论点正确的方法。这种方法在论文中运用不多。

⑤对比法

对比法就是把不同情况或事物加以比较，在对比中辨明是非，得出结论。它还可以对同一事物的不同侧面或不同时期的状况进行比较。对比法在论文中比较常用，多用于数据和现象的对比。

⑥因果法

因果法又称因果分析法，是一种通过对论点和论据之间的事理因果关系的分析来证明自己观点正确的方法。这种方法在经济论文中也最为常用，与举例法经常结合使用，构成各类论文中常用的“直接论证法”。

⑦引用法

引用法又称引证法，是用经典、名著中的言论、科学的定义、公理、原理、格言等来证明自己论点的方法。

⑧归谬法

归谬法是专门用于驳斥他人观点的论证方法。即假设某一观点是正确的，然后进行推理，得出一个明显荒谬的结论，再用荒谬结论反证其观点的错误。这种方法在论文中用得较少。

⑨直论法

直接论证法是各类论文最常用的方法，简单、直接，逻辑关系清楚。它可以揭示各领域里的各类现象、事件之间的内在联系，反映其本质性和必然性最为直接，被广泛使用。直接论证法由多种论证法分别组合构成，如前文讲的归纳和演绎法、抽象和具体法、分析和综合法等。常用的有完全举例法和分析法。

⑩兼容法

这种方法就是议论主导全文，兼用说明、叙述为补充的套用法。论文属议论文体，必然以议论为主来完成研究过程。但同时兼容说明和叙述，能为议论创造条件，或为论点提供事实依据，或为议论补充说明等，都是在为论点和议论提供直接或间接的服务。另外，说明要简洁，叙述要概括，不能喧宾夺主。

（2）论证逻辑要严密

学术论文的逻辑关系比较复杂，运用不当极易出错，如逻辑关系不清造成的论证方法不当；因果关系中加入假设推理、归纳和演绎二者关系表述不明、同类事物之比变为异类事物之比等。要做到逻辑严密，就要弄清逻辑关系之间内在联系、逻辑推理中的关系转换，多看多分析多推敲。可以好写的先写，由简单到复杂；知道的先用，由已知求未知；具体的先行，由具体到抽象，由一般到特殊。还可以采用先易后难、先总后分、先写后补、先叙后论等方法来进行写作。

4. 经济论文的语言

（1）准确

学术论文涉及极多学术问题、理论应用和研究模式，用语要求很高。要做到语言的准确，一是用词准确贴切，词意相符；二是表述清晰，即论点、论题等，都要说清道明，没有歧义；三是语句内在严密，语意畅通，前后呼应，形成完美的整体。对一些复杂的长语句，要注意逻辑、修辞、语法的统一。

（2）简明

简明就是语言的简洁明快。现代论文概念多、术语多、议论多、篇幅大，再加上一些作者容易有意无意地把语言复杂化、概念化、程式化，使读者难以读懂。因此，行文要言简意赅，脉络清楚。概念术语要适量，可不用的则一定不用，必须用的也要注意解释。概念可举例子、打比方，从形象化角度进行说明。要做到语言朴实，力求文本简明，表达清楚，表意准确。

5. 引文和加注

（1）引文

学术论文为论证充分常常使用引文。使用引文既重要又必需，但要尽量少用，以避免影响自己论文的主体。引用要尊重原文，核对无误，不能断章取义，扭曲原文作者的意思；界限要分明，别人的看法、观点和自己的看法、观点要有区分。具体引用还要注意对完全引录的在直接引用时不能出现错字、漏字，要加上引号；对不直接引用原文，而对原文在加工、改写基础上引用其基本意思的，只用冒号，不加引号；对可以提行自成一段的提行引文，可以不加引号。

（2）加注

引文来自何处，必须注明出处，加注就是注释，常见的有四种：

①夹注。夹注又称段中注，用在正文中加括号以示同正文的区别。夹注宜短，否则影响正文连贯、顺畅。

②脚注。脚注又称页中附注，即把注释写在本页页末，论著多用脚注。

③章节注。即把注释放在一章或一节之后的注释方法。

④尾注。尾注又称篇后注，即把注释放在全文或全书的尾部。论文常用尾注。加注时，正文中用圈码标出①、②、③……置于引文尾部右上角。尾部注释要写明作者、书名、出版地、出版者、出版时间、页码等。

6. 图表的运用和处理

图表可以形象地说明一些复杂的关系，它非常直观，富于变化，有利于读者把握。学术论文对图表的运用和处理一般不多。

（1）统计表

统计是说明研究对象的一种形式。统计表由总标题、标目、线条和数字等组成。它由纵向标目和横向标目组成。纵向标目用来表示统计指标；横向标目用来表示各组的名称，代表统计表所要说明的对象；数字资料列在横栏与纵栏交叉的格内，用来说明总体特征的各种综合指标数值；表下有时还有文字性加注说明。

（2）统计图

统计图是以空间图像来表示统计数字的大小、规模及其变化的图式。除独立使用外，统计图常与统计表配合使用，直观性强，表述清楚。学术论文容易涉及曲线图、条形图等，但用量不多。

① 曲线图，即用曲线表示统计数字，适用于说明事物的特征和发展趋势。

②条形图，即用并列的条形来说明统计数字。这种图适用于事物前后发展的对

比或不同事物发展的对比。

③直方图，即用绘制的直方高度来说明统计数字，多用于表示数量之间的比较。

④饼图，即把一个圆分成若干部分（饼）来说明统计数字。

⑤示意图，即根据具体内容绘制，可以有不同形式，但要简单明了。

7. 起草

起草就是写初稿、打草稿，也是作者用语言文字、图表，把论文书面化、定型化的过程。起草方法因人而异，常见的有一气写成法和分部起草法。

（1）一气写成法

一气写成法又称一气呵成法，是在有了充分准备后，集中精力，一气写成初稿的方法。它要求作者预先要有比较成熟的构思和明确总体的布局，然后打通文脉，理畅思路，动起笔来如江河直下，一泻而成。这种写法行文快，句句相连，整体感较好，但要注意紧扣主题，紧扣提纲，写完后必须认真审读、修改。

（2）分部起草法

分部起草法又称局部起草法，是依据提纲顺序，分部撰写，想好一部分就写一部分，然后再检查所写的这部分，因而又被人称为“步步为营法”。它适用于篇幅长、内容多的论文等，特别利于论述和推理。不足之处是它耗时长、速度慢，有些部分写成后因调整可能会被删掉。

（五）学术论文的修改

修改被称为“第二次创作”。修改要读全文，从总体上入手，抓住论题论证、谋篇布局、结构层次、材料安排、遣词用句、表达表述、逻辑关系、论证结果等分别进行细心修改。修改主要有增补、削减、调整、润色。

增补，主要用在对论文内容和表现形式的增加和补充。对一些内容材料不够、议论不充分之处，都可以进行必要的增补。

削减，如出现材料重复、论证繁冗、层次段落过于臃肿、词不达意等，都必须削减。

调整，即内容的调整、部分层次段落的调整、结构上的调整等。使用调整可以使论文更有整体感、完美感。

润色，即用语言对论文进行修饰，使其更富有表现力，表达的意思更准确和简洁，达到语言的朴实、鲜明。修改要力求论点鲜明突出，论题出新创新；资料精选好用，论据充分完美；论证科学可靠，见解独到新颖；形式结构完整，语言简洁明晰；增补削减合适，调整润色恰当。

五、学术论文与相关文种的区别

（一）学术论文与调查报告的区别

二者的区别有：论文和调查报告是两种文体。学术论文指专门讨论或研究某种问题的文章，而调查报告有指定的调查对象，有对事件经过、事实的记录、事件的判断等，有纪实性的文字。论文文体下有“论、辩、说”，与调查报告的“纪事、杂记、查证”不同。两类文章，论文可虚可实，具有参考价值；调查报告必须实事求是，不可隐瞒与扩大。

（二）学术论文与一般报告的区别

二者的区别有：学术论文和一般报告概念不同。学术论文可就某一问题、某一看法、某一方面提出自己的见解，要求论点正确、论据充分、论证合理，多倾向于书面语。一般报告适用于对某一主题的解决提出自己的看法，多倾向于口语化。同时，学术论文的范围宽于报告。

第二章 信息情报研究

一、信息情报研究概述

（一）信息情报研究与人类社会的发展

我们将信息情报研究作为现代应用文最年轻的文种收入本书进行讲解，意在介绍信息情报研究概况，认知它的一般表现形式，为科学地利用信息情报打下一定的基础。

信息情报历史悠久，一直发挥着重要的作用，有极为旺盛的生命力。1920 年 11 月世界上第一座广播电台在美国匹茨堡诞生，1936 年 11 月世界上第一座电视台在英国伦敦正式开播，信息的传播出现划时代的飞跃，标志着信息情报载体的迅速扩大，其内容和形式焕然一新。20 世纪 70 年代，微电子工业、航天工业、新能源工业、遗传工程、光导纤维、纳米技术等新产业飞跃发展，经济情报的传播、交流功不可没。在信息的作用下，现代科学的基础知识每年以 5% 以上的速度增长，专业知识增长达 20% 左右。现代基础科学已有 500 个以上的主要专业，现代技术学科也有 400 个以上的专业领域。人类的科学知识，在 19 世纪是每 50 年翻一番，20 世纪中期每 10 年增加一倍，到了 20 世纪 70 年代，每 5 年就增加一倍。在现代物理学中有 90% 以上的知识是 1950 年以后发展起来的。至 20 世纪 80 年代，经联合国倡导，情报部门从服务产业中分离出来，构成专门的情报产业，成为信息产业中的生力军。

至20世纪90年代，美国从事信息、情报的公司已有1000多家，日本前5大贸易公司都有庞大的信息网络，向海外派遣的情报人员达14 000多人，仅通信费就多达26亿美元。2006年，美国情报人员包括经济情报人员已接近10万人，分属16个联邦政府部门或机构，年度预算总额为440亿美元。德国、英国、法国、意大利、俄罗斯、日本等国都建立了庞大的信息网络，有专门的研究机构，开设有分门别类的信息学科。我国信息学和信息产业也发展迅猛，已成为信息、经济情报的资源大国。截至2010年7月，中国已成为世界第一大互联网市场，有4.2亿上网人口；手机用户有2.77亿人，无线互联网业务潜力很大；电视电缆用户1.25亿人，有电视开拓互联网的最好市场。信息的科学化、国际化、网络化、智能化的广为传播与广泛使用，已使世界贸易增长速度超过了世界经济增长速度。我们这个“地球村”的全球经济大循环正蒸蒸日上，充满了生机。

（二）信息情报研究的概念与作用

1. 信息情报研究的概念

信息情报研究是对某些经选择的信息传播、利用、反馈等形式或过程进行分析，以概括性内容反映信息研究或分析情况后写成的比较简短的概述性文字。

信息情报研究是信息科学研究的一个分支。信息情报研究有广义和狭义之分，这里讲的是狭义的信息情报研究。

2. 信息情报研究的作用

（1）传播、沟通、交流

现代知识经济社会由信息化、智能化与网络化构成了最基本、最重要的发展基础。信息情报研究对信息资源的生产、分配、利用到传播、反馈与再生性循环作用不可低估。信息情报的传播、沟通、交流、反馈对实现知识经济社会的智能化与网络化的同时推进，提高它们的产能与应用质量，具有重要意义。它特有的研究深度和广度，可以助推信息交换、互动、复制、系统等的多元性表现，综合性作用日趋明显，体系日趋完备，已成为最富于生命力和发展前景的新兴产业。

（2）依据、决策、指导

信息情报研究包含的情报是信息中的精华，能真实地反映某些现状，揭示可能存在的发展趋势，是决策的可靠依据，指导作用成为了一种必然。它可以凭借情报段落、目录、标题、表格、地图等可以想象的具体可感形象来提供依据；可以利用情报样本或资料增加决策的可靠性和科学性；可以根据不同的受众对象，选择不同的形式来增加情报的交流性，实现相关指导，实现依据、决策到指导全过程的能动发挥。

（3）独特、价值、终端

信息情报在现代产业和现代经济发展中的支柱作用极为明显，有特别突出的知识与智商优势，体现出了广度与深度的综合价值。信息情报的传播与生存空间、生产与利用手段也极为独特，它常常成为一种资源利用的优秀终端。这种终端与其他终端不同，可以一直处于不断的补充、开发之中，可供资源极其丰富，循环恒久，无可替代，并且一直处于不断的发展和提高中。以最短时间、最少投入、最快速度，实现最大的信息效益，使信息情报依据一直居于任何产业的高端，是现代知识与智商的高效互动的具体体现。

（三）信息情报研究的特点与类型

1. 信息情报研究的特点

（1）真实性

真实，是信息情报的生命。没有真实，信息情报就没有生存和体现价值的空间。真实性是信息情报的第一要素，是传播、交流、沟通、使用的基本保证。

（2）保密性

信息情报是对信息提炼、加工后而形成的更可靠的高端信息产品，有其特殊的功用和价值，一般都有保密的要求，保密性十分明显。

（3）价值性

信息情报一用见效，这就是价值。它在经济开拓者的眼中是宝贵的资源；在企业家的眼中是巨大的财富；在经济学家、政治家的眼中是强国富民的必备条件。信息情报作为价值可观的信息资源，已深入人心，巨大的价值特征非常突出。

（4）简洁性

经济情报有明显的时限要求和传播要求及使用要求。它内容比较单一，用语十分简练。强调快速传播以提高效率，必须要以简洁性作为使用可靠的保证。

2. 信息情报研究的类型

信息情报研究是信息学科中年轻的文种，但发展极快，已有不同的类型。

（1）按内容分，有信息项目研究、商业信息研究、金融信息研究、科学信息研究、市场经济信息研究等。

（2）按时限分，有长期信息情报研究、中期信息情报研究、短期信息情报研究、近期信息情报研究、阶段性信息情报研究等。

（3）按范围分，有国家信息情报研究、国外信息情报研究、地区信息情报研究、本地信息情报研究、部门或单位信息情报研究等。

（4）按研究者分，有官方信息情报研究、机构信息情报研究、团队信息情报研究、个人信息情报研究等。

（5）按数量分，有综合性信息情报研究、专题性信息情报研究、多项信息情报研究、单项信息情报研究等。

二、常用的信息情报研究文本

（一）信息情报摘要

1. 信息情报摘要的概念与作用

信息情报摘要是摘编某些信息情报梗概，简明叙述其内容要点的短文。

信息情报摘要以记述的信息情报内容进行传播，可以为相关部门、专家学者提供研究的参考材料，了解相关的信息情报或信息活动的情况。

2. 信息情报摘要的特点与类型

（1）信息情报摘要的特点

①简明性。这种信息情报主要内容单一，篇幅短小，交代清楚明白，可以客观、真实地反映情报主体相关的摘要内容，非常简明。

②确切性。真实可靠、可信度高是信息情报摘要确切性的表现。同时，它内容简洁清楚，具体可感。

（2）信息情报摘要的类型

①按性质分，有指示性信息情报摘要、报道性信息情报摘要等。

②按内容分，有政治信息情报摘要、军事信息情报摘要、经济信息情报摘要、教育信息情报摘要、商业信息情报摘要等。

3. 信息情报摘要的结构

（1）标题

标题一般由《××信息摘要》构成。需要加密的，在标题下可写明密级。

（2）正文

正文是文摘式信息情报研究的主体。这部分主要是信息情报的中心内容，提供研究、分析的参考范围，或以列出条目的方式提供情报内容的要点。正文不长，要求简明扼要，一般在300~500字，浓缩与提示的特征非常明显。

（3）结尾

一般为情报研究提供者或编写单位的署名及日期，如果标题下面已有提供者或编写单位的署名及日期，则不用结尾。

4. 信息情报摘要的写作举要

（1）真实客观

信息情报摘要提供的中心内容或要点，必须真实。否则，无法展开情报研究以提高分析和使用的二次价值。要客观概述，不能随意注释和评论，影响情报使用率，削减情报价值，甚至出现情报误导。

（2）准确严谨

表达准确，即用语要准，不能因用语的疏漏损害情报内容，造成歧义；行文要严谨，避免粗心大意，造成交代混乱，模糊不清。

（二）信息情报汇编

1. 信息情报汇编的概念与作用

信息情报汇编是对相关信息情报分门别类，经整理、摘编后的信息文书。

信息情报汇编主要有三个作用：一是扩大信息情报研究的视野，促进研究和交流；二是提供相关依据、事实等，为相关研究、决策或综合利用提供重要参考材料；三是对相关信息情报进行归档，可以发挥文献资料的参考与借鉴作用。

2. 信息情报汇编的特点与类型

（1）信息情报汇编的特点

①综合性。信息情报汇编的相关内容不单一，内容综合性特点明显，有不同的内容归类。不论是同一类的情报汇编，或是几个不同类别的情报汇编，都有目录等细分标示或相关提示，具有信息库的特色。

②真实性。真实是信息情报汇编的最大价值所在。它的具体内容、条目、指南、运用对象、使用范围等都必须真实可靠，特别强调真实性和利用功效的举一反三。

（2）信息情报汇编的类型

①按性质分，有指示性信息情报摘要、报道性信息情报摘要等。

②按内容分，有经济信息情报汇编、科研信息情报汇编、技术信息情报汇编、贸易信息情报汇编、市场信息情报汇编等。

③按地域分，有国外信息情报汇编、国内信息情报汇编、地区信息情报汇编、行业信息情报汇编、单位信息情报汇编等。

3. 信息情报汇编的结构

（1）标题

标题有两种情况：一是直写《信息情报汇编》；二是标题加分类提示的字样，如《军事信息情报汇编》等。标题下一般写有有密级。

（2）正文

正文是信息情报汇编的核心。正文主要是信息情报的内容提示和介绍。由于信息可能来自不同渠道、存在不同内容、具有不同功效，常常是一类信息就具有一个文本结构，并不是将多种信息情报内容提示置放于一个共同结构中加以体现的。因此，信息情报汇编存在多个文本并列与多个正文并存的情况。正文强调客观叙述，要求严谨细致，有条理，有层次，用语简洁，没有汇编者个人的看法或意见，更不能随意加入与信息情报无关的内容。

为强调某个信息情报的重要，可以在正文前加写非常简短的“编者按”。

（3）结尾

结尾可有编写者或编写单位署名并注明日期。如果情报标题下已有编写者等署名则不用结尾。

4. 信息情报汇编的写作举要

(1) 客观真实

信息情报汇编是真实信息的汇总，有明显的综合绩效和二次利用价值，编者不能以主观见解或个人看法来随意进行汇编。它要求内容原汁原味，真实清晰，更不能随意增、补、删、减，加入个人见解。

(2) 注重技能

信息情报汇编的要求非常高。它要求编者的政策水平、学识运用、文字功底等必须要达到一定的水准。同时，信息情报汇编还要求编者具有相当的实际运作能力和汇编经验，才可以得心应手地搞好汇编工作。

(三) 信息情报述评

1. 信息情报述评的概念与作用

(1) 信息情报述评的概念

信息情报述评是描述和评论某项信息情报研究的具体情况的研究性短文。

信息情报同样存在广义与狭义之分。这里指的是狭义的信息情报述评，即对某些信息情报项目或事件的述评。

(2) 信息情报述评的作用

信息情报述评是以评述为手段，以具体信息情报为本，把简明、清晰的情报内容加以提示并进行评述，从而将其特征等提供给使用者，使其了解该情报具体情况，增强情报的运用价值。

2. 信息情报述评的特点与类型

(1) 信息情报述评的特点

①简洁性

信息情报述评是取其述评，用其精要，因而描述和评论要既精又短，表意既准又明，读来清楚，看来简洁。在整个述评中，它非常注意突出行文和表意的简洁。

②述评性

信息情报述评一是以描述内容进行简介；二是以评论表示意见，形成一个整体。阐述和评价相结合，是表现手段也是行文的必然结果，述评性非常鲜明。

(2) 信息情报述评的类型

①按密级分，有保密级信息情报述评、一般性信息情报述评等。

②按内容分，有信息情报简述、经济信息情报评析、军事信息情报述评、技术信息情报述评、贸易信息情报举要、市场信息情报简析等。

③按地域分，有国外信息情报述评、国内信息情报述评、地区信息情报述评、行业信息情报述评、单位信息情报述评等。

3. 信息情报述评的结构

（1）标题

即经济情报名称加上“述评研究”或“述评”、“评价”即可。

（2）正文

这是信息情报述评的主要部分。这部分由描述和评论构成。其中，描述引出情报简况，进行必要的内容介绍；评述则将其作为论据进行评价。它以评述为主，一边展开情报内容，进行必要的简述，一边进行评述，并加以非常简单的分析或论证，从而突出重点。正文要描述清楚，评论周全，简洁明晰，篇幅不大。

（3）结尾

可以不用结尾。如使用结尾，可结合正文，用一两句话点题照应即可。

4. 经济情报述评研究的写作举要

（1）资料要充分

信息情报描述的相关内容，常常就是评述的论据和评述的前提。所以，情报本身携带的材料条件要比较充分完备，有一定的内涵。同时，评述所依据的材料要新、要准、要真。这样就为评论进行了有力的铺垫。

（2）述评要出新

信息情报述评好坏决定着信息情报的利用价值。述评一定要简短清楚，述要清晰，评要深入，要善于在评论中发现新见解、新观念、新材料、新蕴涵。这样才可能进一步搞好信息情报的述评，扩大其应用效果。

（四）经济信息情报研究

1. 经济信息情报研究的概念与作用

（1）经济信息情报研究的概念

经济信息情报研究是为经济情报研究人员、情报使用者提供有关某项经济信息情报研究的资料，使其在较短时间内获取更多信息的文章。

经济信息情报研究有广义与狭义之分，这里指的是狭义的经济信息情报研究，即指对某些经济信息情报项目或内容的研究。

（2）经济信息情报研究的作用

①综合资料

经济信息情报研究是提供某一项情报研究资料的，这种资料已不是单一的经济情报，有情报的背景、来源等内容要素，可以供研究者作为研究、分析之用。而研究的结果又可以建立小型的综合性经济情报资料库，这是综述性经济情报研究与其他情报研究的明显区别。

②汇集信息

这种研究资料较齐全，有较好的研究空间，可以在研究之中获取更多的信息，有信息资料循环储存的特性。而研究得到的信息，可被交换、索取、复制，体现了综述性经济情报概要的一大优势。

2. 经济信息情报研究的特点与类型

（1）经济信息情报研究的特点

①综合性

综合性就是把单一的经济情报综合起来，不仅仅是推出主要内容，还有与情报相关的其他资料。它以综合的情报资料等为研究对象，使研究更为顺利。

②评析性

经济情报通过评价、分析，原有的情报资料信息内容已被放大，内容到形式都为之一新，而这只有靠正确的评析才能实现。

（2）经济信息情报研究的类型

①按性质分，有指示性经济信息情报研究、报道性经济信息情报研究等。

②按内容分，有经济信息情报研究、科研信息情报研究、技术信息情报研究、贸易信息情报研究、市场信息情报研究等。

③按地域分，有国外经济信息情报、国内经济信息情报汇编、地区经济信息情报研究、行业经济信息情报汇编、单位经济信息情报汇编等。

3. 经济信息情报研究的结构

（1）标题

经济信息情报研究的标题一般写为《经济信息情报研究》即可。

（2）正文

正文是经济信息情报研究的主体。正文主要交代某项经济信息情报的来源情况，展开研究的内容、方式、取向、利用、价值等。正文内容带有课题研究的特色，比较专业，重点在突出研究深度，分析发展，揭示规律，所体现出的价值性和利用性很明显。

（3）结尾

一般写明时间即可。如果标题下已有时间，则不用结尾。

4. 经济信息情报研究的写作举要

（1）充分研究

研究深入，情报的利用成功率就高。特别是一些带有前瞻性、保密性的经济信息情报常常内含比较丰富的利用价值，必须要对其进行深入的研究才可能产生更大的作用，获得更多实效。

（2）认真归纳

经济信息情报研究往往涉及的资料比较多，就是单一的经济信息情报也存在不同的背景、特征、研究、利用的明显区别。进行这样的研究、评价和分析，必然要进行归纳，使之条理化，进一步提高利用率。

参考文献

[1] 周小其．经济应用文写作［M］.4版．成都：西南财经大学出版社，2009.
[2] 杨金忠，郭上玲．应用文写作［M］. 北京：中国轻工业出版社，2006.
[3] 徐明娥．新编经济应用文写作［M］. 成都：西南财经大学出版社，2003.
[4] 杨文丰．实用经济文书写作［M］. 北京：中国人民大学出版社，2004.
[5] 霍唤民．应用写作［M］. 北京：中央广播电视大学出版社，2002.
[6] 李凯源．中国应用文发展史［M］. 北京：中国商业出版社，2004.